GUIDE DES MÉTIERS POUR LES PETITES FILLES
QUI NE VEULENT PAS FINIR PRINCESSES

Du même auteur

Quand les dieux buvaient

1. *Blanche Neige et les lance-missiles,*
Nestiveqnen, 2001.

2. *L'Ivresse des providers,*
Nestiveqnen, 2001.

3. *Merlin l'ange chanteur,*
Nevstiveqnen, 2003.

Le goût de l'immortalité,
Mnémos, 2005.

Quand les dieux buvaient

4. *L'Immortalité moins six minutes,*
Nestiveqnen, 2007.

Délires d'Orphée,
Baleine, 2007.

L'Accroissement mathématique du plaisir
(grand prix de l'Imaginaire 2008), Le Bélial, 2008.

Outrage et rébellion,
Denoël, 2009.

L'histoire de France pour ceux qui n'aiment pas ça,
Fayard, 2012.

Catherine Dufour

Guide des métiers pour les petites filles qui ne veulent pas finir princesses

Fayard

Couverture : Off, Paris.
Illustrations : © Fotolia.

ISBN : 978-2-21368-131-3

Dernièrement, j'ai feuilleté le catalogue Jouets d'un grand magasin. Sur fond bleu : des autos, des motos, des bateaux et des boîtes de petit chimiste amusant. Sur fond rose : des poupées qui marchent, parlent et (New !) font leurs dents, dix Barbie princesse et une Barbie passe la loque + son chariot de ménage avec de nombreux articles (seau, balai, balayette, pelle, lessive. « Facile à monter »).

Materner, c'est très bien, faire le ménage, c'est nécessaire, et s'habiller sexy peut être agréable, mais ce ne sont pas les trois seules façons pour une fille de gagner sa vie. Il y en a beaucoup d'autres, souvent bien mieux payées.

J'ai donc, afin de compléter ce catalogue, composé un *Guide des métiers pour les petites filles* qui compte près de 50 fiches-métier.

Chaque fiche détaille, à travers des exemples concrets, les avantages et les aléas de la profession concernée. Des indications pratiques, comme « études conseillées », « salaire en début de carrière » ou « espérance de vie », accompagnent le texte.

N. B. Vous trouverez les portraits des femmes dont il est question dans ce guide sur catherinedufour.net

1. Agent secret

Mission • Une espionne, ou agent secret, est une femme qui pratique la collecte clandestine de renseignements, le plus souvent pour le compte d'un État.

Découvrez le métier avec... Gabrielle Petit

Gabrielle Petit est née pendant l'hiver 1893 en Belgique, d'un père qui se prend pour Léonard de Vinci et d'une mère tuberculeuse. Élevée au couvent, Gabrielle est une frondeuse, une « meneuse de bande » au langage fleuri. Elle dit d'elle-même qu'elle a « du poil aux dents ». Ayant usé la patience des nonnes, elle est renvoyée chez son père à l'âge de quinze ans. Elle fugue, fait la fête sans modération et change cent fois de métier.

Regardez cette fière petite brune au visage lisse et buté*. Sous son grand chignon, elle se tient très droite. Elle a « des allures libres d'Américaine** », comme on dit à l'époque. À vingt et un ans, elle vient de tomber amoureuse d'un beau jeune homme et prépare ses noces. Hélas, comme vous l'avez déjà calculé, 1893 + 21 = 1914. La déclaration de guerre tranche comme un couperet le blanc bouquet de Gabrielle Petit : son fiancé part pour le front. Elle aussi. Elle s'engage comme infirmière***.

---

* Vous pouvez en juger vous-même sur catherinedufour.net

** Jean-Marc Binot, *Les Héroïnes de la Grande Guerre,* Fayard, 2008.

*** Albert Bailly, « Gabrielle Petit, la grande fusillée » [en ligne], *P'tit Belge,* Ed. AEB, 1919, 1914-1918.be.

Le fiancé est blessé, puis fait prisonnier. Il s'évade afin de rejoindre les alliés en France. Aussitôt, sa famille et ses proches sont arrêtés ; Petit est du nombre. Elle se rend au poste entre deux Allemands. Le temps de lâcher un torrent d'injures, elle est libérée et file sans plus tarder en Angleterre. Sur le pont du bateau, elle engage la conversation avec un agent des services secrets britanniques. Il n'a pas de difficultés à remarquer la solide personnalité de Petit et lui propose de prendre du service comme espionne.
Après une formation congrue (on lui apprend à reconnaître les galons et à trianguler les cohortes de soldats), Petit est infiltrée du côté de Lille et de Maubeuge en juillet 1915. De là, elle transmet à l'état-major la position des lignes ennemies. Déguisée en « bonne d'enfant, pêcheuse à la ligne, voyageuse de commerce, colporteuse de journaux, réfugiée ou parente pauvre en villégiature », elle passe et repasse impunément la frontière. Repérée une première fois, elle a la funeste idée d'insister. Elle est arrêtée en janvier 1916.
Cette fois, elle ne sortira pas de prison. En tout cas, pas sur ses pieds. Résistant avec courage et gros mots aux interrogatoires musclés, elle mène la vie dure à ses matons et leur joue des tours pendables. Mais allons lui rendre visite à la prison Saint-Gilles, à Bruxelles. Sinistre forteresse, n'est-ce pas ? Entendez-vous ces cris ? Petit vient de lancer un paquet à une de ses codétenues et, bien sûr, les gardiens se sont interposés. Ils ont intercepté le colis à pleines mains et, en fait de substance interdite, je crois qu'il contenait du… – cirage, sûrement. Entendez-vous, par-dessus les cris des surveillants, le grand rire de Petit ?
Le 1er avril 1916, poisson d'avril ! Petit est fusillée. Elle a vingt-trois ans. Elle n'a pas parlé.

En Belgique, les monuments, cérémonies et citations à sa mémoire sont innombrables. « J'ai toujours vécu sans tolérer d'autorité. »

Le métier aujourd'hui avec... Alice Legoff

Alice (le prénom a été changé) Legoff (le nom aussi) est née en 1973 à Nantes. N'ayant pas les moyens de faire cinq ans d'études, elle décroche en même temps une licence de géographie et un DEUG d'anglais. Elle est embauchée immédiatement comme géographe par la DGSE, la Direction générale des services extérieurs, bref, les services secrets français. Enfin, immédiatement... à l'issue d'une enquête sociale qui dure un an, quand même. C'est-à-dire que des passants innocents posent des questions insolites à ses voisins, et même au concierge de ses parents. Lors du dernier entretien d'embauche, on recommande à Legoff de ne rien révéler de sa future vie professionnelle à ses proches et, partant, de se créer une « légende ». Ce qui lui vaudra de bafouiller chaque fois qu'on lui posera la question : « Et toi, qu'est-ce que tu fais dans la vie ? »
La formation est lourde : Legoff apprend à reconnaître tous les galons, tous les camions, tous les avions et tous les canons du monde (« mille cinq cents matériels »). Ensuite, elle apprend à reconnaître leur ombre portée sur un mur ou au sol. L'ambiance, au camp, est plutôt rêche : un homme se suicide sous sa fenêtre, splatch !
En sortant de là, Legoff entre au service d'imagerie spatiale de télédétection. Elle scrute des images satellites pour trouver ce qu'on lui demande – elle participe notamment à la traque de Babybel (tous les noms ont

été changés). Elle analyse des impacts de bombes, des ports, des centrales nucléaires. Au bout de trois ans, elle estime avoir fait le tour de son écran. Et puis ce travail cloisonné – cloisonnement des responsabilités pour maintenir le secret, cloisonnement des techniciens dans des cages de Faraday pour éviter les fuites d'informations – finit par lui peser. Elle prépare un diplôme de FLE (professeur de français langue étrangère) et part travailler au grand air : au Tadjikistan. Elle en profite pour apprendre le russe. Aujourd'hui, Legoff se souvient avec émotion de ses nuits dans des yourtes, quand il y avait tant de loups en train de hurler dehors qu'elle ne pouvait pas sortir faire pipi, des *buskachis* (sorte de matchs de foot avec un mouton mort à la place du ballon), de la façon dont elle a semé un agresseur à la course à travers la toundra, de l'ahuri qui l'a menacée avec un flingue, en vain (« Je ne suis pas intimidée par les flingues. Les chiens, oui, mais pas les flingues »), et de ses balades avec d'anciens combattants tadjiks et russes, des garçons de son âge aux cheveux blanchis par la guerre.
Ensuite, Legoff pousse jusqu'en Indonésie, où elle ouvre une école. Sur une île paradisiaque, elle travaille cinquante heures par semaine avec cent marmots, fait de la plongée et la fête. Trop. Elle arrête tout et s'auto-rapatrie en France.
De retour au pays, Legoff trouve un poste de cartographe. Rapidement, les services secrets la recontactent. Elle devient consultante pour la DGSE, mais la conviction n'y est plus. « Je me demandais ce que je fichais là », explique-t-elle en se frottant le visage à deux mains. « Tu comprends, pour travailler là-bas, il faut quand même assumer qu'on tire sur les cibles que, toi, tu désignes. Tu fais partie de cette énorme machine de guerre. » Le terme « déontologie » ne tarde pas à suivre. Alors Legoff raccroche défi-

nitivement et entame une carrière médicale. « Rien à voir avec l'espionnage ? – Rien à voir avec l'espionnage. Ni avec la géographie. » Ni avec rien de ce que Legoff faisait avant. Ce qui permet d'aborder une notion fondamentale : en matière professionnelle, on a le droit d'évoluer, voire de bifurquer, et même de faire volte-face et de changer du tout au tout. On a le droit de se tromper.

Entre deux gardes de nuit, Legoff continue le sport, encore et toujours le sport : arts martiaux, foot avec ses copains agents secrets, et la glisse, la glisse ! Snowboard, surf, bodyboard, roller – et la chute libre. Le parapente, oui, le parachute, d'accord, mais surtout la chute libre. Se jeter d'un avion et tomber comme une pierre sur plusieurs kilomètres. « Je rêve qu'on puisse un jour sauter sans parachute, avec seulement une *wingsuit* » (sorte de combinaison volante inspirée des chauves-souris). Son rêve pour l'avenir ? « J'aimerais bien apprendre à piloter un avion, mais c'est impossible. À chaque fois que je monte dans un avion, il faut que j'en saute. »

Compétences requises : Bonne indifférence au stress. Savoir s'arrêter.
Études conseillées : Il existe des formations à la DGSE, Direction chargée de l'espionnage et du contre-espionnage à l'extérieur du territoire national, ainsi que dans d'autres directions gouvernementales. Elles cherchent toutes des ingénieures, des linguistes, des géographes, des informaticiennes.
Insertion professionnelle : Houleuse.
Espérance de vie : Couci couça.

Pour en savoir plus

Sur le Net : intelligenceonline.fr, publication professionnelle sur la communauté du renseignement, c'est-à-dire les cabinets d'intelligence économique (= espionnage industriel) et d'ingénierie sociale (= intox et sabotage).

2. Alpiniste

Mission • L'alpinisme est une pratique sportive de la haute montagne qui repose sur différentes techniques de progression. L'objectif de l'alpiniste est de parvenir le plus haut possible sans mourir.

Découvrez le métier avec... Henriette d'Angeville

Mademoiselle d'Angeville naît dans l'aristocratie française, mais, hélas, pas au bon moment : 1794. Son grand-père est guillotiné, son père jeté en prison*. Est-ce le danger, qui donne à la petite Henriette le goût de l'évasion ? Elle commence l'escalade très jeune. Mais ce n'est qu'à quarante-trois ans qu'elle décide de se mesurer au mont Blanc. À l'époque, presque aucune femme n'a osé, et pas tellement plus d'hommes.

Il faut dire que le mont a une réputation épouvantable : surnommé « la montagne maudite », on le dit envahi par les « démons des glaces ». Il paraît même que « la nuit, sur les glaciers, ont lieu des fêtes de sorciers dansant au son des instruments ».

D'Angeville invente une tenue d'escalade totalement moderne (pantalons bouffants, énorme manteau cintré et une sorte de canotier-cagoule bien isolant), et rassemble une équipe impressionnante : six guides, six porteurs, une mule et son muletier, vingt-quatre poulets rôtis, dix-huit bouteilles de vin et une de cognac. C'est ainsi que le 3 septembre 1838... mais venez plutôt.

* Joëlle Paccalet, « Henriette d'Angeville » [en ligne], alpinisme.com

Accompagnez-moi au sommet du mont, face au bleu éternel. La neige craque sous vos semelles, il fait un froid de canard et le soleil est d'un blanc blessant. Vous êtes au-dessus des nuages, au-dessus de tous les sommets qui vous entourent : vous êtes sur le toit de l'Europe ! Regardez d'Angeville : sous son étrange chapeau qui lui fait une auréole, elle brandit fièrement son long bâton à bout crochu et s'exclame :
« Mon pied foule enfin le sommet du mont Blanc et je plante mon bâton ferré sur sa croupe ! »
Surnommée la « fiancée du mont Blanc », d'Angeville passe les vingt-cinq années suivantes à grimper, puis encore dix à descendre : elle se lance dans la spéléologie à soixante-neuf ans. Elle meurt à soixante-dix-sept ans, laissant derrière elle un musée minéralogique et un livre relatant son ascension du mont Blanc. Hélas, je ne peux vous le recommander, car il s'est perdu avant d'être édité.

Le métier aujourd'hui avec… Chantal Mauduit

Née en 1964, Chantal Mauduit est une jeune fille ardente qui, dès quinze ans, affronte les pentes abruptes des Alpes. À vingt-cinq ans, elle passe aux pics acérés des Andes. Brillante grimpeuse, elle redescend volontiers de ses hauteurs en parapente. Politiquement engagée, elle escalade la flèche de Notre-Dame de Paris pour hisser le drapeau tibétain au-dessus de la Seine.
Au début des années 1990, elle s'attaque aux quatorze sommets de plus de 8 000 mètres que compte la planète. Alignant les exploits comme des cacahuètes (elle conquiert deux sommets en quinze jours), elle effectue ses ascensions sans porteurs et sans apport d'oxygène, autant dire sans

filet. Première femme à vaincre le mont Lhotse, elle voit, depuis son versant, deux de ses amis mourir avec leur cordée sur la montagne d'en face : l'Everest. Le K2, « la montagne la plus dure du monde », lui mange les yeux : elle redescend en aveugle. Mais en vie, là est l'exploit. Peu ramenarde, elle se souvient surtout de la façon dont elle a dansé le rock tout là-haut sur le glacier, et de la souris frigorifiée qu'elle a adoptée en chemin.

« Quelle impression ça fait, d'aller si haut ? » lui a-t-on demandé. L'impression de se sentir « nager dans l'océan immense* », a-t-elle répondu. Et la souffrance physique ? Et la peur ? Bast, il suffit de respirer un bon coup : tout ça n'est qu'un « désagrément physique passager ». Le « passager » est de trop : Mauduit se tue le 13 mai 1998, au milieu de son septième 8 000 mètres. Une fin hors norme pour celle qui disait : « L'anagramme de norme, c'est morne. »

Compétences requises : Ne pas être frileuse. Surtout des yeux.
Études conseillées : En région montagneuse. Pour devenir guide de haute montagne, il faut obtenir le diplôme éponyme à l'École nationale de ski et d'alpinisme (Ensa), à Chamonix. Différentes durées d'études possibles.
Salaire en début de carrière : En saison, un guide gagne entre 300 et 400 euros par jour.
Insertion professionnelle : Isolée.
Espérance de vie : Pas vertigineuse.

Pour aller plus loin

Chantal Mauduit, *J'habite au Paradis*, J.-C. Lattès, 1998.
Sur le Net : ensa-chamonix.net

* Charlie Buffet, « Partie sans laisser d'adresse », *Libération*, 18 mai 1998.

3. Architecte

Mission • L'architecte est la créatrice artistique et technique d'un bâtiment et de tout ouvrage de génie civil. Elle a pour mission de concevoir la structure, d'organiser l'agencement des espaces, et éventuellement de diriger la réalisation.

Découvrez le métier avec… Eileen Gray

Eileen Gray (Irlande, 1878) est une femme d'une curiosité inlassable. À vingt ans, elle apprend la peinture entre Londres et Paris. À trente, elle se passionne pour le mobilier, notamment le très toxique laquage du bois, « jusqu'à s'en rendre malade* ». En 1920, elle présente au public l'appartement d'une *people* entièrement redécoré par ses soins : elle y a consacré cinq années.
Puis, avec une belle énergie de quadragénaire, elle renie la laque, le bois et les volutes végétales de l'Art nouveau pour plonger dans le modernisme et les meubles en tubes d'acier. Elle se coiffe « à la garçonne » et invente un fauteuil nommé *Bibendum* (une pile de boudins en cuir moelleux) et une table d'appoint nommée *E1027* (un plateau de verre rond), tous deux montés sur un piètement en métal chromé. Je vous assure, vous avez déjà vu *E1027* et *Bibendum* plus de mille fois dans des films, des salles d'attente et chez Ikea : Gray a été très copiée.

* Monica Baillon, « Éléments de biographie d'Eileen Gray » [en ligne], eileengray-etoiledemer-lecorbusier.org, 2013.

En 1927, pour ses cinquante ans, Gray tombe dans l'architecture comme dans un chaudron et fonce vers le sud pour construire la *villa E1027**. Regardez par là, au fond de cette pinède : oui, vous avez déjà vu aussi ce genre de structure très rectangulaire et très blanche, pleine de baies vitrées, de balcons, de cigales et de terrasses. Mais, à l'époque, le travail de Gray est aussi innovant que, disons, les antibiotiques.
Pendant les années 1930, toujours enthousiaste, Gray se tourne vers le gauchisme et le logement social : elle conçoit une maison démontable, puis passe carrément à l'élaboration d'un centre de vacances pliable. Mais voici la guerre, la seconde que subit Gray. Dans la France envahie, l'architecte-*design*euse n'est plus qu'une sale étrangère et pire : une Britannique. Elle doit fuir ; son atelier est pillé ou brûlé, ou les deux.
Après la guerre, Gray concentre ses efforts sur un centre culturel, mais sa mode est passée. Sa créativité échevelée aussi, peut-être. C'est qu'elle approche les soixante-dix ans. On l'oublie quelque temps, puis soudain, dans les années 1960, on la redécouvre. Elle décède presque centenaire en 1976.
Un collègue a dit d'elle : « Quatre ans avant sa mort, Eileen Gray devint célèbre. » Je ne sais pas si on peut parler d'une vraie reconnaissance par le grand public, mais son « fauteuil au dragon » s'est vendu, il y a peu, 22 millions d'euros. Et le Centre Pompidou a donné une grande exposition « Eileen Gray » en 2013. « Pour créer, il faut d'abord tout remettre en question. »

* Fabrice Cazenave, « Eileen Gray au Centre Pompidou » [en ligne], lexpress.fr et taurillon.org, 16 mars 2013.

Le métier aujourd'hui avec… Anne Monteux

Anne est née en mai 68 du côté de Paris. À l'adolescence, elle veut être jockey, mais une brusque poussée de croissance l'éjecte du manège. Alors, après le bac, elle s'inscrit à l'école d'architecture de Versailles. Elle y reste huit longues années, alternant cours, travaux alimentaires (ce qu'elle appelle « faire des charrettes ») et chimiothérapie – une leucémie à soigner.

Parenthèse : « faire une charrette » ou « être charrette » (XIXe siècle) est une expression des étudiants architectes des Beaux-Arts. Lorsque ceux-ci rendaient un projet, ils le transportaient depuis leur atelier dans une charrette et profitaient du trajet pour finir en hâte les dessins inachevés.

Monteux garde un excellent souvenir de ses études : « C'était très bien, je me suis fait plein de potes et j'ai découvert la fête. »

À vingt-cinq ans, elle monte sa propre agence avec trois collègues tout en continuant à participer aux gigantesques fêtes de la Grande Masse, une association de fêtards qui balade dans le Paris noctambule ses fanfares discordantes.

Ce qui intéresse Monteux dans l'architecture, ce n'est pas la pierre, c'est « l'application de la politique dans le bâtiment. Faire des choses pour d'autres gens à travers le logement ». Quand elle parle de son métier, le terme « éthique » alterne avec le terme « utile » – elle laisse même échapper l'expression « passion totale ». Mais la réalité de l'exercice libéral se révèle vite rugueuse : « Soyons franche, les projets architecturaux intéressants, ça ne paye pas. Alors, à côté, pour manger, on fait des projets inintéressants qui rapportent. Et puis voilà. »

Des projets inintéressants, oui ; mais pas honteux.

« Je n'ai jamais fait de projet honteux. Si j'ai honte de signer un projet, je ne le fais pas. »
Mais de quoi parle-t-elle ?
« Des architectes qui oublient les gens, qui font passer la façade avant… avant le fond, avant l'usage, avant les habitants, avant tout. »
Dans son agence, Monteux cherche à innover en matière de maison individuelle, pour proposer autre chose que le « cuisine américaine + garage » habituel. Et ce ne sont ni les maçons ni les clients qui la bloquent : ce sont les assurances. Au bout de quelques années, elle se retrouve seule et ensablée.
Alors, à trente-deux ans, elle passe le concours d'architecte de sécurité. À la préfecture de Police de Paris, elle s'occupe désormais de prévention incendie et d'accessibilité pour les handicapés. En France, elle est une des rares personnes à maîtriser tous les textes en la matière. Sans relâche, elle traque le malandrin qui exploite les immigrés, elle fait abattre des immeubles dangereux et dégage la place pour les fauteuils roulants.
« Je ne peux pas tout te dire parce que j'ai un devoir de réserve, mais si tu savais… »
Monteux ne racontera rien de ce qu'elle a vu : des marchands de sommeil, des trafiquants de galetas, des revendeurs de peinture au plomb. Elle parle de « suroccupation », de « honte absolue ». Et d'imbéciles, aussi.
« C'est un hôtelier qui aménage une belle chambre pour handicapé à l'étage. Je lui demande : "Et comment on y va, en fauteuil ?" Il avait juste oublié l'ascenseur. »
À côté de ça, Monteux a toujours son agence à Paris, avec des projets à Grenoble et d'autres à Marseille. Certains clients se révèlent bizarres :

« L'un d'eux m'a demandé d'augmenter mon devis pour avoir le droit de me déranger par téléphone. C'était charmant. »
Je risque :
« Et avec tes trois enfants, tu t'en sors ?
– Ah, mais très bien. À propos d'enfants, je t'ai parlé de mon association ? La Compagnie des rêves urbains ? »
La Compagnie des rêves urbains fait de la sensibilisation à l'architecture et à l'urbanisme auprès d'enfants en difficulté scolaire. Et c'est tout ? Ah non. Monteux se félicite d'avoir finalement trouvé un créneau horaire pour reprendre le cheval (probablement le dimanche entre 27 heures et 27 h 30). Et que pense-t-elle de son illustre ancêtre, Eileen Gray ? La réponse est lapidaire :
« Gray ? Celle que Le Corbusier a pillée ? »

Compétences requises : Des nuits courtes.
Études conseillées : Il existe de nombreuses écoles d'architecture en France.
Durée des études : Six ans après le bac. Ensuite, diverses spécialisations : architecte de sécurité, architecte des monuments historiques, etc.
Warning : Nous sommes en présence d'un métier à études longues et rentabilité tardive. Ce n'est pas le seul, mais c'est le premier que nous rencontrons, alors attardons-nous un moment. Études longues + rentabilité tardive = « Les étudiants en architecture sont majoritairement issus d'un milieu de professions libérales et de cadres supérieurs et une bonne partie d'entre eux ont un père architecte*. » Ce qui signifie, en premier lieu, qu'une bonne minorité vient d'autres milieux. Et ce qui nous mène, en second lieu, à une autre notion fondamentale : une pro-

* Jean-Baptiste Leccia, *À l'école d'architecture. Chroniques grinçantes – 1968-2011*, L'Harmattan, 2011, et *Repères et références statistiques : origine sociale des étudiants français 2011-2012* [en ligne], education.gouv.fr, 2011.

fession ne s'exerce pas dans le vide. Elle génère un milieu. Si vous envisagez de passer votre vie dedans, commencez par le découvrir. Des activités plaisantes sur le papier peuvent se révéler parfaitement soporifiques dans la vraie vie, et inversement. Un milieu exotique ou d'abord difficile peut vous convenir à merveille, ou pas.

Salaire en début de carrière : Dépend de vos premières commandes, et donc des besoins architecturaux de votre entourage. Pour celle dont l'entourage ne fait que rarement construire une deuxième aile à son château, prévoir un estomac résistant aux pâtes.

Insertion professionnelle : Si la rentabilité est problématique, le diplôme est élégant.

Espérance de vie : Selon la qualité du mortier.

Pour aller plus loin

Caroline Constant, *Eileen Gray*, Phaidon, 2003.
Sur le Net : *La Compagnie des rêves urbains*, desrevesurbains.free.fr
letudiant.fr/etudes/secteurs/architecture

La liste des femmes architectes célèbres est longue. Parmi les plus connues figurent les célébrissimes Lina Bo Bardi, Renée Gailhoustet, Édith Girard, Odile Decq, Aino Marsio, Charlotte Perriand, Denise Scott Brown, Wendy Cheesman, Kazuyo Sejima, Itsuko Hasegawa, Françoise-Hélène Jourda et Zaha Hadid. Vous pouvez aller faire un tour sur le Net pour voir ce qu'elles ont construit.

4. Aventurière

Définition • Une aventurière est une femme qui cherche l'aventure par goût ou par intérêt, ce qui la conduit à affronter des dangers divers.

Découvrez le métier avec... Julie d'Aubigny dite Mademoiselle de Maupin

1670. Louis XIV a trente-deux ans. À Paris, les jeunes seigneurs désœuvrés se tuent en duel à tous les coins de rue. C'est dans cette ambiance virile que naît Julie d'Aubigny. Son père travaille pour le Grand Écuyer de France, qui a la charge de dresser d'un même mouvement les pages et les chevaux du Roy*.

Julie est élevée sur le tas. Dès quinze ans, elle se « dissipe », c'est-à-dire qu'elle sort habillée en homme, rudoie les commerçants et provoque en duel les passants. De combats de rue en compétitions d'escrime, elle s'éprend d'un épéiste chevronné. Traqués par la maréchaussée pour un mort de trop, les amants fuient ensemble vers le Midi. Chemin faisant, ils donnent des spectacles dans les auberges, alternant passes d'armes et chansons. À cette occasion, Julie découvre qu'elle a une magnifique voix de « bas-dessus » (mezzo-soprano).

Puis, soudain, elle décide qu'elle est lasse des hommes et remplace son épéiste par une ravissante jeune fille. Horrifiée, la famille de la demoiselle envoie celle-ci au couvent des Visitandines, en Avignon. Mais regardez

* Jim Burrows, « Les Aventures de mademoiselle La Maupin » [en ligne], bastion.free.fr, 2003.

plutôt : à genoux devant la porte des Visitandines, une adolescente supplie à grands cris qu'on la laisse prendre le voile. La Grâce l'a touchée, assure-t-elle. Émues, les nonnes la font entrer et – c'est la règle – lui coupent les cheveux. Voyez-vous les belles boucles châtain qui tombent sur le pavé gris ? Oui, ce sont celles de Julie. Éperdue d'amour, elle vient se faire enfermer avec sa bien-aimée.

Son plan est simple comme berk : attendre le décès d'une nonne, déterrer nuitamment le cadavre, le border dans le lit de sa maîtresse, flanquer le feu au matelas, profiter de la confusion pour fuir ensemble et vivre enfin leur passion jusqu'au bout ! Elle dure trois mois. Abandonnée, la moniale en larmes retourne chez ses parents qui n'ont probablement pas fini de payer ses funérailles. Le scandale est affreux. Le « sieur d'Aubigny » est condamné à mort par contumace.

À nouveau libre, mademoiselle de Maupin reprend sa vie errante, joutante et chantante. En chemin, elle croise un musicien alcoolique qui la forme au *bel canto*. Elle croise aussi un bellâtre arrogant qu'elle troue d'un coup d'épée. Incrédule, il jette un œil par-dessus son épaule, aperçoit la lame qui lui ressort dans le dos et s'évanouit. Il s'appelle Louis-Joseph, il est fils du duc de Luynes ; il sera le grand amour de Maupin.

Quand elle regagne enfin Paris, Maupin a vingt ans. Très vite, elle triomphe à l'opéra dans des rôles de guerrière et de déesse de la guerre. La beauté de sa voix fait l'unanimité, ainsi que sa capacité à tenir des rôles techniquement intenables. Incorrigible, elle se poignarde sur scène pour faire plus vrai, tombe amoureuse de toutes les autres cantatrices, menace de se suicider quand on lui résiste, rosse un ténor trop entreprenant, agresse la nouvelle maîtresse de Louis-Joseph en pleine messe, chasse à courre à Versailles et continue sa carrière de duelliste. Son habileté à l'épée déconcerte les plus fines lames. Un soir, à un bal de la Cour, elle flirte avec une jolie marquise. Trois galants s'interposent : Maupin les étend tous. Mais qui ose s'interposer encore ? C'est, euh, c'est Louis XIV.

« Dois-je vous rappeler mon décret contre les duels à Paris ? »

Maupin baisse la tête. Elle n'a pas la sottise d'argumenter. Séduit, le roi décide qu'après tout sa loi ne s'applique qu'aux hommes. Maupin a donc gagné le droit de ferrailler tout son saoul. Mais elle commence par aller prudemment visiter Bruxelles pendant quelques mois. Là, elle séduit le dirigeant en place, Maximilien de Bavière. La liaison n'a qu'un temps. Lassé, Maximilien fait tenir à sa maîtresse 40 000 écus de consolation. Son envoyé se les voit restitués en pleine face, accompagnés de propos malsonnants.

De retour à Paris, Maupin retrouve la scène et le combat, un époux assez oublié avec lequel elle a l'air de ne pas mal s'entendre, et la comtesse de Florensac.

La comtesse est magnifique, on en parle comme de « la plus belle femme de France ». Hélas, cette délicieuse créature est emportée en quarante-huit heures par une fièvre. Maupin ne s'en remettra pas : elle arrête tout, se replie sur elle-même et meurt deux années plus tard, à trente-sept ans.

Le métier aujourd'hui avec… Kim-Maree Penn

Kim-Maree Penn est née à la fin des années 1960 à Sydney, Australie. À dix-sept ans, elle est ceinture noire de karaté et s'illustre lors des championnats du monde. Peu après, elle emménage à Hong Kong et devient une star de films de kung-fu. Sa carrure athlétique surmontée d'une opulente chevelure blonde fait merveille, elle tourne avec les grands du genre : Jackie Chan, Michelle Yeoh, Dolph Lundgren. Mais le genre a ses limites : « Je finissais toujours étranglée, noyée, abattue, battue à mort ou égorgée*. »

Après trente-cinq films, Penn se retrouve videuse (*door bitch*) à l'entrée d'une boîte de nuit. C'est moins glamour. Alors elle crée une société de protection rapprochée, Signal 8. (Pour les Chinois, un *signal 8* est un typhon force 8 sur une échelle qui va de 1 à 9.) Elle assure un séjour paisible aux vedettes qui visitent l'Asie : les Stones, les Blak Eyed Peas. Déguisée en baby-sitter ou en secrétaire, son allure suave tranche avec l'abord *rottweiller* des gardes du corps traditionnels, plus voyants. Puis c'est l'affaire Edison Chen. Ah ! l'affaire Edison Chen…

2008. Edison Chen est un ravissant jeune Chinois qui chante devant des parterres de fans hurlantes. Comme de juste à son âge, il couche avec de jolies jeunes femmes aussi médiatiquement exposées que lui. Facétieux, il les filme. Étourdi, il donne son portable à réparer sans vider le disque dur. Une photo paraît sur le Net, puis deux, quatre – puis mille, pas moins. Le scandale est énorme ; il est surtout dangereux. Car les demoiselles qui se touchent devant l'objectif d'Edison Chen sont les maîtresses de grands patrons du crime organisé : les Triades. Ils mettent à prix les mains d'Edison Chen – 5 millions de dollars chacune. Allez reprendre un micro après ça. Le pauvre garçon meurt d'envie de quitter le pays pour aller « purifier son âme »

* Annie Jacobsen, « Looks can kill », *LA Times Magazine*, mars 2010.

ailleurs. Et c'est à Penn qu'il s'adresse pour s'esquiver « sans se faire assassiner ni démembrer ». Penn relève ce qu'elle appelle « un sacré défi » et le remporte ; elle réussit à faire disparaître sans vague un homme dont 1,3 milliard de personnes guettent le moindre geste.

Depuis, on n'a plus trop entendu parler d'Edison Chen, et Penn a emménagé avec son mari à Los Angeles. Perchée dans les hauteurs de Hollywood, sa maison bénéficie d'une vue splendide sur les palmiers de Château Marmont. De là, Penn veille sur Tony Blair et quelques *people* en transit. Mais à L. A., explique-t-elle, « l'essentiel de mon travail consiste à convoyer mes clients jusque devant le juge sans que ça se sache ».

La recette du succès de Penn peut s'énoncer en deux points :

1. Toujours tout prévoir. Penn entretient assidûment ses compétences en *self-defense* (« Je sais que je ne suis pas aussi forte que certains hommes, mais ma force est de connaître les faiblesses du corps humain »), se tient au courant des derniers gadgets définitifs (le *smartphone gun*) et visionne avec profit des vidéos d'assassinats.
2. Toujours demander poliment (« *Just ask nicely* »).

Un petit conseil pour la route ? « Serrez la main comme la reine d'Angleterre, en utilisant seulement quatre doigts. Ne donnez jamais un pouce à quelqu'un : il peut l'attraper et ne plus le lâcher. »

Compétences requises : Étrangement, calme et sang-froid semblent prédominer.

Études conseillées : Il n'y a aucun cursus d'aventurière, mais il existe des formations à la protection rapprochée, recommandées par la fédération du même nom.

Durée des études : Fortement corrélée à l'espérance de vie. Une formation continue est recommandée.

Salaire en début de carrière : Aléatoire.
Insertion professionnelle : Volatile.
Espérance de vie : Fortement corrélée à la qualité de la formation.

Pour aller plus loin

Théophile Gautier, *Mademoiselle de Maupin*, Gallimard, coll. « Folio », 1973.
Sur le Net : signal8security.com
Les formations recommandées par la Fédération de protection rapprochée sont sur ffpr.eu/le-metier/la-formation

5. Aviatrice

Mission • Une aviatrice est une femme qui pilote un aéronef. De nos jours, on parle généralement de pilote d'avion.

Découvrez le métier avec... Hélène Boucher

Accrochez-vous, ça va aller vite. La petite Hélène est une gamine d'une totale normalité, si l'on excepte ce goût étrange pour la vitesse. Été 1930 : elle a vingt-deux ans et passe son baptême de l'air*. Quelques mois plus tard, elle prend son premier cours de pilotage. Elle obtient son brevet de pilote un an après. Un mois encore, juillet 32 : elle est au départ du rallye Caen-Deauville, mais son avion reste accroché aux branches d'un arbre. Elle saute. Tout va bien. Elle a vingt-quatre ans.

Ayant la ferme intention de vivre de ses, disons, propres ailes, elle se paye un De Havilland Gipsy Moth, participe à des meetings aériens et, avec l'argent récolté, achète un Avro Avian qui l'emmène se perdre dans le désert au large de Bagdad début 1933.

Ruinée, elle doit revendre son avion.

Mais sa réputation est déjà assez costaude pour qu'elle puisse commencer l'acrobatie aérienne. Elle s'y met à l'automne 33 et excelle si bien et si vite que, au printemps 34, elle signe avec la société Renault. Ça y est ! Elle a un salaire et les moyens techniques de ses ambitions. Au cours de l'été, elle explose le record international de vitesse

* « Hélène Boucher » [en ligne], avionslegendaires.net

toute catégorie sur mille kilomètres. En tout, elle ramène six records à la France. Entre deux, elle s'engage pour le droit de vote des femmes. On la surnomme « la femme la plus rapide du monde ».
Regardez-la : sanglée dans sa longue *flight jacket*, impassible sous sa cagoule de cuir et ses épaisses lunettes ovales d'aviatrice, le menton enfoncé dans une grosse écharpe qui ressemble à un keffieh, elle jette un bref regard au photographe avant de décoller. Nous sommes au début de l'hiver 1934, à Guyancourt, et elle étrenne un nouveau petit bijou, un Caudron C 460 Rafale. À l'atterrissage, la remise de gaz se passe mal. Boucher décroche, racle la cime des arbres et se tue. Elle avait vingt-six ans.

Le métier aujourd'hui avec... Béatrice Vialle

Béatrice Vialle est née en 1961. Douée en mathématiques, elle enchaîne maths sup, maths spé puis l'aviation civile, dont le concours, coup de chance, vient d'être ouvert aux filles. En 1985, Vialle devient la dixième femme pilote d'Air France. Enfin, pilote... elle est copilote sur Boeing 727, puis sur Airbus A320 dont elle apprécie moins les commandes – plus informatisées, moins rustiques.
Cinq ans plus tard, elle passe au très agricole Boeing 747, en copilote toujours. De toute façon, entre pilote et copilote, « les tâches sont identiques : l'un conduit à l'aller, l'autre au retour* ». Et Vialle a un plan... Alors, quand on le lui propose, elle refuse de passer comman-

* Ondine Millot, « Tout concorde », *Libération*, 20 novembre 2001.

dante de bord : « J'aurais perdu le bénéfice de mon ancienneté. C'était un bon pari, mais beaucoup d'hommes ne l'auraient pas fait. Pour eux, c'est plus important d'être chef. »

Mais quel plan ? Quel pari ? Concorde, bien sûr ! Avec tous ses points d'ancienneté, Vialle arrive en tête de la liste des postulants au bel oiseau blanc. Ah, Concorde ! Rêve de tous les pilotes, alpha et oméga des marcheurs de ciel. Vialle travaille d'arrache-pied pour décrocher la qualification Concorde. La chose est faite le 24 juillet 2000. Le 25, c'est le crash de Gonesse : une minute et vingt-huit secondes après avoir décollé de Roissy, un appareil s'écrase en tuant 113 personnes.

Patience, patience dans l'azur... Un an plus tard, Vialle peut enfin prendre les commandes de son rêve. Et elle atterrit triomphalement sur l'aéroport de New York à l'aube du 11 septembre 2001 (rigoureusement authentique). La bouteille de champagne prévue pour fêter l'événement restera bouchée.

« Concorde, c'est une expérience à part. Pour un pilote civil, Concorde est la seule chance de connaître les sensations du supersonique, de passer Mach 1, Mach 2. Avant lui, cette chose n'existait pas. Bientôt, elle n'existera plus. » Vialle effectue pas moins de 45 vols sur Concorde avant que celui-ci ne soit remisé au cimetière des rêves trop coûteux et qu'elle-même finisse sa carrière comme commandante de bord. Son mari se dit « jaloux ». « Il faut comprendre, affirme Vialle : ce qu'on ressent avec lui, ça ne ressemble à rien d'autre. »

Compétences requises : Des maths, des maths, des maths.
Études conseillées : On peut passer par les concours de l'État comme Vialle, ou par ceux d'Air France, ou encore apprendre dans des aéro-clubs privés (et chers).

Durée des études : Trois ans de prépa puis trois ans d'école d'ingénieur. Pour commencer.
Salaire en début de carrière : Stratosphérique.
Insertion professionnelle : La classe internationale.
Espérance de vie : Supérieure à celle de n'importe quel automobiliste.

Pour aller plus loin

Bernard Marck, *Hélène Boucher, la fiancée de l'air*, L'Archipel, 2003.
Sur le Net : enac.fr

6. Avocate

Mission • L'avocate est une juriste dont la fonction est de défendre ses clients en justice, en plaidant pour faire valoir leurs intérêts.

Découvrez le métier avec…
Mary Ann Shadd

Mary Ann Shadd est née noire, états-unienne et en 1823, mais elle est née libre, ouf. Jusqu'à seize ans, elle va à l'école. Puis elle retourne à l'école, pour enseigner à son tour*.

En 1850, patatras ! *Fugitive Slave Act* aux USA. Cette loi permet d'arrêter toute personne suspectée d'être un esclave en fuite sans que le propriétaire ait à prouver sa possession. Autant dire que, sur tout le territoire, tous les Blancs peuvent désormais réclamer comme biens meubles tous les Noirs. Pas fous, ceux-ci prennent le *railroad underground*, équivalent XIXe du *midnight express*, autrement dit la poudre d'escampette. Ils fuient massivement vers le Canada.

Shadd est du nombre. Elle a vingt-huit ans. Une fois sur place, elle monte une école pour enfants noirs, aide les fugitifs à s'installer, milite contre l'esclavage, crée un journal, publie des essais, donne des conférences et fonde une autre école, pour enfants de toutes les couleurs cette fois. Car Shadd est persuadée que la peau n'est rien et que l'instruction est tout ; l'instruction, le travail et la confiance en soi.

---

* *Briser la glace. L'histoire de Mary Ann Shadd* [en ligne], whitepinepictures.com.

Dix ans plus tard, devenue veuve, elle retourne aux États-Unis avec ses enfants et passe la guerre de Sécession (1861-1865) à recruter des soldats pour l'armée nordiste. Après la fin de la guerre et l'abolition de l'esclavage, elle commence à militer en faveur du droit de vote des femmes. Elle reprend des études à Harvard et, pour ses soixante ans, obtient le diplôme d'avocate. Elle meurt à soixante-dix ans, probablement fatiguée, contente et insatisfaite.

Je n'ai trouvé qu'un seul portrait d'elle, un mauvais cliché noir et blanc qui écrase des traits que l'on devine gracieux. Entre les lourds bandeaux de la chevelure crantée et un fichu épinglé très haut sur le cou, l'expression est celle de la plupart des portraits de Noirs américains au XIXe siècle : sombre, tendue, empreinte d'une sévérité qui fait barrage à une tristesse plus profonde encore. Elle paraît refléter à la fois l'âpreté du sort de Shadd et sa volonté farouche d'en sortir par le haut. « L'écrit et la parole ne sont jamais vains. Un jour ou l'autre, ils portent leurs fruits. Il suffit de semer. »

Le métier aujourd'hui avec... Gisèle Halimi

Tunisie, 1927. La plantureuse Fritna met au monde une petite fille, sans imaginer que celle-ci se battra toute sa vie pour « que les femmes ne ressemblent pas à [sa] mère ». Amen.

Il est entendu par toute la famille que la petite Gisèle sera mariée à quinze ans à un marchand d'huile de quarante – entendu par toute la famille, sauf par la principale intéressée. À onze ans (ou treize, les témoignages divergent), elle entame une grève de la faim pour ne plus faire le ménage dans la chambre de son frère. À vingt ans, elle se sauve à Paris où elle étudie le droit. À vingt-deux, elle devient avocate. À trente, elle milite pour l'indépendance de la Tunisie, puis de l'Algérie. Regardez cette jeune femme qui court sur le boulevard Saint-Germain : elle est fauchée, elle a quelques enfants à charge, elle travaille nuit et jour, mais, cet après-midi, elle est invitée au Flore pour boire un café avec Simone de Beauvoir ! Et c'est vraiment « au-delà de tout ce dont [elle] avai[t] rêvé* ».

Nous voilà ensuite dans les années 1960 : Gisèle Halimi défend Djamila Boupacha, une militante FLN torturée par des membres de l'armée française. Passons à 1971. Halimi signe le *Manifeste des 343* dit *des 343 salopes*, rédigé par Beauvoir :

« Un million de femmes se font avorter chaque année en France. Elles le font dans des conditions dangereuses en raison de la clandestinité à laquelle elles sont condamnées, alors que cette opération, pratiquée sous contrôle médical, est des plus simples. On fait le silence sur ces millions de femmes. Je déclare que je suis l'une d'elles. Je déclare avoir avorté. De même que nous réclamons le libre accès aux moyens anticonceptionnels, nous réclamons l'avortement libre. »

Le Manifeste est aussi signé par Deneuve, Duras, Fontaine, Lafont, Moreau, Mnouchkine et 335 autres. Il contribue à ce basculement des mentalités qui permet l'adoption, en 1975, de la loi dite Simone Veil dépénalisant l'avortement. Mais la contribution la plus importante de Halimi à la loi Veil est sûrement le procès de Bobigny.

En 1972, une adolescente nommée Marie-Claire Chevalier est violée par un garçon de son lycée. Enceinte, elle

* Pascale Nivelle, « Dame de parité », *Libération*, 20 février 2002.

veut avorter. Son médecin exige 4 500 francs, sa mère gagne 1 500 francs par mois, son père l'a abandonnée sans laisser d'adresse et elle, à seize ans, ne gagne pas encore sa vie. Alors elle se remet entre les mains d'une faiseuse d'anges : pas chère, mauvaise qualité. Victime d'une hémorragie, Marie-Claire est hospitalisée. Et qui la dénonce à la police ? Son violeur, pas moins. Et qui la police arrête-t-elle ? Marie-Claire, bien sûr.

Voilà qui fait un peu trop : Marie-Claire se rebiffe et en appelle à Halimi. Le procès se déroule à Bobigny ; le moins qu'on en puisse dire est qu'il est houleux. Les crachats volent bas. Mais Halimi sait parler :

« Monsieur le Président, Messieurs du Tribunal [...]. Regardez-vous, messieurs. Et regardez-nous. Quatre femmes comparaissent devant des hommes. Pour parler de quoi ? D'utérus, de grossesses, d'avortements. Ne croyez-vous pas que l'injustice fondamentale soit déjà là ? »

Marie-Claire, sa mère et toutes les femmes impliquées dans l'affaire sont relaxées.

Arrive 1974. Deux jeunes filles, Anne et Aracelli, vont passer une belle nuit d'été dans une calanque, près de Marseille. Trois jeunes gens passent par là et, tentés, se servent à leur gré. Quatre ans plus tard, le procès a lieu. Petite affaire : à cette époque, le viol est un acte malencontreux, juridiquement un peu informe. Le procès est très, très houleux. N'empêche que, une fois de plus, Halimi gagne. Et que, une fois de plus, la société bascule. En 1980, le viol devient passible de quinze ans de réclusion criminelle. Ouf. (Quant aux violeurs d'Anne et d'Aracelli, ils prennent entre quatre et six ans ferme.)

À partir des années 1980, Halimi entame une carrière politique, devient députée, se brouille avec Mitterrand puis Chevènement, et participe à la création de l'association Attac. Depuis le début du millénaire, elle publie son autobiographie par tranches, discute politique des heures durant avec ses trois fils et se rebiffe dès qu'on touche aux droits des femmes. « Une femme indépendante économiquement peut se réaliser dans des tas de domaines, y compris en amour. »

Compétences requises : Une grande bouche dans un cuir dur.
Études conseillées : La formation d'avocate s'effectue dans l'un des Centres régionaux de formation professionnelle d'avocats (CRFPA) après un master en droit.
Durée des études : Quatre ans pour le master + un an dans un Institut d'études judiciaires + un an et demi au CRFPA, qui nous font six virgule cinq.
Insertion professionnelle : Aussi bonne que bonnes sont vos dents.

Pour aller plus loin

Sylvia Sweeney, *Briser la glace : L'histoire de Mary Ann Shadd* [documentaire], prod. White Pine Pictures, 1997.
Gisèle Halimi, *Fritna*, Omnibus, 1999.
Sur le Net : letudiant.fr/metiers/secteur/droit/avocat. Le domaine juridique offre de nombreux métiers et de nombreux débouchés au bout d'études forcément longues.

7. Barfly

Définition • Si *barfly* peut se traduire au masculin par « pilier de bar » (de Hemingway à Gainsbourg en passant par Bukowski), au féminin, ce serait plutôt « reine de la nuit ». Le *barfly*, quel que soit son genre, n'erre pas de bar en bar pour s'imbiber, mais pour réenchanter le monde à la faveur de la nuit. Il ne s'agit pas là d'un métier qui rapporte salaire, mais d'un mode de vie qui rapporte des points d'expérience. Dans les dents, le plus souvent.

Découvrez le métier avec… Françoise Sagan

Quand elle naît en 1935 dans un milieu parfaitement bourgeois, la petite Françoise enfile les chaussons encore tièdes d'un frère mort en bas âge. Ce qui lui vaut d'être « pourrie gâtée » par ses parents et de promener, sa vie durant, un sentiment « dont l'ennui, la douceur [l]'obsèdent » : la tristesse. « Elle restera un petit poucet androgyne qui sème des trous de cigarette sur son passage*. » À dix ans, Sagan découvre les camps de la mort aux actualités : fin de l'enfance. Elle lit énormément et se fait énormément renvoyer de l'école. Au début des années 1950, son frère Jacques l'emmène à Saint-Germain-des-Prés, son jazz, ses clubs. Sagan n'en sortira plus – plus jamais vraiment. Elle se sent bien dans les bars « sombres et complices » avec ses « frères alcooliques, aimable tribu débonnaire des nuits de Paris ». Regardez, là-bas ! On aperçoit sa silhouette. Vous la reconnaissez ? Oui, c'est

* Article de Tristan Savin, *Lire*, février 2008.

cette petite blonde maigre en jean-marinière-espadrilles. Un clope au bec, elle danse sur un pied. Bref, elle est de la Nouvelle Vague.

À dix-sept ans, elle écrit *Bonjour tristesse*. C'est la gloire immédiate et définitive qui lui assure un lectorat pour les vingt romans à suivre (sans compter les nouvelles, les pièces de théâtre, les articles). De ce moment, Sagan parie toute son existence sur un tiercé flamboyant : la fête, le jeu et les belles voitures – « les Jaguar un peu longues, les Aston un peu lourdes ». La fête l'emmène de Castel à Saint-Tropez. Le casino lui rapporte un manoir. Et sa belle Aston Martin l'envoie à l'hôpital, où une médication hallucinante la rend dépendante aux opiacés. Elle n'en sortira jamais vraiment non plus.

Les années suivantes, Sagan gagne, perd, donne, brûle l'argent en compagnie de la « bande à Sagan », mais, avant tout, après tout et par-dessus tout, elle écrit. Sur l'oisiveté, le soleil, l'alcool et la vie comme un fil. En 1961, elle signe le *Manifeste des 121* en faveur de l'indépendance de l'Algérie, ce qui lui vaut le plastiquage de la maison de ses parents. En 71, elle signe le *Manifeste des 343 salopes* en faveur de l'avortement. Et lors d'une tournée aux États-Unis, elle signe ses livres « *With all my sympathies* » jusqu'à ce qu'on lui fasse remarquer que la formule signifie « Sincères condoléances ».

Sa fin est longue... Au début des années 1990, elle perd en même temps tous ceux qu'elle aime : son frère, sa compagne, son ex-mari, ses parents. Elle qui disait « c'est très important les amis, c'est le sel de la terre », se retrouve seule. Peu après, sa fortune et sa santé s'envolent. Privée de chéquier, elle trouve un lit pour s'allonger et ne se relève plus guère. Une cigarette aux doigts, elle lit. Et meurt à soixante-neuf ans, après, assure-t-elle, « une vie et une œuvre également agréables et bâclées ».

« Ma seule solution, et je m'en félicite vivement, était de faire ce que j'avais envie de faire : la fête. Ce fut une belle fête, entrecoupée de romans divers et de pièces diverses. Et là finit mon histoire. Après tout, qu'est-ce que j'y peux ? Ce qui m'a toujours séduite, c'est de brûler ma vie, de boire, de m'étourdir. Et si ça me plaît, à moi, ce jeu dérisoire et gratuit à notre époque mesquine, sordide et cruelle mais qui, par un hasard prodigieux dont je la félicite aussi vivement, m'a donné les moyens de lui échapper. Ah, ah ! »

Le métier aujourd'hui avec…
Virginie Despentes

Virginie Despentes naît en 1969 dans un milieu parfaitement prolétaire qui lui donne « une lecture un peu marxiste de la réalité* ». À treize ans, elle découvre la fête. Même l'hôpital psychiatrique où l'envoient ses parents ne l'en fera pas démordre : elle aime le rock, la bière et la liberté. Bref, elle est punk. Elle va de Nancy à Lyon et à Paris, tour à tour femme de ménage, prostituée, peep-showeuse, critique, pigiste, disquaire, libraire. À vingt-trois ans, elle écrit *Baise-moi*. C'est la gloire immédiate et définitive. Six romans suivent (sans compter les nouvelles, les documentaires, les articles, les traductions, les paroles de chansons et, bien sûr, les films) qui tous parlent de jeunesse, de béton et de trahison.
De ce moment, Despentes ajoute, à sa bière, la coke qui « fait juste des cons arrogants […]. La cocaïne, pour tenir les gens, c'est super. Une fois qu'on est dans la

---

* « Despentes : anarcho-féministe » [en ligne], lemagazine.info, 8 juin 2007.

cocaïne, tout ce qui compte, c'est en racheter, donc on bossera dans n'importe quelle condition. On réfléchit moins, on bosse plus [...]. Des gens que je connaissais et que j'appréciais ne sont plus les mêmes, ils ont changé [...]. Personnellement, je ne pense pas que j'en sois revenue, je ne suis plus pareille émotionnellement. Quelque chose en moi a changé, un équilibre chimique a été transformé* ». Et Despentes n'aime pas qu'on la transforme ; elle préfère se transformer elle-même.

En 2000, le scandale qui accompagne la sortie de son film *Baise-moi* révolte et oriente sa pensée. Elle cherche à comprendre le pourquoi de « réactions aussi violentes », ce qui l'amène à se « définir par rapport au féminisme qui jusque-là ne [la] concernait que de loin ». Début d'une évolution qui la mène en 2006 à *King Kong Théorie*, manifeste féministe, et à son célébrissime *introït* :

« J'écris de chez les moches, pour les moches, les vieilles, les camionneuses, les frigides, les mal baisées, les imbaisables, [...] parce que l'idéal de la femme blanche, séduisante mais pas pute, bien mariée mais pas effacée, travaillant mais sans trop réussir, [...] cette femme blanche heureuse qu'on nous brandit tout le temps sous le nez, celle à laquelle on devrait faire l'effort de ressembler, à part qu'elle a l'air de beaucoup s'emmerder pour pas grand-chose, [...] je crois bien qu'elle n'existe pas. »

À la même époque, Despentes rencontre la philosophe espagnole Beatriz Preciado. Et plante tout là : l'hétérosexualité, la France, le blond L'Oréal, l'alcool et la coke. En 2009, c'est *Mutantes*, documentaire sur le féminisme porno-punk. En 2012, c'est l'article contre les opposants au mariage homosexuel :

* *Le Monde*, 18 avril 2006.

« La personne avec qui je vis depuis huit ans est la seule personne qui sache ce que j'ai dans mon ordinateur et ce que je voudrais en faire. J'aimerais, s'il m'arrivait quelque chose, savoir qu'elle sera la personne qui gérera ce que je laisse. Comme le font les hétéros. [...] Occupez-vous plutôt de construire plus d'abris pour les SDF que de prisons, ça, ça changera la vie de tout le monde. Dormir sur un carton et ne pas savoir où aller pisser n'est pas un choix de vie, c'est une terreur politique, je m'étonne de ce que le mariage vous obnubile autant alors que la misère vous paraît à ce point supportable*. »
L'œuvre de Despentes est en pleine expansion, et qui peut dire de quel support elle usera ? Peut être a-t-elle tout simplement réussi le saut hors du nid que n'a pas su faire Sagan ? Car tel est le défi que doivent relever les *barflies* : savoir, quand les fêtes de la jeunesse se mettent à grincer comme de vieilles chaînes, refermer la bouteille et s'envoler gracieusement.

Compétences requises : Vouloir aller tout au bout, là-bas, et manquer d'ailes.
Insertion professionnelle : Sur le fil.
Espérance de vie : En bonne santé ? Moyenne.

Pour aller plus loin

Françoise Sagan, *Bonjour tristesse*, Julliard, 1954.
Virginie Despentes, *King Kong Théorie*, Grasset, 2006.

* *Têtu*, 12 novembre 2012.

8. Casse-cou

Définition • Casse-cou, nom masculin. Personne qui prend des risques. Anglais : *daredevil*.

Découvrez le métier avec... Calamity Jane

Martha Cannary naît dans le Missouri en 1852. À moins que ce ne soit 1850. Ou 1856. Car la biographie de celle qui deviendra une légende vivante est ensevelie sous une avalanche de témoignages fantaisistes, le sien en cerise au sommet. Enfin, une chose est sûre : Martha est née au début des années 1850 dans une famille nombreuse qui migre vers l'ouest à bord d'un chariot. Rude voyage : elle perd ses deux parents à l'adolescence. Entre-temps, son éducation roule sur le débourrage de chevaux, le tir au fusil et l'addiction au whisky*.

Aux alentours de ses vingt ans, Martha Cannary est une haute jeune femme habillée en homme, qui jure comme un charretier. Armée de ses deux principaux atouts – une bonne assiette et une bonne gâchette –, elle entame une vie d'errance.

Son employeur principal sera l'armée : elle commence par rejoindre le général Custer, à moins que ce ne soit Crook, et lui sert d'éclaireuse dans sa conquête des terres du Grand-Ouest. Les attaques d'Indiens sont innombrables, Cannary s'en sort miraculeusement indemne.

---

* « Calamity Jane » [en ligne], medarus.org

Mais regardez par là : Goose Creek, Wyoming. Une petite troupe tente de regagner le poste-frontière au grand galop. Six soldats sont morts lors de la sortie, nombre d'autres sont blessés. À un mile et demi du but, nouvelle embuscade sioux : Cannary se retourne et voit le capitaine Egan, touché, qui s'effondre sur son cheval. Elle l'empoigne alors même qu'il tombe, le jette en travers de son encolure et file à bride abattue jusqu'au fort. Une fois à l'abri, Egan lui décerne le titre de *Calamity Jane, l'héroïne des plaines.* Elle s'y tiendra.
En 1875, elle rencontre Wild Bill Hickock, autre grande figure de l'Ouest sauvage et joueur invétéré. Avec lui, elle arrive à Deadwood, Dakota du Sud, une de ces villes pionnières pleines de boules d'herbe sèche qui roulent dans la poussière et de portes de saloon qui grincent. C'est au fond d'un de ces saloons que Wild Bill Hickock est tué d'une balle dans la nuque, un jour d'août 76. Entre les doigts, il tient ce qu'on appelle depuis la « main du mort » : une paire d'as et une paire de 8, tous noirs.
Alors Calamity Jane repart, vers le Texas d'abord, la Californie ensuite. Elle fait tous les métiers qu'elle trouve : chercheuse d'or, convoyeuse de troupeaux et de courrier, éleveuse de bétail, aubergiste, lingère dans un bordel. Elle se marie de temps en temps, a quelques enfants – si vous trouvez les *Lettres à ma fille* de Calamity Jane, sachez que ce sont des faux, hélas.
Elle retourne à Deadwood en 1895, dix-sept ans après en être partie, et là, elle apprend qu'elle est devenue célèbre. Elle concocte une autobiographie sévèrement arrangée et se plante sur une scène où elle joue son propre rôle : celui d'une *cow girl* à la conquête de l'Ouest. C'est un triomphe ! Elle se produit dans de grandes villes, mais l'alcool la dévore. Devenue ingé-

rable, fichée par la police, elle est renvoyée du spectacle. C'est Buffalo Bill qui lui paye le retour à Deadwood. Elle y meurt en 1903, célébrissime et complètement pauvre, à un âge confus.
À sa demande, elle est ensevelie « au côté de Wild Bill Hickock, le seul homme [qu'elle ait] jamais aimé ».

Le métier aujourd'hui avec…
Géraldine Fasnacht

D'après Wikipédia, le *base jump* consiste à « sauter en parachute depuis des objets fixes » qui mesurent entre 50 et 1 500 mètres de hauteur. Le but est d'ouvrir son parachute le plus tard possible afin d'obtenir des « sensations maximales » en « suivant le relief d'assez près » à 250 km/h. Fatalement, « une douzaine de *base jumpers* se tuent chaque année ». La page *Base jump* de Wikipédia est assez onirique.
On y apprend que le terme *BASE* vient de quatre catégories d'« objets fixes » : *Buildings, Antennas, Spans, Earth.* Autrement dit : immeubles, antennes, ponts, falaises. Ce qui pourrait donner *PIAF* en français, mais personne ne semble y avoir songé.
Dans le *base jump*, « le principal danger est de heurter l'objet duquel on vient de sauter ». C'est un souci. Un autre est le nombre élevé de « traumatismes des membres inférieurs » à cause des « posés violents ». Car « il n'est pas dans la philosophie du sport de débroussailler ou de modifier » la zone d'atterrissage pour moins se fracasser les jambes. Quel dommage !
« Le *base* se pratique avec un seul parachute là où le parachutisme en requiert deux (le parachute principal et le parachute de secours). En effet, la durée des sauts est si

courte que la présence d'un parachute de secours s'avère inutile. » Vous comprendrez donc que ce sport ne propose « ni baptême, ni tandem », ni école, ni professeur, ni « aucune réglementation ». Grâce à quoi, il « offre une liberté totale quant à la gestion des risques », se révélant une véritable « école de responsabilité et d'autonomie ». On recommande cependant de bien lire « presque toute la documentation technique sur Internet » avant de se lancer. Il s'agit surtout de plier correctement son parachute.

Sur le plan juridique, soyez rassurée : « Le *base* est parfaitement légal dans la plupart des pays. » (Ce passage reste cependant un peu flou.) En fait, la page « *Base jump* » de Wikipédia est carrément hallucinante.

C'est dans la liste de *base jumpers* qui clôt cette page qu'apparaît le nom de Géraldine Fasnacht. Cette Suissesse née en 1980 pratique la montagne depuis l'âge de deux ans. Championne internationale de *snowboard*, elle passe ensuite au *base jump* et saute depuis les deux pôles, en Terre de Baffin et en Terre de la Reine-Maud. Sa préférence va à la *wingsuit**, la combinaison volante. Avec ça sur le dos, Fasnacht peut « voler cinq kilomètres entre crêtes et mélèzes avant d'ouvrir son parachute à 300 mètres du sol ». Mais ce voyage merveilleux ne s'improvise pas : Fasnacht comptabilise 2 200 sauts et saute « plus de cent fois par année ». Et puis, il faut le vouloir : la marche jusqu'au point de décollage peut durer huit heures, matériel au dos. Et une fois là-haut, il faut encore savoir renoncer : « À cause du vent, nous avons attendu quatre heures au sommet. En vain. Nous sommes redescendus à pied. » Autant dire que Fasnacht regarde avec une pitié verticale ceux qui tentent les

* Échange par mail, 18 septembre 2013.

mêmes vols qu'elle avec « pas même quinze sauts d'avion ». Son verdict est concis : « Il y a des gens qui n'ont rien à faire là*. » Aborder le *base jump* en amateur est « de l'inconscience. Ce n'est pas un jeu. La deuxième chance n'existe pas ».

Et pour l'avenir ? Fasnacht rêve de « planer un jour sans parachute, seulement avec une *wingsuit* ». C'est aussi le rêve d'Alice Legoff (cf. *Agent secret*). Les chiens ne font pas des rêves de chat.

Compétences requises : Vouloir aller tout au bout, là-bas.... et y aller.
Études conseillées : Relisez la fiche ci-dessus.
Espérance de vie : Relisez-la attentivement.

Pour aller plus loin

Grégory Monro, *Calamity Jane, mémoires de l'Ouest*, Hoëbeke, 2010.
Sébastien Montaz-Rosset, *One Step Beyond : The True Story of Geraldine Fasnacht* [documentaire], 2012.

* Christian Rappaz, « Géraldine Fasnacht. Plaidoyer d'une femme-oiseau » [en ligne], illustre.ch, 26 septembre 2012.

9. Chef de cuisine

Mission • La chef de cuisine coordonne le travail de toute la brigade (l'équipe en cuisine), depuis le commis (le moussaillon) jusqu'au second (juste après le premier). Elle élabore les menus, réalise les plats les plus complexes et en invente de nouveaux.

Découvrez le métier avec…
Eugénie Brazier

Les premières années de la petite Eugénie sont tristes et dures. Née en 1895 près de Bourg-en-Bresse, elle perd sa mère à dix ans. Elle est aussitôt placée dans des fermes de la région comme gardienne de vaches et de cochons. À dix-neuf ans, elle tombe enceinte d'un homme marié. Scandale ! Son père la chasse. Elle doit laisser le bébé en nourrice et monter à Lyon pour porter son lait à un enfant plus riche.
Quand la cuisinière de ses employeurs tombe malade, Brazier la remplace au pied levé. Elle a vingt ans et un talent fou. Six ans plus tard, elle ouvre son propre restaurant, un bouchon lyonnais. Le bouche-à-oreille fait le reste : sa table déborde rapidement*. D'autant que le critique Curnonsky, « prince des gastronomes », fondateur de l'Académie des gastronomes, de l'Académie de l'humour et de l'Académie du vin, ne tarit pas d'éloges à son sujet. Regardez-la : fière et large au milieu de sa vaste cuisine blanche, elle soulève le couvercle d'un de ses énormes fait-tout en ne paraissant pas songer une seule seconde à ses années de famine.

* « La maison » [en ligne], lamerebrazier.fr

Sept ans après, en 1928, Brazier décide de prendre un peu de vacances et s'installe au large de Lyon, dans un chalet au confort rêche (pas de gaz, pas d'électricité). Elle ne peut pas se retenir d'y ouvrir un petit restaurant. Immédiatement, c'est un autre succès monumental. En 32, elle décroche deux étoiles au Michelin. Et, en 33, deux fois trois étoiles ! À ce jour, seuls trois autres chefs ont égalé l'exploit.
Après la Seconde Guerre mondiale, toujours hyperactive, Brazier embauche un apprenti auquel elle enseigne, en vrac, la cuisine, la traite des vaches, le repassage, la lessive et le potager. Cet arpette surmené s'appelle Paul Bocuse ; il deviendra « cuisinier du siècle », « pape de la cuisine », « chef du siècle » et suivants.
Pendant ce temps, Brazier continue à mitonner des fonds d'artichaut au foie gras, du gâteau de foie de volaille et de lapin et, parfois, une poularde de Bresse truffée. Son secret ? Des produits très bons, des recettes très simples, et du génie. Elle meurt à quatre-vingt-deux ans, mais son bouchon est toujours vivant.

Le métier aujourd'hui avec… Rougui Dia

Rougui Dia (1976, Paris) grandit en Seine-Saint-Denis dans une famille sénégalaise de sept enfants (cinq filles, deux garçons). À treize ans, elle est saisie par la vocation. Variante : le CFA le plus près de chez elle propose l'option cuisine*. Variante : « Après les devoirs, cuisine et ménage sont réparties chaque soir entre les petites filles** » et, quand la corvée du dîner échoit à Rougui,

* Échange par mail, 5 septembre 2013.

** Laurent Feneau, « Rougui Dia, l'art du métissage », entrechefs.com

elle s'en sort de façon renversante. Elle commence un CAP cuisine, suivi d'un BEP et d'un bac pro en 1999. Il ne lui reste plus qu'à chercher un stage. Et chercher un stage. Et chercher un stage. Deux ans. Jusqu'à la rencontre avec Sébastien Faré. C'est un cuisinier qui a du nez. Il embauche Dia au poste de commis. Le génie de la jeune femme est si évident qu'elle passe second en un temps record. Puis chef de cuisine en 2005, à même pas trente ans. Et où donc ? Chez Petrossian, le roi du caviar parisien. Par petites touches épicées ou fruitées, sénégalaises ou indiennes, Dia allège la prestigieuse carte. Elle prépare des crevettes sauvages d'Iran croustillantes au curry, des Saint-Jacques au caviar avec du riz noir à l'encre de seiche, et des charlottes au chocolat noir et café crème – un peu moins légères, mais très faciles à faire, vous verrez ça sur le Net*.

Aujourd'hui, Dia habite toujours dans le 9-3, peu fascinée par les gens qui, en un repas, « claquent le salaire d'un ouvrier** ». Mais elle se réjouit fameusement de la reconnaissance de ses pairs, notamment de Pic, une chef trois-étoiles au Michelin. En attendant d'ouvrir un jour son propre restaurant.

P.-S. [Conversation de comptoir du 20 avril 2013] Madame Petrossian m'a appris que Dia avait ouvert son restaurant au *Buddha Bar.* « Il n'y a pas vraiment de secret, cela passe par le travail, la persévérance, la patience et la passion***. »

---

* « La charlotte au chocolat selon Rougui Dia » [vidéo en ligne], cuisineactuelle.fr

** Corinne Chabaud, « Rougui Dia cultive sa bonne étoile », *La Vie*, 20 juin 2011.

*** « Interview du chef Rougui Dia » [en ligne], *Sowo Magazine*, paperblog.fr, 8 mars 2012.

Compétences requises : Beaucoup de goût, peu d'horaires. Une appétence certaine pour l'organisation quasi militaire des brigades de cuisine.
Insertion professionnelle : Excellente. C'est un secteur qui recrute et à tous les niveaux de durée d'études.

Pour aller plus loin

Restaurant *La Mère Brazier*, 12 rue Royale, Lyon.
Rougui Dia, *Le chef est une femme,* Gawsewitch, 2006.
Sur le Net : letudiant.fr/metiers/secteur/hotellerie-restauration.html

10. Chef d'orchestre

Mission • Une chef d'orchestre est une musicienne chargée de coordonner le jeu des instrumentistes des orchestres symphoniques, de jazz, d'harmonie ou de fanfare.

Découvrez le métier avec… Claire Gibault

Elle naît en 1945. À quatre ans, elle connaît ses notes. Neuf ans plus tard, elle remporte un premier prix de violon et décide qu'elle sera chef d'orchestre.
Elle entre au Conservatoire national, où elle remporte le premier prix de direction d'orchestre. Après un long parcours comme chef d'orchestre de chambre, puis assistante de chef d'orchestre, elle saisit enfin la baguette : elle prend la direction de l'Opéra de Lyon. Nous sommes en 1991 et Gibault est la première femme à se hisser au pupitre. Mais le milieu de la musique classique est, comment dire ? Les musiciens font des couacs exprès pour l'embêter. C'est trop niais : Gibault part pour Rome.
Ensuite ce sera l'Angleterre, les États-Unis, l'Écosse, l'Irlande, le Danemark, la Suède, l'Allemagne, l'Italie, la Suisse, la Belgique, le Canada, bref, la planète classique. Mais la France, décidément, reste imperméable : dans les années 1990, certains orchestres* ont les notes qui se mélangent dès qu'ils aperçoivent une femme derrière la baguette (couac ! tût). Lassée, Gibault entre en politique.

---

* Emmanuelle Giuliani, « Pas de baguette magique pour les femmes chefs d'orchestre », *La Croix*, 11 octobre 2010.

Députée européenne de 2004 à 2009, elle travaille avec acharnement pour les droits des femmes et des artistes. En 2010, puisqu'on n'est jamais si bien servie que par soi-même, Gibault monte son propre orchestre, le Paris Mozart Orchestra, avec quarante musiciens. Regardez-les déplier leurs pupitres au milieu des velours rouges de la Comédie-Française, ou bien ouvrir leurs étuis entre les murs blancs de l'hôpital du Mans, ou encore installer leurs partitions parmi les détenus de la prison de Fresnes. Si vous allez les écouter sur Internet*, vous constaterez que, face à des publics si variés, ils ne se permettent aucune fausse note.

« Le goût de la domination, celui de tenir les rênes des choses, cela vous guette. Mais un bon chef d'orchestre est celui qui sait écouter les autres**. »

Le métier aujourd'hui avec… Zahia Ziouani

La petite Zahia naît en 1978 dans une famille d'origine algérienne fondamentalement mélomane. Elle entre au conservatoire à huit ans, commande une guitare au père Noël, puis se met au violon alto. Comme Gibault, comme Dia, elle découvre sa vocation à treize ans. C'est dit : elle sera chef d'orchestre.

Munie d'un diplôme en analyse musicale, orchestration et musicologie de la Sorbonne, elle y ajoute plusieurs prix de conservatoire (guitare, violon alto). Au mur de sa chambre, elle punaise des posters de grands chefs d'orchestre : Furtwängler, Karajan et surtout Celibi-

* « Paris Mozart Orchestra, un orchestre solidaire en prison » [vidéo en ligne], webtv.edf.com

** Philippe Trétiack, « Claire Gibault : Pour diriger un orchestre, j'ai dû le créer » [en ligne], elle.fr, 3 mai 2013.

dache. Saisi par le photographe dans une envolée de cheveux blancs et de cernes noirs, celui-ci a un faux air de Beethoven. Coup de chance : il repère Ziouani et lui propose de suivre son cours de direction d'orchestre. Elle bondit sur l'occasion ! Elle a seize ans.
Sitôt formée, elle s'épargne bien du tracas en fondant immédiatement son propre orchestre : Divertimento. Elle a vingt ans. Et Divertimento, 70 musiciens.
Ziouani se produit tout autour du monde et superlativement en Algérie, où elle est nommée « chef d'orchestre principale invitée ». « J'ai fait jouer des musiciens algériens et français ensemble, ce qui a créé de belles rencontres*. »
Depuis ses trente ans, Ziouani dirige le conservatoire de Stains, en Seine-Saint-Denis. Son mot d'ordre ? Le même que Shadd : « Avoir de l'ambition et travailler. » Ses élèves ? Des jeunes de Stains, ville située assez loin de l'Opéra Garnier. « Soyons clairs, l'égalité des chances n'existe pas. » Alors Ziouani offre « plus que des cours de musique aux jeunes » : « Toute la culture générale nécessaire [...] pour accompagner leur progression dans la musique**. »
Un parcours remarquable dans un environnement difficile ? Quel environnement difficile ? Ziouani « refuse résolument la stigmatisation de ses origines » et, contrairement à Gibault, ne concède que « du bout des lèvres qu'être une femme dans le milieu musical n'est pas aisé ». De toute façon, elle a sa solution : « Je ne me laisse pas faire », et puis voilà. Elle admet cependant une difficulté : « son jeune âge ». Ce sera vite résolu.

---

* « Portrait d'une jeune femme, d'origine algérienne... chef d'orchestre », *Le Midi libre*, 11 septembre 2012.

** Mérième Alaoui, « Zahia Ziouani, chef d'orchestre à 32 ans » [en ligne], saphirnews.com, 21 février 2011.

Compétences requises : Maîtriser à la perfection plusieurs instruments et ne pas s'en contenter.
Études conseillées : Le conservatoire de votre quartier, pour commencer.
Durée des études : Il faut débuter tôt et ne plus jamais s'arrêter.
Insertion professionnelle : Au forceps.

Pour aller plus loin

Claire Gibault, *La Musique à mains nues*, L'Iconoclaste, 2010.
Zahia Ziouani, *La Chef d'orchestre,* Anne Carrière, 2010.
Sur le Net : letudiant.fr/etudes/ecoles-specialisees/formations-artistiques-musique

11. Chercheuse d'or

Mission • La chercheuse d'or exerce un ou plusieurs des métiers de la mine dans le but de trouver de l'or. Mais, pour celle qui aime vraiment le métal précieux, il existe d'autres mines : les banques centrales.
La banque centrale d'un pays est une institution chargée par l'État de la politique monétaire. Elle veille sur un stock d'or souvent important : les États-Unis disposent de 8 000 tonnes d'or, la France de 2 500 et l'Afrique du Sud de 250 – soit 250 000 lingots qui font, sagement alignés côte à côte, douze kilomètres linéaires d'or pur et luisant. Le moyen le plus sûr de rester en contact avec de grosses quantités d'or est donc de devenir gouverneur de banque centrale.

Découvrez le métier avec... Belinda Mulrooney

La ruée vers l'or du Klondike a commencé en 1896 et fini en 1899. Ça a été court, mais intense. En quatre ans, cent mille aspirants millionnaires déferlent sur une des régions les plus inhospitalières du monde, quelque part à l'est de l'Alaska. Peinant dans la neige, 40 000 atteignent leur but vivants, et 4 000 trouvent de l'or qu'ils claquent immédiatement. Car, comme toujours dans ces cas de fièvre, ce ne sont pas les prospecteurs qui s'enrichissent, mais ceux qui leur vendent des pelles.
Belinda naît en 1872 en Irlande. Quand elle débarque au Yukon, elle a vingt-cinq ans et déjà un long passé de baroudeuse : Philadelphie, Chicago, San Francisco. C'est une commerçante hors pair ; un incendie d'entrepôt lui a coûté sa première fortune*.

* Melanie J. Mayer et Robert N. DeArmond, *Staking Her Claim*, Ohio University Press, 2000.

Elle apporte avec elle une cargaison de vêtements et de bouillottes. Ça se vend bien. Très bien. Il faut dire que, dans les villes champignons qui poussent le long du Yukon, l'afflux est si grand et l'organisation si défaillante qu'on manque de tout. Le sel se vend, au poids, plus cher que l'or. Le paquet de beurre coûte 140 dollars d'aujourd'hui, l'œuf, 84, et la pomme, 28. Pour la bouillotte, je ne sais pas. La misère culturelle est si épouvantable, elle aussi, que certains chercheurs d'or, faute de mieux, lisent et relisent sans fin les étiquettes de leurs boîtes de conserve. Ces gens-là sont prêts à acheter n'importe quoi à n'importe quel prix.
Regardez là-bas, cette ville de boue gelée : c'est Dawson City. Trente mille habitants, une femme pour neuf hommes, huit chevaux pour tout le monde. Dans la rue, voyez cet homme qui traîne péniblement une jambe noircie par le scorbut : c'est Jack London. Il survivra et tirera de l'aventure mieux que son poids en or : *Croc-Blanc* et *L'Appel de la forêt.*
Dans les bars de Dawson, les prospecteurs en veine se ruinent avec méthode, et quantité de gens sont prêts à les y aider. Les fêtes sont mémorables ! Un certain Jimmy McMahon flambe 780 000 dollars en une seule soirée. Les consommations se payent cash, en poudre d'or (le champagne atteint l'équivalent de 1 700 dollars la bouteille). L'ivresse aidant, il paraît qu'il suffit, le matin venu, de balayer le sol au pied des tabourets pour devenir riche à son tour.
Avec la marge colossale que lui rapportent ses hardes et ses bouillottes, Mulrooney ouvre un restoroute puis un grand hôtel à Dawson. Elle achète sa propre entreprise minière et devient la femme la plus riche du Klondike. Charles Carbonneau, grand spécialiste en champagne, la couvre de roses pendant une année entière jusqu'à

ce qu'elle accepte de l'épouser. Mauvaise affaire : ce mariage coûte à Mulrooney sa deuxième fortune.
En 1899, le bruit court qu'on a trouvé de l'or en Alaska. Instantanément, les villes champignons du Klondike retournent à la poussière. Mulrooney aussi fonce plein ouest. Pionnière dans l'âme et entrepreneuse compulsive, elle va de ville nouvelle en mine nouvelle avec une énergie qui ne se démentira pas de tout le XXe siècle. Elle fait fortune encore une fois, en ouvrant sa propre banque, et meurt très vieille en 1967. Elle laisse derrière elle *Carbonneau Castle*, une sorte d'affreux petit manoir en pierre grise au large de Seattle, et la fierté d'avoir joué un rôle de premier plan dans le développement économique du Yukon et de l'Alaska. D'après ses biographes, il semble que le seul métier qu'elle ait, toute sa vie, « assidûment évité » ait été celui de femme au foyer.

Le métier aujourd'hui avec...
Gill Marcus

Gill Marcus naît en Afrique du Sud en 1949, juste après l'officialisation de l'apartheid. Dans les rues, dans les bus, sur les bancs fleurissent des panneaux « Blancs seulement », « Noirs seulement », « Métis seulement ». Les parents de Gill sont blancs. Ils sont aussi militants anti-apartheid et membres du Parti communiste sud-africain. De massacres en émeutes, la lutte est chaude : en 69, les Marcus sont contraints de s'exiler à Londres. Gill, qui a vingt ans, commence à travailler à distance pour l'ANC, le parti de Nelson Mandela. Celui-ci est en prison depuis déjà six ans. Il y restera encore vingt et une longues années...
Début 1990, fin de l'apartheid : Marcus rentre au pays. Elle est élue au Parlement et devient sous-ministre des

Finances dans le gouvernement de Mandela, puis vice-gouverneur de la Banque centrale. Elle y passe cinq ans, pendant lesquels elle impose de nouvelles réglementations qui se révéleront salutaires quand la crise viendra.
En 2005, changement de braquet : Marcus est un moment professeur en « leadership et études de genre », ensuite elle se lance dans les affaires. Elle décroche le poste de présidente des compagnies minières Western Areas et Gold Fields, puis de PDG de la banque Absa. Ouf.
À soixante ans, elle est enfin nommée gouverneur de la Banque centrale d'Afrique du Sud. Son accession à ce poste jette dans le ravissement à la fois les hommes d'affaires – dont elle fait partie – et les syndicalistes – pour son engagement politique*. Dernièrement, elle a lancé un billet de banque à l'effigie de Mandela. Regardez-la brandir une liasse de coupures neuves : derrière ses petites lunettes, elle paraît savourer la reprise de la croissance dans son pays. À moins qu'elle ne pâlisse d'inquiétude devant les perspectives économiques mondiales, qu'elle qualifie d'« horribles » ? Il n'est pas facile de savoir ce qui se cache sous le masque rond de Marcus, forgé aux feux du combat politique, de la clandestinité, de l'exil et de la haute finance.

Compétences requises : La ténacité, et un boulier dans la tête.

Pour aller plus loin

Melanie J. Mayer et Robert N. DeArmond, *Staking Her Claim : The Life of Belinda Mulrooney, Klondike and Alaska Entrepreneur,* Ohio University Press, 2000.
Terrence James Victorino, *Gill Marcus,* Log Press, 2011.

* Faiza Ghozali, « Gill Marcus, une femme de caractère à la Banque centrale », *Jeune Afrique*, 28 juillet 2009.

12. Chirurgienne

Mission • Une chirurgienne est une docteur en médecine qui exerce la chirurgie, intervention physique sur les tissus humains par incision et suture.

Découvrez le métier avec...
Francine Leca

Francine a « la chance de naître [en 1938] dans une famille bourgeoise où on laissait les enfants faire ce dont ils avaient envie* ». Et ce dont Francine a envie, c'est d'être chirurgienne**. Dont acte.
À trente ans, elle assiste à une opération à cœur ouvert et trouve ça « magnifique », ce qui prouve qu'il y a toujours une part d'étrangeté chez l'être le plus rationnel. Elle devient chirurgienne cardiaque. En 1989, elle est nommée chef du service de chirurgie cardiaque de l'hôpital Laennec. Suivra l'hôpital Necker.
Les chambres de ses malades sont délabrées, l'administration manque de moyens, qu'à cela ne tienne : en 1992, Leca fonde une association, « Mécénat chirurgie cardiaque », qui collecte des fonds pour rafraîchir le matériel. Du moins jusqu'à cette lettre, en 96 – la lettre de trop parmi toutes celles que reçoit Leca***. C'est celle d'un Iranien dont le fils est atteint d'une malformation

* Charles Gilbert, « Francine Leca, chirurgienne », *L'Express*, 9 octobre 1997.

** Échange par mail, 3 avril 2013.

*** Margaux Rambert, « Francine Leca, à cœur ouvert » [en ligne], psychologies.com, novembre 2010.

cardiaque et qui n'a pas les moyens de le faire soigner. Sans illusion, Leca demande à l'hôpital l'autorisation d'intervenir et reçoit le « non » attendu (« C'est normal, on ne peut pas dire à tout le monde : venez vous faire opérer en France, c'est gratuit »). Mais, cette fois, Leca se rebiffe. Maintenant que les chambres de son service sont ripolinées de frais, elle rebaptise son association « Mécénat chirurgie cardiaque enfants du monde » et monte un réseau qui permet d'opérer entre 150 et 300 marmots par an. Les petits arrivent « tout bleus, en marchant péniblement », ils repartent « roses et rayonnants » et ça lui fait *plaisir*.

Le coût de l'opération (20 000 euros, transport depuis le bout du monde compris) est tiré vers le bas (10 000 euros) grâce à l'action de centaines de bénévoles. Pour le reste de la facture, Leca est là : « De l'argent, il y en a. Le tout, c'est d'aller le chercher. » Mais regardez-la ausculter : elle allonge le bambin et pose doucement l'annulaire dans le creux de son cou. Contre la pulpe de son doigt, elle sent battre la carotide et la jugulaire (« Toutoum, toutoum », dit la voix du sang). « Il y a un petit frémissement. C'est le signe d'une sténose aortique », autrement dit, un étranglement de l'artère qui part du cœur pour oxygéner tout le corps. Il va falloir opérer.

Leca est à la retraite depuis 2006, ce qui signifie qu'elle peut consacrer encore plus de temps à collecter des fonds. Et voir ses petits-enfants, et pêcher le saumon à la mouche en Écosse, et repartir en Syrie ou au Yémen former des cardiologues. « Il y a plusieurs façons de vieillir. Certains passent leur temps à se plaindre. D'autres se tournent vers la réflexion. Moi, je suis plutôt dans une activité permanente. »

Quand elle parle de son parcours, Leca réagit comme Ziouani : ç'a été dur, mais pas plus pour elle que pour les autres. « Vous croyez que les hommes se font des cadeaux entre eux ? » Au fond, le mot d'ordre est toujours le même : « Je me suis accrochée, c'est tout. »

Le métier aujourd'hui avec… Nilab Mobarez

Elle est née en 1961 en Afghanistan. Jusqu'en 1979, tout va bien : elle fait des études de médecine et devient chirurgienne, spécialisée en chirurgie plastique et réparatrice*. Elle enseigne son métier à l'Institut médical de Kaboul. Mais à partir de 79, avec l'invasion soviétique, son pays s'enfonce dans la guerre, la radicalisation religieuse et une misogynie hystérique. En 89, Mobarez doit fuir. Elle s'exile en France et reprend des études de médecine pour décrocher l'équivalent français de son diplôme. La lutte est rude, mais Mobarez gagne : elle recommence à opérer aux urgences de l'hôpital Dubos de Pontoise.

Et c'est 96, la déferlante des talibans sur l'Afghanistan. Toutes les femmes sont ensevelies sous le voile et assignées à domicile. Ce qui revient à rayer brutalement du paysage la moitié du corps étudiant, la moitié du corps médical et les trois quarts du corps enseignant – dans la foulée, les talibans bannissent aussi la musique, la télévision et le cinéma. Et les fêtes de mariage. Et les cerfs-volants. Et les pigeons.

Mobarez se lance alors dans une autre lutte : défendre son pays contre les talibans d'abord, contre les ravages sociaux et psychologiques de vingt ans de guerre surtout. Cette montagne-là est toujours à gravir, mais Mobarez a

---

* « Nilab Mobarez » [en ligne], hoebeke.fr

marché d'un bon pas : en 2000, elle fonde l'association Bactriane, qui vient en aide aux femmes et aux enfants afghans. En 2001, elle fonde l'association « Enfants afghans », qui rassemble des fonds pour construire un hôpital à Kaboul, et retourne enseigner à l'Institut médical. En 2004, elle participe à la première élection présidentielle libre du pays. Depuis 2007, elle est attachée de presse de l'Unama (United Nations Assistance Mission in Afghanistan). Elle a aussi publié un livre de photos, *Femmes afghanes*, qui montre, eh bien, essentiellement du tissu. Avec parfois, sous les voiles, le sourire. Mobarez n'a jamais baissé les bras ; dans toutes ses interviews, elle fait preuve d'un optimisme farouche. Et aujourd'hui que l'Afghanistan tente de reprendre ses rênes en mains, Mobarez positive plus que jamais : d'accord, c'est « toujours l'horreur* », mais, « par rapport à ma propre situation, j'ai gagné beaucoup. Il y a dix ans, je ne pouvais pas aller à l'école, me faire soigner, je ne pouvais pas participer à n'importe quelle décision ». Il y a même, comme en France, « 25 % de parlementaires femmes ».

Compétences requises : De l'adresse manuelle. Accepter de ne pas avoir de jeunesse.
Bac + ? 13
Études conseillées : 6 années de médecine, 5 d'internat, 2 de spécialisation.
Salaire en début de carrière : On peut gagner sa vie assez rapidement (à partir de la troisième année), ce qui est un avantage irremplaçable pour des études longues.
Insertion professionnelle : Les compétences médicales sont un excellent moyen de gagner sa vie correctement, toujours et partout.

* Anne-Julie Contenay, « Ce qui attend le nouvel Afghanistan » [en ligne], europe1.fr, 3 décembre 2012.

Pour aller plus loin

Élizabeth Drévillon, *Professeur Leca : chirurgien du cœur,* Anne Carrière, 2003.
Nilab Mobarez et Olivier Weber, *Femmes afghanes,* Hoëbeke, 2002.
Sur le Net : letudiant.fr/etudes/fac/medecine-le-classement-des-facs
Le domaine médical propose de nombreux métiers pour toutes les durées d'études. Nombreux lycées techniques.

13. Cinéaste

Mission • Une cinéaste est une créatrice de films, c'est-à-dire une auteure-réalisatrice-monteuse.

Découvrez le métier avec...
Alice Guy

Elle est née en 1873, à la même époque que Mulrooney, la Belle Époque. C'est-à-dire, en France, l'après-guerre de 1870 et l'avant-guerre de 1914, le triomphe de l'industrie et du *french cancan.* Les Français sont raffolés de toutes les innovations techniques. Dans les rues, à la lumière jaune des becs de gaz, des femmes en long corset et des hommes en redingote courent d'un café-concert à un autre en rêvant de calèches volantes.
À vingt ans, Alice Guy se fait embaucher par un certain Gaumont* dans une société de photographie parisienne. Autodidacte, elle apprend vite tous les raffinements du métier. Les clients sont d'assez beau linge : Charcot, Eiffel, Zola et les frères Lumière. Qui l'invitent à découvrir leur nouvelle invention : des clichés qui bougent !
Gaumont fonde sa propre compagnie avec Guy. Lui, il vend des images tant fixes qu'animées, tandis qu'elle se demande s'il n'y a pas quelque chose de plus à tirer de ces bobines qui tournent... Le midi, à la pause, elle monte un studio et réalise son premier film : *La Fée aux choux.* Elle a vingt-deux ans.

---

* Isabelle Motrot, « Le premier réalisateur était une réalisatrice », *Causette* #29, novembre 2012.

C'est un succès ! Alors Guy s'enhardit. Elle dévore la pellicule, invente les trucages, le gros plan, le film à grand spectacle et le *making of.* Elle devient responsable fiction des studios Gaumont, engage des techniciens à tour de bras, sonorise ses films et gagne des prix. Passé le tournant du siècle, elle traverse l'océan, direction Fort Lee, États-Unis, où elle fait la même chose mais à plus grande échelle. Western, film fantastique ou animalier, *gay friendly,* tournage en extérieur, sujet politique, tout la tente et c'est un autre succès. Elle crée sa boîte de prod' tandis que Fort Lee devient la capitale du cinéma. Jusqu'à 1917, année terrible où son mari rate sa gestion. Tout là-bas, de l'autre côté du continent, une ville pelée nommée Hollywood commence à briller plus haut que Fort Lee.

Alors Guy va à Hollywood. Elle tourne : nouveau succès. Elle tourne encore : échec. Déjà impitoyable, Hollywood la lâche immédiatement. Ça y est : Guy a donné le dernier coup de manivelle au dernier de ses 600 films. Nous sommes en 1920. En faillite, en divorce, en convalescence de la grippe espagnole, Guy rentre au pays. Où le cinéma fait de l'argent, maintenant. Les hommes d'affaires ont mis la main dessus ; ils ne la tendront pas à Guy. Au chômage, celle-ci se reconvertit dans la littérature pour enfants.

Elle recevra la Légion d'honneur trente ans plus tard, quand même. Et mourra presque centenaire. Elle n'a pas pris soin de conserver son œuvre et, hélas, comme pour d'Angeville, personne ne l'a fait à sa place, mais vous pouvez encore voir, sur Internet, *La Fée aux choux* et son incroyable parterre de bébés qui gigotent.

Le métier aujourd'hui avec… Jane Campion

1954. Jane naît au milieu des décors somptueux de la Nouvelle-Zélande, dans une famille férocement shakespearienne. Mais le théâtre ne lui suffit pas. À vingt ans, elle est anthropologue. Mais ça ne lui suffit pas non plus. Elle va aux Beaux-Arts de Sydney étudier la peinture. Ça ne suffit toujours pas. Alors elle se lance dans le cinéma. Eurêka ! elle a trouvé ce qui lui suffit. D'après sa mère, si elle n'avait pas fait de cinéma, « elle aurait pu devenir une grande criminelle* ».

En 1982, elle sort un court métrage, *Peel*, qui remporte la Palme d'or du court à Cannes. En 89, premier long métrage : *Sweetie*. Tout Campion y est déjà : (1 femme + 1 rencontre) x sexe = 1 choix. À quoi s'ajoutent les décors somptueux de Campion et sa faculté à « couler son univers dans une véritable forme narrative** ». En clair : à raconter une bonne histoire.

Le film suivant remporte un prix à la Mostra de Venise et, en 1992, c'est *La Leçon de piano*. Palme d'or, Oscar, les prix pleuvent ; plus de trente. Depuis, Campion travaille à son rythme, tranquillement. « Je cherche à renouveler mon approche de film en film, alors que l'on attend de moi, *a priori*, la reproduction du succès de *La Leçon de piano. La Leçon de piano II*, en quelque sorte. C'est peut-être la particularité d'être une femme cinéaste, je ne sais pas, mais j'ai un rythme assez lent, je ne suis pas dans une course au pouvoir, où il faudrait

* Marie Guichoux, « Jane Campion, sur l'aile du désir », *Libération*, 24 novembre 1999.

** Catherine Raucy, « *In The Cut*, un film de Jane Campion » [en ligne], ecrits-vains.com

surtout ne pas se faire oublier, gagner des Oscars… J'ai une vie, une fille, d'autres choses à faire. » En réalité, comme tous les aquoibonistes affichés, Campion est une perfectionniste et un bourreau de travail.
Regardez-la promener sa haute taille et ses longs cheveux blancs de plateau en plateau : elle réalise des hybrides de carpe et de rhinocéros (*road-movie* philosophique, policier érotique) qui peignent chacun un visage de femme différent – et mettent en scène des hommes choisis avec un sens aigu du sexy. « D'obscurs objets du désir. »

Flash info • En 2014, Campion décroche la présidence du jury du Festival de Cannes.

Compétences requises : Une cinéphilie avancée et la rare capacité à transmettre un univers onirique à une équipe de techniciens.
Études conseillées : Il existe cinq écoles publiques en France et de nombreuses formations universitaires qui mènent à d'innombrables métiers.

Pour aller plus loin

Alice Guy, *Autobiographie d'une pionnière du cinéma*, Denoël/Gonthier, 1976.
Florence Colombani, « Jane Campion, réalisatrice », *Le Monde*, 17 décembre 2003.
Sur le Net : letudiant.fr/etudes/ecoles-specialisees/le-banc-dessai-des-formations-de-cinema-et-daudiovisuel
La liste des femmes cinéastes à découvrir est longue, voici quelques-unes des plus connues : Agnès Varda, Kathryn Bigelow, Nina Companeez, Sofia Coppola, Colline Serreau, Noémie Lvovsky, Leslie Kaplan, Catherine Breillat, Tonie Marshall. Et Claire Denis. Et Margarethe von Trotta. Et Rebecca Zlotowski. Et Emmanuelle Bercot. Et j'arrête.

14. Cosmonaute

Mission • Une cosmonaute (ou astronaute ou spationaute ou taïkonaute) est la pilote ou la passagère d'un véhicule spatial.

Découvrez le métier avec… Valentina Terechkova

Née en 1937 en URSS, Valentina devient très jeune tisseuse dans une usine. Mais elle rêve de ciel et, à l'école des textiles, pratique le saut en parachute. Ce qui lui vaut d'être choisie par Khrouchtchev parmi 400 candidates pour suivre un entraînement de cosmonaute. Elle a dix-huit ans et la motivation au ventre : elle enchaîne vols en apesanteur (dans un avion évoluant en piqué, affectueusement baptisé par ses usagers l'« avion qui fait vomir »), mise à l'isolement, centrifugeuse (imaginez-vous dans une machine à laver, programme « laine et textiles délicats »), pilotage d'avion de combat et cours d'ingénierie spatiale.
Le 16 juin 1963, c'est le grand départ : Terechkova décolle – et elle décolle seule, dans une capsule *Vostok* monoplace. Le vol dure trois jours. On apprendra quarante ans plus tard qu'il s'est très mal passé : mal calculée, la trajectoire de *Vostok 6* tourne autour de la Terre selon une orbite de plus en plus large (comme si une fronde avait cassé au milieu du Grand Vide intergalactique). Terechkova réussit à corriger le problème malgré des nausées terribles. Regardez-la : à l'étroit au cœur de sa bulle d'acier (deux mètres de diamètre), engoncée dans un scaphandre et toujours régurgitant, elle prend

des notes et des photos sans faiblir. De l'autre côté du hublot, le Soleil, d'un blanc strident contre le noir de l'espace, se lève et se couche quarante-huit fois de suite. À l'atterrissage, Terechkova s'éjecte et se retrouve en parachute au-dessus d'un lac – un lac russe, autant dire une mer. Manœuvrant comme une pro, elle réussit à ne pas finir sa mission spatiale par une noyade (« J'ai pensé : mon Dieu, pour une fois qu'on envoie une femme, elle risque de se retrouver dans l'eau*. »)

C'est fini. Elle ne volera plus. Elle reprend des études tandis que son pays la couvre de médailles, échappe à un attentat (seize balles, quand même) et donne son nom à un cratère sur la face cachée de la Lune. Et pour l'avenir ? À soixante-dix ans passés, Terechkova rêve de Mars. « Je suis prête à y aller et à ne jamais en revenir. »

Le métier aujourd'hui avec... Claudie Haigneré

Warning : cerveau hors norme.

Claudie (André puis Deshay puis Haigneré) naît en 1957. Elle apprend à lire par-dessus l'épaule de sa grande sœur**. Elle saute deux classes, s'esjouit à faire des versions latines, pratique la gymnastique au niveau compétition***, passe son bac à quinze ans et décide de devenir professeur d'éducation physique. Mais elle est trop jeune pour entrer à l'Insep, haha ! Alors elle se résigne à aller en fac de médecine. « Pendant mes études, j'avais un

* *Komsomolskaïa Pravda*, interview.

** Sandrine Chesnel, « Portraits et interviews : Claudie Haigneré » [en ligne], letudiant.fr, 15 juin 2010.

*** Échange par mail, 4 septembre 2013.

fonctionnement très simple : quand je trouvais une formation qui m'intéressait, je m'y inscrivais » (rhumatologie, biologie, médecine du sport, médecine aéronautique et spatiale), ce qui lui vaut son surnom de « bac + 19 ».
À vingt ans, Haigneré est en cinquième année de médecine. Huit ans plus tard, par une obscure nuit de garde, elle tombe sur une petite annonce punaisée dans un couloir de l'hôpital Cochin : le CNES (Centre national d'études spatiales) cherche une aspirante cosmonaute. Nous sommes en 1985 : Haigneré fait le grand saut. Et, afin d'être performante dans son nouveau job, passe en vitesse un DEA de biomécanique. Elle décroche aussi un titre de docteur en neurosciences, mais je commence à m'y perdre un peu.
Son entraînement, à la Cité des étoiles russe, dure neuf ans… Regardez par là : en apesanteur dans sa combinaison bleu ciel, Haigneré paraît danser. En 96, c'est son premier vol : seize jours à bord du vaisseau *Soyouz* puis de la station *Mir* (affectueusement baptisée par ses passagers le « caisson qui pue »). Haigneré enchaîne les expériences médicales, physiologiques, techniques et biologiques. En 99, c'est l'Agence spatiale européenne : Haigneré est nommée ingénieure de bord n° 1 à bord de la Station spatiale internationale.
Mais voici les années 2000 ; Haigneré s'engage en politique. Elle devient ministre de 2002 à 2005. L'expérience est amère : elle a le titre de ministre de la Recherche, mais pas le budget. Fatigue…
Au printemps 2009, à nouveau fringante, elle se lance dans une mission simplissime : unir les compétences de la Cité des sciences de la Villette (nord-est de Paris) et du Palais de la Découverte (sud-ouest de Paris), autant dire marier l'Élysée à Aubervilliers, rien que ça. Elle ne réussit pas mal.

Ses nouvelles gageures ? Consolider les vocations scientifiques féminines (parce que « c'est trop bête de se priver de la moitié des talents » de l'humanité*) et transmettre aux jeunes le maximum de savoir.
« Ma chance ? C'est que personne ne m'a dit : "Ce n'est pas pour toi." Et surtout pas mes parents. » Son secret ? « La curiosité. » Ça, Haigneré le répète plusieurs fois : « Il *faut* être curieux. » « Pour parler de métiers que je connais bien, chercheur et ingénieur, il faut savoir que ce sont aussi des métiers de création, riches, épanouissants, et qu'ils ne correspondent pas à leur image froide. » Surtout, « ne pas se contenter d'accepter la représentation d'un métier telle qu'elle nous est renvoyée. Il faut se frotter à la réalité des métiers et des carrières, aux personnes qui les exercent, et ne pas faire simplement un choix livresque ». Alors jetez ce livre et filez au CNES.

Compétences requises : Être costaud mentalement et physiquement. Surtout de l'estomac.
Études conseillées : À peu près tout, de l'aéronautique à la biologie, et même la plongée sous-marine (à cause des entraînements en piscine).
Durée des études : On n'en sort jamais.
Insertion professionnelle : À l'écart du reste de la planète. Warning : une fois qu'on a touché le ciel, il n'est pas si facile de redescendre sur terre. Coup de fatigue à prévoir.
Espérance de vie : Meilleure qu'on le croit. Sur un total de 525 cosmonautes, seulement 23 sont morts en fonction.

Pour aller plus loin

Валентина Терешкова: чьей воле покорялась женщина, покорившая космос [en ligne], ria.ru, 16 juin 2006 (la pauvreté biographique autour de Valentina Terechkova est un vide à combler).

* Anna Alter, « Claudie in the sky », *Muze*, mars 2013.

Yolaine de la Bigne, *Claudie André-Deshays ; une Française dans l'espace*, Plon, 1996.

Sur le Net : cnes-jeunes.fr, les formations du CNES et cva-space-training.eu, un site dédié aux jeunes qui veulent travailler dans le spatial.

15. Dessinatrice de BD

Mission • La dessinatrice de BD (ou bédéiste) raconte une histoire à l'aide de dessins accompagnés de textes et de dialogues dans des bulles. Elle rédige le scénario, crée les personnages et invente les décors.

Découvrez le métier avec...
Claire Bretécher

Elle naît en 1940 dans une famille de la bourgeoisie nantaise « d'une étroitesse totale* », où elle s'est « beaucoup barbée** ». En pension, même la lecture est interdite***. Cependant, la mère de Claire est une maîtresse-femme qui « enseigne à sa fille le goût du boulot plutôt que de la dot ». À dix-neuf ans, Claire s'enfuit à Paris.

Une fois là-bas, elle crève noblement de faim pendant de longues années. « J'étais un peu gourde, complètement fauchée. J'habitais dans un carton, je vivais avec une espèce de jules minable. Aujourd'hui, on porte au pinacle cette période, mais c'était atroce ! On se faisait avorter toutes les cinq minutes. » La chance passe enfin, sous les traits ronds et souriants de Goscinny (*Astérix*, *Iznogoud*, *Lucky Luke*, *Le Petit Nicolas*). Grâce à lui, Bre-

---

* Françoise-Marie Santucci, « Bien dans sa coquille », *Libération*, 19 novembre 1998.

** Alexandre Fillon, « La vie lamentable de Claire Bretécher », *L'Express*, 19 décembre 2011.

*** Élisa Morère, « Claire Bretécher, d'un trait », *Le Figaro*, 11 août 1999.

técher entre chez Spirou, puis chez Tintin en 65. Et mange désormais son content.

En 69, c'est le journal *Pilote*, où elle crée Cellulite, une princesse inmariable (ah ! Cellulite et ses cache-oreilles en forme de pain aux raisins qui avaient dix ans d'avance sur *Star Wars*). En 72, Bretécher fonde *L'Écho des savanes* avec Gotlib et Mandryka. Et, en 73, c'est le *Nouvel Obs* et sa planche hebdomadaire : *Les Frustrés* (ah ! *Les Frustrés* et cette définition « cougar avec trente ans d'avance » de l'homme idéal : « 17-18 ans, voilà. Démarre au quart de tour, tu lui dis "Recommence !", il recommence et, en plus, il dit merci et, en plus, il descend la poubelle »). En 76, Roland Barthes qualifie Bretécher de « meilleure sociologue de l'année ». (Honneur qu'elle reçoit avec un sobre : « C'est n'importe quoi. »)

Vient ensuite *Sainte Thérèse d'Avila* (ah ! l'ermite Pierre qui fait caca sous lui « pour la plus grande gloire de Dieu ! »). Bretécher s'auto-édite, ce qui lui rapporte un flot d'argent (« Et puis les éditeurs sont tellement paternalistes… »). En 79, son gynécologue lui apprend qu'elle est « stérile comme un pavé ». Tout joyeux, le pavé envoie valser la contraception et accouche bientôt d'un beau garçon. « Ça tombait bien, c'était avec le père idéal. »

À partir de 88, Bretécher sort *Agrippine* en huit tomes (ah ! Agrippine et sa façon de « prendre vapeur » en compagnie de Moonlight Molard et Persil Wagonnet).

Depuis, Bretécher est devenue un monument national. On la traite de « Woody Allen au féminin » et de « grande dame », on la sérietélévise sur Canal + ; il y a même un astéroïde nommé Bretécher. (Personnellement, je garde au-dessus de mon bureau une copie de « Femmes de peu changeant une soixante-watts » qui me

met en joie.) Et Bretécher, qu'en pense-t-elle ? Regardez comme elle vous jette, de sous son immuable mèche blonde, un regard lourd de vide :
« Je suis une flemmarde. »
Mais encore ?
« J'ai une vie lamentable. »
En réalité, Bretécher passe son temps à lire. Romans, presse ou BD, elle ne fait « que lire ». Vengeance, sucrée vengeance...

Le métier aujourd'hui avec... Marjane Satrapi

Son nom écrit en persan est très joli : مرجـــان ســـاتراپی
1969. Marjane Satrapi naît en Iran, sur les bords de la mer Caspienne, dans une famille très noble et très communiste. Et forcément, très vite ruinée.
Année après année, les libertés individuelles iraniennes se réduisent et le ciel politique s'assombrit. Le Chah, dont la réussite sociale se borne (d'après Satrapi) à avoir construit « les grands hôtels de luxe Hilton et Sheraton* », est jeté dehors en 1979 par Khomeyni.
Voici venu le temps de la révolution islamique. Anouche, l'oncle préféré de Marjane, est exécuté pour ses idées. Quant à elle, elle apprend à mettre un foulard. Elle ne sait d'abord qu'en faire et s'en sert comme corde à sauter. Mais, en grandissant, elle comprend ce que c'est qu'être malmenée dans l'espace public et comment s'en défendre : « Combien d'hommes j'ai giflés dans la rue après m'être fait insulter ? »

* Chris Kutchera, « Iran : Marjane Satrapi, la vie sous le régime des mollahs », *The Middle East Magazine*, avril 2002.

En 84, sous la pluie de bombes déversée par Saddam Hussein, ses parents croient lui offrir une chance en l'envoyant loin de l'atmosphère tonnante de Téhéran. La petite Marjane se retrouve seule sous le ciel bas et lourd de l'Autriche. Elle a quatorze ans. Parmi la foule de « petits von Machin* » de l'école française de Vienne, elle se sent abandonnée. Ses parents doivent la rejoindre. Elle les attendra longtemps ; ils n'auront jamais les moyens de faire le voyage. Marjane finit dans la rue. Elle est rapatriée.
Une fois remise, elle entre aux Beaux-Arts de Téhéran, mais, comment dire, « les modèles posent en tchador** ». Alors, en 94, c'est la France et l'école des Arts décoratifs de Strasbourg. Satrapi réalise avec stupeur que les Français sont, culture-généralement parlant, des puits d'ignorance. Leur connaissance de l'Iran semble s'être arrêtée à Montesquieu (« Mais comment peut-on être persan ? », 1721, quand même). Ils ne savent pas faire la différence entre un Arabe et un Iranien. Cette « mémoire super-courte » plonge Satrapi dans des abîmes de perplexité – et prouve que notre pub hors de nos frontières est assez bien faite. Dans le même temps, Satrapi découvre « le système éducatif » français, la « Sécurité sociale », les « solidarités diverses », les « gens qui lisent dans le métro », le « côté râleur, souvent ironique », des Français et trouve tout ça « magnifique*** ». Deux ans plus tard, Satrapi arrive à Paris. Regardez-la qui promène son petit nez – frappé, à droite, d'un grain

* Catherine Simon, « Marjane Satrapi : le parfum de la liberté », *Le Monde*, 21 août 2009.

** Catherine Bédarida, « Marjane Satrapi dessine la vie de l'Iran », *Le Monde*, 25 juin 2003.

*** Marie-Noële Darmois, « Le regard de Marjane Satrapi sur la France », chroniques.bnf.fr, décembre 2005.

de beauté – sous les arcades de la place des Vosges. Elle est admise à l'atelier du même nom, où elle côtoie Joan Sfar. Mais la rencontre décisive est celle du *Maus* d'Art Spiegelman.

Ça y est, Satrapi plonge dans la BD. Elle sort le premier tome de *Persepolis,* pavé autobiographique, en 2000. Trois tomes suivront et, avec eux, le succès. Satrapi se risque alors dans le cinéma ; son adaptation de *Persepolis* est un triomphe ! Bombardée de prix, croulant sous les médailles, elle est invitée partout, notamment aux États-Unis. Là, elle s'aperçoit que « les Américains imaginent encore les Iraniens comme des gens portant des grenades autour de la taille et qui se font exploser à droite et à gauche* ». Et *what about* les Iraniennes ? « Quand on pense aux Iraniennes, on voit le tchador, alors que, par exemple, le plus grand chirurgien cardiologue de Téhéran est une jeune femme. » Elle assure : « J'ai même été sur CNN. Je leur ai dit : Regardez-moi, l'axe du Mal, c'est moi. »

Aujourd'hui, Satrapi coule des jours heureux en France. Elle enchaîne BD et films tout en fumant avec ardeur trois paquets de cigarettes par jour afin de reconstituer, autour d'elle, la senteur épaisse de Téhéran. « L'air pur me rend malade. »

Compétences requises : D'après Bretécher, c'est « une vie d'escargot ». Être un escargot, donc.

Études conseillées : Une école à Poitiers-Angoulême, l'EESI (École européenne supérieure de l'image), propose des spécialisations BD (prévoir 1 000 euros par an sur trois ans). À défaut, nombreuses écoles de dessin, au premier rang desquelles les écoles des beaux-arts.

* Olivier Delcroix, « Quand Marjane Satrapi brise les frontières de l'ignorance », *Le Figaro économique*, 9 août 2003.

Salaire en début de carrière : 200 euros la planche (en moyenne). Maëster assure qu'« un appétit limité » est un bon atout, ce qui n'est pas engageant.
Insertion professionnelle : Internet semble un excellent outil d'insertion (voir penelope-jolicoeur.com, margauxmotin.typepad.fr et autres bd-blogs qui ont lancé des carrières enviables).
Espérance de vie : « La durée de vie des escargots varie selon les espèces » (Wikipédia).

Pour aller plus loin

Claire Bretécher, *Les Frustrés : l'intégrale*, Dargaud, 2007.
Marjane Satrapi, *Persepolis*, L'Association, 2000 et suivants.
Sur le Net : eesi.eu, le site de l'EESI.

16. Écrivain

Mission • Une écrivain est une personne qui rédige des ouvrages littéraires ou scientifiques, ou encore qui est habile dans l'art d'écrire.
Disclaimer: Raconter la vie d'une écrivain de génie est un exercice périlleux puisque, le plus souvent, elle ou l'une de ses pairs l'a déjà fait. Je me vois mal paraphrasant *La Ferme africaine,* l'autobiographie de Blixen, ou me risquant dans les neiges de Lagerlöf pour commenter Yourcenar (« Selma Lagerlöf, conteuse épique », in Marguerite Yourcenar, *Sous bénéfice d'inventaire,* Gallimard, 1962).
Bref, il a fallu trier. J'ai passé en revue les existences mélancoliques de Staël, Shelley, Austen et des sœurs Brontë ; celles plus funky de Colette et Nin ; celles, engagées, de Toni Morrison, Sontag et Beauvoir ; les expérimentales comme Duras et Sarraute ; les multimillionnaires comme Christie et Rowling ; les nobellisées comme Buck, Jelinek, Gordimer et Lessing ; les académisées comme Delay et Romilly ; les goncourisées comme NDiaye, Charles-Roux et Constant ; les lues comme Nothomb et Gavalda ; j'ai renoncé à Woolf et Wharton – et j'ai rencontré Arthur Rimbaud avec des seins.
Son nom est Kane.
Sarah Kane.

Découvrez le métier avec… Sarah Kane

On dit de Sarah Kane qu'elle est « un prodige de noirceur* », une « *beautiful pain*** », un « écrivain public du

* Mathilde La Bardonnie, « Sarah Kane s'est fait violence », *Libération*, 24 février 1999.

** Frédéric Ferney, « Ne reculez pas ! », *Le Figaro*, 22 juillet 2002.

désastre », une « dramaturge désespérée* ». Que dire d'une fille de vingt-huit ans qui est morte ? Qu'elle était géniale. Et terriblement malade. Qu'elle a couru toute sa vie pour échapper à la psychose et que, finalement, elle y est arrivée.

Sarah Kane est née en 1971 dans l'Essex, en Angleterre. Elle fait des études de théâtre à Bristol et à Birmingham. Pour ses vingt-quatre ans, sa première pièce est montée au Royal Court Theater de Londres : *Blasted.* Qu'on peut traduire par *Anéantis,* ou *Pulvérisés. Éparpillés façon puzzle.*

Pitch : Dans « une chambre d'hôtel très luxueuse », un abruti et une pauvre fille. Il la viole. La chambre explose, nous voilà en Bosnie. L'abruti se retrouve en compagnie non plus d'une gamine, mais d'un abruti encore plus gros que lui (« Pourquoi je te filerais ma clope ? Parce que j'ai un flingue et pas toi. ») Qui le viole et lui arrache les yeux avec les dents (on imagine l'angoisse de l'accessoiriste). Quel est le lien entre les deux violences, le viol et la guerre, la misère privée et la misère publique ? « Le premier est la graine et l'autre est l'arbre, explique Kane. Je pense que les germes d'une guerre se trouvent toujours dans la civilisation en temps de paix**. » Le *Daily Mail* accable la pièce, Pinter la soutient, le scandale est énorme : c'est la gloire.

Suivent *Phaedra's Love* (*L'Amour de Phèdre*), *Cleansed* (*Nettoyés*), *Crave* (*Manque*) et *4.48 Psychose* (« À 4 h 48, quand le désespoir fera sa visite, je me pendrai »). Et

* « Sarah Kane, une dramaturge désespérée » et « Sarah Kane, écrivain public du désastre », deux articles de Brigitte Salino, *Le Monde,* 6 mai 2000 et 20 février 1999.

** Fabienne Darge, « Sarah Kane dans le néant du langage, de l'amour et de la guerre », *Le Monde,* 24 mars 2005.

c'est fini. Kane est dévorée de l'intérieur par la bipolarité. Début 98, elle avale deux cents cachets. On la sauve, on la ranime, on la soigne, elle réussit à quitter la scène quand même : elle se glisse dans les toilettes de l'hôpital, noue ses lacets ensemble et se pend.

Depuis, ses pièces sont jouées partout dans le monde.

Voilà, le moment est venu de laisser l'ombre ardente que nous venons d'invoquer repasser le fleuve infernal. À moins qu'elle n'ait encore quelque chose à nous dire ? Écoutons-la. Nous sommes le 3 novembre 1998, le temps sur Londres est détestable. Kane, assise sur une chaise, fourrage d'une main dans ses cheveux courts tout en fumant une cigarette de l'autre – il lui reste moins de quatre mois à souffrir.

« *Cleansed,* ça vient de l'histoire d'un jeune Noir qui était à Robben Island en même temps que Nelson Mandela. Il avait dix-huit ans. On lui a dit qu'il resterait en prison quarante-cinq ans. Ça ne voulait rien dire pour lui parce qu'il était illettré. D'autres prisonniers lui ont appris à lire, à écrire et à compter. Alors seulement, il a réalisé ce que ça représentait, quarante-cinq ans. Et il s'est pendu*. »

Il paraît que « Sarah Kane se défendait de faire glamour. De ce côté-là, il n'y a rien à craindre ».

Regrets : Évidemment, j'aurais dû parler aussi de Sylvia Plath (« Mourir est un art, comme tout le reste ; je m'y révèle exceptionnellement douée »), mais, hélas, je ne peux faire de ce livre un catafalque pour génies suicidées. (« Le cœur se ferme, la mer se retire, les miroirs sont couverts », S. Plath, dernier poème.)

---

* Dan Rebellato, « Public interview with Kane » [en ligne], Royal Holloway College, rhul.ac.uk, 3 novembre 1998.

Le métier aujourd'hui avec...

Fallait-il parler d'Oates, digne professeur de littérature à Princeton, auteure de *Blonde,* un livre inspiré de la vie de Marylin Monroe ? Sur 900 pages impitoyables, Oates traite Monroe comme une matière lumineuse et friable, une boule de fils de soie ou de barbe à papa qui se déchire aux ronces du chemin jusqu'à ce qu'il n'en reste rien. Ou bien fallait-il parler de Kasischke, digne professeur de littérature du Midwest, qui rédige avec application des œuvres comme *A Suspicious River* – laquelle coule très loin des vallées enchantées de © Disney ? Ses héroïnes nagent toutes avec une peine infinie dans une atmosphère aussi trouble, pâle et collante que du sperme.

De guerre lasse, j'ai tiré au sort : il a désigné Helen Zahavi.

Zahavi est née à Londres en 1966. « Petite traductrice d'origine polonaise installée à Brighton* », elle publie son premier livre à vingt-cinq ans, en 91. *Dirty Week-End.* Un court roman aux phrases sèches.

« Voilà l'histoire de Bella », une jeune fille sans muscles ni colère. « On ne possède que ce qu'on est capable de défendre », écrit Zahavi. C'est pourquoi Bella ne se possède pas. Elle est à qui veut la prendre, et la malmener. « Voilà l'histoire de Bella qui se réveilla un matin et s'aperçut qu'elle n'en pouvait plus. » Sur le coup de midi, elle devient *serial killeuse.*

Le livre ne passe pas inaperçu, c'est le moins qu'on puisse dire. Il fait même l'objet d'une demande d'interdiction pour immoralisme devant le Parlement de Londres. Malmenée, victime « de tas d'ennuis », Zahavi

* François Rivière, « Sauve qui peut Zahavi », *Libération*, 21 septembre 2000.

quitte l'Angleterre pour la France. Suivent deux autres livres. Zahavi parle d'un troisième. Et c'est fini.
Il paraît que Zahavi vit et travaille désormais à Paris. Son site Web ne mentionne rien de neuf depuis 2000. Sa page Facebook compte un seul *like*. Google Image montre trois photos, dont une en couleurs et une de dos. Les *news* ne remontent absolument rien. Alors, si vous avez des nouvelles d'Helen Zahavi et si elle le veut bien, partagez-les, je vous en prie.

Compétences requises : « Confessez-vous à vous-même : mourriez-vous s'il vous était défendu d'écrire ? » (*Lettres à un jeune poète,* Rainer Maria Rilke.) Si la réponse est non, choisissez une vie plus rigolote.
Études conseillées : Contrairement aux États-Unis, la France ne propose pas de cursus universitaire pour devenir écrivain, hors l'université du Havre qui a ouvert un master « Lettres et création littéraire ». Mais il existe de nombreux ateliers d'écriture.
Insertion professionnelle : « T'écris, tu bouffes pas ; tu bouffes, t'écris pas » (G. Foveau, écrivain). Pour relativiser ce constat un peu raide, sachez qu'il est possible de gagner sa vie en se diversifiant : littérature jeunesse, scénarios de dessins animés, dossiers pour des journaux d'entreprise, traduction, etc.
Espérance de vie : L'écrivain a besoin d'une existence stable, ou du moins d'un plan de travail stable sur lequel est posé un ordinateur pourvu d'un système d'exploitation stable et un chat. La vie d'une écrivain est à peu près systématiquement plan-plan, et longue à proportion – si elle ne se l'ôte.

Pour aller plus loin

Sarah Kane, *Anéantis (Blasted),* trad. Lucien Marchal, L'Arche, 1998.
Helen Zahavi, *Dirty Week-End,* trad. Jean Esch, Phébus, 2000.

17. Exploratrice

Mission • L'exploratrice voyage, à des fins de découverte, dans une contrée inconnue ou mal connue.

Découvrez le métier avec… Alexandra David-Néel

Louise Eugénie Alexandrine Marie David naît en 1868 à côté de Paris, mais grandit en Belgique. Son père est un anarchiste républicain, sa mère une catholique rêveuse : la petite fille commence à fuguer très jeune (deux ans)*.
À vingt et un ans, elle est à Paris. Elle se convertit au bouddhisme et étudie le sanskrit au Collège de France – et l'amour de l'Asie au musée Guimet. « Je serai un flambeau : j'apporterai l'Asie à l'Europe. »
Quand elle atteint ses vingt-huit ans, patatras ! Ses parents se trouvent ruinés. Peu importe : Alexandra, qui a une voix magnifique, devient cantatrice à succès. Elle chante *La Traviata* de Verdi à Hanoi, puis *Faust* de Gounod à Athènes et *Carmen* de Bizet à Tunis. En 1904, elle se laisse épouser par son vieil amant Philippe Néel : la dépression la terrasse immédiatement.
Intelligemment, son mari l'emmène en voyage dans toute l'Afrique du Nord, mais ça ne suffit pas longtemps. En 1911, David-Néel part seule pour l'Asie. Son périple doit durer un an et demi, promis ! Il finira quatorze ans plus tard.

---

* « Alexandra David-Néel : biographie » [en ligne], Maison Alexandra David-Néel, alexandra-david-neel.org

David-Néel arrive en 1912 au Sikkim, « petit pays himalayen ». Fidèle à sa philosophie du « voyage érudit », elle va à la rencontre de tous les lettrés qu'elle croise et se lie d'amitié avec le fils du souverain, Sidkeong, bluffé par son intelligence. Celui-ci arrange une rencontre avec le dalaï-lama. Puis David-Néel se retire un temps dans une caverne perchée en altitude et s'essaye à l'ermitage. Elle se rend ensuite à Lachen, près du Tibet, où elle suit l'enseignement d'un ermite (au programme : méditation et retraite) tout en regardant avec gourmandise la frontière toute proche du Tibet – hélas interdit.
Déjà, David-Néel est reconnue comme une autorité bouddhiste. Elle tire des plans pour répandre la philosophie bouddhiste à travers le monde et, d'abord, au Sikkim. Hélas, Sidkeong meurt à Noël 1914 sans avoir eu le temps de mettre en place les réformes prévues. Déçue, David-Néel plante tout là et part pour le Tibet.
Pause publicitaire : le thé « Alexandra David-Néel » de Mariage Frères est le meilleur thé du monde !
Au Tibet, David-Néel est magnifiquement reçue absolument partout, sauf, hélas, à Lhassa. Lhassa, la capitale interdite ! Ce sera pour plus tard, car David-Néel est expulsée du Tibet. Faut-il rentrer en Europe, par-dessus les tranchées ? Elle préfère l'Inde, puis le Japon, où un philosophe lui explique comment gruger pour voyager au Tibet sans se faire prendre. Ensuite c'est la Corée et, tiens, pourquoi pas ? la traversée de la Chine à pied. Une longue marche… Pendant trois ans, David-Néel et son fils adoptif Yongden arpentent le désert de Gobi, la Mongolie et le Tibet. Déguisés en mendiants, ils échappent à des *yogis* anthropophages* et, enfin, atteignent Lhassa ! Ils y passent deux mois pleins.

* Olivier Pinsard, *Alexandra David-Néel : dossier*, Guide du routard.

Regardez cette petite femme crasseuse : hérissée de nattes en poils de yack, les cheveux teints à l'encre de Chine et le visage barbouillé de suie, égrenant un rosaire « composé de cent huit rondelles de crânes différents* », elle fait bien illusion – mais, hélas, elle se lave trop. Tous les jours. Ses ablutions la trahissent. Elle fuit la maréchaussée jusqu'en Inde. Ruinée, épuisée, déguenillée et crachant le sang, elle retrouve la civilisation occidentale. Et là, elle découvre qu'elle est devenue une « extraordinaire célébrité ». Son portrait est partout ! Son nom aussi. Elle est « la femme sur le toit du monde ». Et étrangement, l'exploit monstrueux que représente sa longue marche lui vaut le « Grand Prix de l'athlétisme français** ». Elle regagne la France et publie le *Voyage d'une Parisienne à Lhassa* qui s'arrache. Elle fait plusieurs tournées de conférences en Europe.

Mais l'Europe, ça ne suffit pas. Alors dix ans plus tard, à soixante-neuf ans, David-Néel repart. Direction la Chine, *via* le Transsibérien – pour quelques mois seulement, bien sûr. Nous sommes en 1937 : c'est le début de l'atroce guerre sino-japonaise. David-Néel erre au cœur des combats, des famines et des épidémies. Le conflit s'étend ; tout retour en Europe est impossible pendant les neuf années suivantes.

En 1946, à soixante-dix-huit ans, David-Néel se pose enfin – en France, près de Digne. Dix ans plus tard, elle a la douleur de perdre Yongden. Effondrée, elle accorde à une jeune femme inconnue, Peyronnet, « une visite de courtoisie qui devait durer une heure ». Peyronnet res-

* Véronique Guillaud, « Alexandra David-Néel : un roc en mouvement », *Muze*, juillet 2011.

** Jacques Languirand, « Alexandra David-Néel ou l'aventurière comme héros » [en ligne], radio-canada.ca

tera dix ans auprès d'elle. David-Néel a trouvé son bâton de vieillesse. Rude tâche : le caractère de la vieille dame est, paraît-il, assez cagneux.
Presque paralysée, David-Néel écrit dix-huit heures par jour et publie, en tout, plus de trente livres dont un énorme dictionnaire franco-tibétain. À cent ans et demi, elle renouvelle son passeport pour partir en Russie en 2 CV, mais son dernier voyage la prend de court : elle meurt la veille de ses cent un ans.
Ses cendres flottent quelque part sur les eaux du Gange, avec celles de Yongden. « Je suis partie bien des fois, sans jamais arriver. »

Le métier aujourd'hui avec…
Lieve Joris

Née en 1953 en Belgique, Lieve Joris fait des études de journalisme et, à vingt-quatre ans, se fait embaucher au *Haagse Post* d'Amsterdam. Sa technique de reportage ? L'immersion. « L'Histoire par la petite porte*. » Elle entre quelque part, dans un pays lointain, un hôpital psychiatrique ou sur la pelouse au pied d'un immeuble, s'assoit, se fond dans le décor et écoute… Quelques jours ou quelques années plus tard, elle commence à écrire. Par conséquent, elle est assez peu au bureau. Lassé de son absentéisme, son employeur la remercie. Avec soulagement, elle saute sur son vélo et part explorer le monde.
Ce sera le Zaïre de Mobutu, Damas, Zanzibar, les pays du Golfe, le Mali, la Mauritanie, le Rwanda, le Burundi,

* Sabine Cessou, « Lieve Joris brise les clichés entre l'Afrique et la Chine » [en ligne], slateafrique.com, 22 juillet 2011.

le Sénégal, la bourgeoisie cairote, les Tziganes de Hongrie*. Ce seront les scènes de pillage, les charniers, les enfants soldats, les camps de réfugiés, les camps de la mort, les dictatures à l'œuvre – et les reconduites musclées à la frontière. Joris apprend le métier d'exploratrice au côté de pointures comme Naipaul ou Kapuściński (mon idole) qui lui éclairent le chemin « avec une torche bien forte** ». Et, tous les trois ans, elle sort un livre dur et optimiste, à la fois vastement géopolitique et minutieusement ethnologique. Elle parvient, à force d'humour et de sobriété, à raconter l'horreur en évitant les deux écueils du sensationnel et de l'édulcoré.

« Portraitiste hors pair*** », Joris a « un don pour s'attaquer à de grandes questions », mais « à hauteur d'homme » ; « à tenir les deux bouts du général et du particulier, de la fresque et du détail**** ».

En ce moment, Joris achève un livre au sujet de la Chinafrique : *Sur les ailes du dragon*. Ayant observé les tribulations des Africains en Chine, elle est maintenant sur la piste des Chinois d'Afrique*****.

Sa philosophie ? D'une voix lente et convaincue, pliant et dépliant ses grandes mains, Joris explique qu'elle cherche à éviter « le piège qui consiste à s'identifier totalement à une cause ». Pas d'engagement, vraiment ? « Si je peux apporter quelque chose, c'est justement en restant en dehors. » Pour ne jamais « entrer dans le tunnel

---

* Valérie Marin La Meslée, « Lieve Joris, étonnante voyageuse », *Le Point*, 9 juin 2011.

** Pierre Haski, « Lieve Joris au Congo, un récit journalistique au long cours » [en ligne], Rue89, mai 2009.

*** Jacques Meunier, « L'Afrique somnambule », *Le Monde*, 17 mai 2002.

**** Christophe Ayad, « Globe trotteuse », *Libération*, 20 mars 2003.

***** Échange par mail du 28 avril 2013.

de la haine* » qui s'est ouvert entre Israéliens et Palestiniens, entre Hutus et Tutsis avec lesquels elle a longuement vécu. Alors, Joris est-elle toujours distante, toujours un pied sur le seuil, toujours en partance ? Ah, mais pas du tout. « J'ai, depuis trente ans, le même compagnon et le même éditeur**. »

Compétences requises : Résistance au froid, au chaud, à tout. Venir de Belgique semble un plus.
Études conseillées : Les langues, les langues, les langues.
Durée des études : Savez-vous combien il existe de langues ?
Insertion professionnelle : Avec une bonne plume, ça paraît viable.
Espérance de vie : Étrangement, plutôt longue.

Pour aller plus loin

Alexandra David-Néel, *Voyage d'une parisienne à Lhassa*, Plon, 1927.
Lieve Joris, *Ma cabine téléphonique africaine*, Actes Sud, 2011.

* Mona Chollet (mon autre idole), « Une femme du monde », *Périphéries*, juin 2007.

** Marianne Payot, « Lieve Joris, écrivain de tous les continents », *L'Express*, 24 juin 2011.

18. Femme d'affaires

Mission • Une femme d'affaires est une personne qui a créé une ou plusieurs sociétés commerciales ou qui les administre. Ce terme peut également désigner une investisseuse prenant et revendant d'importantes participations dans des sociétés cotées.

Découvrez le métier avec... Nicole El Karoui

Il y a beaucoup de femmes d'affaires, mais laissez-moi vous présenter *la* femme qui a révolutionné le monde des affaires : Nicole El Karoui.

Elle est née en 1941 à Paris, dans une famille nombreuse. Douée à l'école, elle fait des maths et elle aime ça. Alors elle intègre Normale Sup. Là, elle découvre les probabilités et elle aime ça aussi. En 67, elle milite dans un syndicat étudiant, l'UNEF, à gauche toute ! « Si on m'avait dit alors que je travaillerais dans la finance, j'aurais éclaté de rire*. » Mais attendons la fin...

El Karoui devient enseignante. Vingt ans et une famille nombreuse plus tard, elle prend des vacances et passe quelques mois à la Compagnie bancaire (future BNP-Paribas). Là, surprise ! Elle aime ça. Nous sommes à la fin des années 1980, date de la création du Matif, le marché des produits boursiers dérivés. Avec ses amies mathématiciennes Elie et Geman, El Karoui commence à étudier l'évolution dans le temps de ces produits boursiers pour calculer les risques pris par les actionnaires.

* Annie Kahn, « La boss des maths », *Le Monde*, 16 mai 2006.

Elle *adore* ça (« C'était super ! »). On appelle ces calculs des « équations différentielles stochastiques rétrogrades ». C'est dit.
Oh, je peux vous en donner la définition. Une « équation différentielle est une relation entre une fonction et sa dérivée », sachant que la dérivée, c'est la tangente. Passons à « stochastique » : « Une équation différentielle stochastique est une généralisation de la notion d'équation différentielle prenant en compte un terme de bruit blanc. » J'imagine que le « bruit blanc » est l'incertitude économique. Pour « rétrograde », nous verrons plus tard.
El Karoui crée une nouvelle filière d'enseignement unissant mathématiques et finance à l'université de Paris-Dauphine. Ce master, surnommé le *El Karoui*, sert surtout de troisième cycle aux polytechniciens. Il est opaque (« un quart des élèves décroche au début »), elle est malaimable (« Je dis à mes élèves qu'ils ne valent pas le salaire qu'ils perçoivent »), mais l'ensemble est si efficace que, dans le monde, un *quant* sur trois (*quant* ou *strat* pour analyste financier) est français. Un des anciens élèves d'El Karoui se dit content d'avoir « découvert grâce à elle que l'on peut gagner sa vie en faisant des mathématiques, sans être prof ni chercheur. Et même bien la gagner ». Un autre ajoute que, « en théorie des probabilités, c'est une autorité ; elle fait partie de ces personnes qui font progresser la science ».
Jusqu'en 2008, en tout cas. Parce que, ensuite, c'est la crise. Et que les produits financiers complexes n'y sont pas étrangers. Sur fond de bulles financières explosant en plein vol, les scandales des traders fous (et souvent français) se bousculent : Société générale, Lehman Brothers, JP Morgan Chase et sa baleine. Bien sûr, El Karoui est attaquée ; elle se défend.

Regardez-la : sous son casque de cheveux blancs, elle a l'air fatiguée. De sa fenêtre, elle vient de voir 25 000 milliards de dollars partir en fumée et 13 millions d'emplois flamber au milieu. « La crise actuelle n'est pas une crise des mathématiques*. » Ah non ? « Nos modèles sont faits pour fonctionner dans des situations ordinaires, pour des quantités raisonnables de produits vendus. » Et où était la raison, en 2008 ? Nulle part, visiblement. « Les bénéfices des banques depuis deux ans auraient dû servir d'alerte. C'était le signe d'un emballement. On ne gagne pas beaucoup d'argent sans prendre de gros risques. On s'étonne maintenant de grandes pertes. » Et pour elle, spécialiste du risque, quel est le risque que tout ça recommence ? « Les fondements libéraux poussés à l'extrême conduiront toujours à une crise**. » Son conseil ? « La crise est due à un manque de régulation. » Régulation des marchés financiers : le mot est lâché. Il sent furieusement sa militante syndicale de gauche. En 2009, le *El Karoui* est fermé.

Épilogue. En février 2010, le *El Karoui* est rouvert. La banque Morgan Stanley en profite pour annoncer « son intention de recruter plusieurs centaines de traders*** ». Deux mois plus tard, Morgan Stanley explose le record de pertes financières (je n'arrive pas à savoir s'il s'agit de 5,4 ou 8,8 milliards de dollars). Quant à El Karoui, elle est à la retraite.

---

* Annie Kahn, « Les maths sont un maillon de la crise, pas décisif », *Le Monde*, 29 mars 2008.

** V. S., « Nicole El Karoui : la vraie cause de la crise est la disparition du bon sens », *La Tribune*, 20 octobre 2009.

*** Marie-Estelle Pech, « L'université Paris-Dauphine rouvre son master finances », *Le Figaro*, 26 février 2010.

Découvrez ce qu'il ne faut pas faire en affaires avec… Hedy Lamarr

El Karoui a réussi à créer des milliards de dollars inflammables. Maintenant, voici *la* femme dont l'invention « génère chaque année plusieurs dizaines de milliards de dollars » ignifugés*. Détail calamiteux : elle n'a jamais touché un centime.

Hedy Lamarr naît le 9 novembre 1914 à Vienne. Toute petite déjà, c'est « un carnet de croquis sur pattes ». Mais, en grandissant, elle devient surtout une beauté fatale. En 1933, à dix-neuf ans, elle tourne son premier film, *Extase.* Elle y apparaît nue et en plein orgasme, ce qui n'est pas trop le genre de l'Autriche de l'époque. C'est la gloire, cependant. Hedy Lamarr se marie avec l'un des plus riches marchands d'armes du monde, lequel se révèle vite un gros nazi. Elle prend la fuite avec panache (en droguant sa garde-chiourme) et file aux États-Unis. Sur le bateau, elle rencontre Mayer, le patron de la Metro Goldwin Mayer : elle sera star à Hollywood pendant les vingt prochaines années.

En attendant, elle veut lutter contre les nazis. Et c'est une inventive, une gribouilleuse de croquis, une bricoleuse. Elle rencontre Antheil, un autre bricoleur féru de pianolas – ces pianos qui jouent tout seuls grâce à des cartes perforées. Leur intuition est simple : et si on pilotait les bombes comme on pilote les pianolas ? Avec deux boîtes d'allumettes, un rouleau de scotch et des nuits entières de discussions techniques, ils mettent au point un schéma ingénieux qui consiste à « insérer un rouleau de piano mécanique dans le transmetteur et le récepteur

---

* Anne-Laure Pineau, « La bombe qui inventa la torpille », *Causette* #31, janvier 2013.

d'une torpille. Chacun est perforé selon le même schéma complexe et aléatoire. La succession de trous indique les changements de fréquence de communication. Les deux rouleaux identiques commencent à se dérouler à la même seconde. Ainsi la communication entre le transmetteur et le récepteur de la torpille est parfaitement synchronisée. Si l'ennemi peut repérer une partie du signal, il ne peut pas le suivre sur la fréquence aléatoire » ni le brouiller tandis qu'il danse sur 88 fréquences. 88, c'est le nombre de touches d'un piano*.

Le système de radio-guidage de torpille Lamarr-Antheil prend le nom de *spread spectrum*, étalement de spectre. Ils déposent le brevet en 1941 (brevet n° 2.292.387), mais l'armée ne s'en sert pas. Pas tout de suite, en tout cas. Les explications sont fumeuses : « on » travaille déjà sur mille projets, « on » n'a pas le temps. Lamarr et Antheil passent à autre chose. Le temps passe, lui aussi… Vingt ans. Le temps pour Hedy Lamarr de tourner avec King Vidor, Cecil B. DeMille, Victor Fleming et Marc Allégret plus de vingt films. Hélas, il n'y a aucun classique parmi eux, sinon le péplum *Samson et Dalila*. Pourquoi ça ? Hedy Lamarr manque-t-elle de niaque ? Pourtant, elle négocie bien ses contrats et réussit même à devenir productrice. Alors, manque-t-elle de flair dans ce domaine-là aussi ? En tout cas, elle refuse le *Casablanca* qui rendra Ingrid Bergman célèbre. Et elle atteint sa quarantième année, autant dire que le glas sonne pour elle sur Sunset Boulevard.

Vingt ans. La durée d'un brevet aux États-Unis. Sitôt l'invention de Lamarr dans le domaine public, l'armée se réveille : le *spread spectrum* pilote les missiles de la crise

---

* Véronique Chemla, « Hedy Lamarr (1914-2000) actrice et inventrice » [en ligne], veroniquechemla.info, mars 2011.

de Cuba en 1962. Au même moment, Hedy Lamarr entre dans sa période dite « noire ». C'est-à-dire qu'elle vieillit et qu'elle n'a pas le génie de s'y faire, voilà tout. Elle tâte de la chirurgie esthétique pour rajeunir et du champagne pour oublier, ce qui ne fait pas un heureux mélange. En 1966, elle publie une autobiographie carrément érotique dans laquelle elle détaille les qualités personnelles de John Kennedy, Clark Gable, Robert Capa, Erich Maria Remarque, Stewart Granger, Marlon Brando, Orson Welles et Charlie Chaplin – bon, Hedy Lamarr n'a pas tout raté.

Les années filent, la fortune aussi. Désargentée, visiblement très seule ou très saoule, Hedy Lamarr se fait prendre plusieurs fois en train de voler à l'étalage. Pendant ce temps, son *spread spectrum* enfante le GPS puis le téléphone portable puis le Wi-Fi. Bien sûr, il n'est pas question de donner un *cent* à Lamarr. Elle en rit, jaune, tout en continuant à griffonner sur son carnet les idées qui lui viennent – un nouveau design pour le Concorde, par exemple.

Lamarr meurt en 2000. Ses enfants dispersent ses cendres au large de Vienne. Et depuis 2005, en Autriche, en Allemagne et en Suisse, la fête des inventeurs est célébrée le 9 novembre.

Moralité : il faut absolument que je vous reparle de ces histoires de brevets.

Le métier aujourd'hui avec… Marie Modzelevski

Marie Modzelevski est née en 1966 en Dordogne. À l'école, elle se révèle fort fainéante, au point que son père lui déclare : « Tu as le choix. Soit tu deviens femme de ménage, soit tu fais autre chose, mais tu as le choix. » Marie a une dizaine d'années, nous avons appris au fil des pages que c'est l'âge des vocations : c'est décidé, elle fera autre chose. Mais quoi ? C'est là qu'apparaît un autre invariant de notre guide : la confiance en soi. Celle que vous donnent vos parents. Faire quoi ? Mais tout ! « On ne m'a jamais rien interdit », assure Marie.

Marie Modzelevski passe, sans étincelles mais avec un intérêt réel, un bac éco. « Les théories économiques sont des théories du monde. » Pragmatique, elle ajoute à son bagage l'option dactylo. En ses vertes années, Modzelevski n'est pas un foudre de travail (elle préfère voyager et regarder des films d'horreur), mais « on n'a pas besoin d'être normé tout le temps. Il faut un droit à ne rien faire – pourvu que ça ne dure pas tout le temps non plus ».

Une classe prépa et une école de commerce plus tard, elle entre dans un cabinet d'audit : KPMG. Deux ans à vérifier des factures. « Mais, après ces deux années ingrates, on se retrouve à un niveau de dialogue vraiment bien pour vingt-quatre ans. » Modzelevski continue l'audit pendant sept ans, puis entre à la Pomat, une petite boîte de produits financiers où elle fait du contrôle de gestion. « C'était une société de taille modeste, tout était à construire et il y avait une dimension internationale. »

Bon choix. Quand le cancer la cueille à trente-trois ans et qu'elle est professionnellement intermittente pendant des mois, la Pomat ne la vire pas ; ne la placardise même pas. Mieux ! Quand Modzelevski revient, en pleine forme et le cheveu ras, avec sous le bras une fiche de poste qu'elle s'est bricolée elle-même, la Pomat accepte avec enthousiasme. Modzelevski part travailler aux États-Unis. « Pour réussir, inutile de tuer ton collègue

pour lui piquer sa place : propose-lui plutôt ton poste. Parce que ton évolution, tu la devras à deux choses : l'apparition d'un besoin et ta capacité à la saisir. »
La vie à Manhattan est exquise, Modzelevski se voit bien y passer beaucoup d'années. Las ! Cinq mois plus tard, un beau fauteuil se libère en France. Un très beau fauteuil : la direction financière adjointe de la Pomat. On le propose à Modzelevski qui hésite et, finalement, quitte les États-Unis. Elle n'est pas sûre d'avoir eu raison. Des regrets ? « Ça veut dire quoi, des regrets ? »
Encore quelques mois et le directeur financier lui-même tire sa révérence. Son fauteuil vide tourne, tourne... Modzelevski postulera, postulera pas ? Un collègue l'invite à déjeuner pour lui dire que ce fauteuil lui irait tellement bien, à lui. « Je n'ai pas un ego surdimensionné. Par rapport à certains hommes, pas assez. » Mais là, quand même, elle est vexée : elle postule. Même si elle doute d'avoir toutes les compétences nécessaires. « Mon patron m'a dit : tu te poses trop de questions sur tes compétences, t'es bien une femme. Je soutiendrai ta candidature. » Modzelevski se voit attribuer le gros meuble.
La voilà à la direction financière. En 2008. L'aventure dure quatre ans. Quatre ans de crise, quatre ans à écoper de sept heures à vingt-trois heures, week-end compris, quatre ans à annuler ses vacances, à ne voir rien ni personne. « Tu connais le principe de Peter ? (Définition : comme tout employé compétent est promu à un niveau hiérarchique supérieur, tout employé finira par atteindre un poste pour lequel il sera incompétent.) Voilà. J'étais arrivée à mon niveau d'incompétence. » C'est un peu dur, non ? Si. « Je me suis usée. Avec 300 personnes et 20 milliards de trésorerie à gérer, je zappais tellement d'un sujet à un autre que, à un moment, j'ai cru que je

développais un Alzheimer : j'oubliais tout, je ne trouvais plus mes mots. » Peter n'a pas grand-chose à y voir, Alzheimer non plus, mais le *burn out*, oui. « J'ai proposé de négocier un départ. » C'est-à-dire que Modzelevski prend un avocat qui demande 800 000 euros. Mais la Pomat ne veut pas la laisser partir : elle lui propose un autre poste. Plus transversal, moins opérationnel ; plus inventif, moins bien primé. Des regrets ? Toujours pas. « J'ai bien gagné ma vie et je la gagne toujours bien. Ça me suffit : c'est mon côté feignasse. » Son trésorier a fait pareil. Placé un cran hiérarchique au-dessus d'elle, il a fait un break d'un an pour revenir un cran au-dessous. Tous deux ne montrent aucune frustration : ils ont réalisé quelque chose et ils en sont sortis vivants. Et les horaires ? « Neuf heures-vingt heures, rien le soir, rien le week-end, et je pars en vacances demain. » Et le nouveau directeur financier ? « Une femme brillante. Sept heures-vingt-trois heures. Héhé. » À quarante-sept ans, un bilan ? « L'important, c'est de faire des choix et, *surtout*, d'assumer les conséquences. Donc, il faut se connaître soi-même. » Connais-toi toi-même ? Vaste programme. « J'ai des sous de côté et j'aime ce que je fais aujourd'hui. En fait, je suis davantage sur un mode aventureux que sur un mode *winner*. Le cancer, quand même, ça te pose la question de la fragilité de la vie. »
Des chiffres, des chiffres ! Mais combien gagne Modzelevski, en vrai ? 200 000 euros bruts annuels (chiffre approximatif obtenu par recoupements).

Compétences requises : C'est une voie possible pour les esprits travailleurs et ambitieux. Quelques débats éthiques à prévoir.
Durée des études : Bac + 3 à 5 ans. Cependant, je connais des *self-made-women.*
Salaire en début de carrière : Au-dessus de 50 000 euros.

Insertion professionnelle : Excellente. Retraite dorée possible dès la quarantaine, mais, bizarrement, personne ne s'y résout.
Espérance de vie : Attention au *burn out.*

Pour aller plus loin

« Précurseurs des télécommunications : Hertz, Lamarr, Tesla, Branly, Graham Bell », source Wikipédia, General Books, 2010.
Le site de l'université de Paris-Dauphine offre une présentation détaillée de ses formations financières sur dauphine.fr/fr/formations-et-diplomes/choisir-une-formation/masters. Beaucoup d'autres universités proposent des masters 1 ou 2 en finance. Nombreux lycées techniques.

19. Femme de théâtre

Définition • La femme de théâtre est auteure, actrice ou metteure en scène de théâtre.

Découvrez le métier avec...
Sarah Bernhardt

Elle naît en 1844, à Paris, d'une mère prostituée et d'un père plus ou moins connu. Comme c'est l'usage, la petite Sarah est placée en nourrice, puis élevée au couvent. En jouant dans un spectacle pieux, elle découvre sa vocation : tragédienne. Le riche amant d'une de ses tantes la fait entrer au Conservatoire d'art dramatique de Paris à quinze ans. Elle en sort quatre ans plus tard pour la Comédie-Française.

Bernhardt et la Comédie-Française, c'est une longue histoire de brouilles, de démissions, de claques et de réconciliations. Mais c'est au théâtre de l'Odéon que Bernhardt devient célèbre. Puis célébrissime. On l'appelle la « Voix d'or », la « Divine », la « Scandaleuse ». Cocteau invente pour elle l'expression « Monstre sacré », Proust la portraitise dans *À la recherche du temps perdu*. Avec un sens très moderne de la pub, elle se fait souvent photographier par Nadar dormant dans un cercueil ou posant, un crocodile à ses pieds ou un boa autour du cou – un serpent python, c'est bien ça. En 1880, elle crée sa propre compagnie et part en tournée à travers le vaste monde. Trente-sept ans.

Son répertoire donne le tournis : de dix-huit à soixante-dix-huit ans, elle joue 110 pièces, toujours en premier rôle. Molière, Racine, Marivaux, Sand, Dumas, Hugo, Beaumarchais, Voltaire, Musset, Shakespeare, D'Annunzio, Ibsen, Maeterlinck, Wilde, combien de vers, combien de tirades, combien d'envolées, combien de monologues le cerveau de Bernhardt a-t-il mémorisés durant ces soixante ans ? Elle tient souvent des rôles d'hommes – Rostand écrit *L'Aiglon* spécialement pour elle (ah ! la tirade du « pas-prisonnier-mais* »). Vous pouvez aller écouter Bernhardt sur Internet : son style, déclamatoire et trémulant, vous paraîtra peut être daté, mais il faisait pleurer à seaux le grand-père de votre grand-mère.

Politiquement, Bernhardt soutient Louise Michel, Zola et Dreyfus. En 1914, elle reçoit la Légion d'honneur et, en 1915, elle perd la jambe droite (tuberculose

* Dietrichstein – Oh ! le prince n'est pas prisonnier, mais...
L'Aiglon – J'admire.
Ce *mais* ! Sentez-vous tout ce que ce *mais* veut dire ?
Mon Dieu, je ne suis pas prisonnier, mais... Voilà.
Mais... Pas prisonnier, mais... C'est le terme. C'est la
Formule. Prisonnier ?.... Oh ! pas une seconde !
Mais... Il y a toujours autour de moi du monde.
Prisonnier !.... Croyez bien que je ne le suis pas !
Mais... S'il me plaît risquer, au fond du parc, un pas,
Il fleurit tout de suite un œil sous chaque feuille.
Je ne suis certes pas prisonnier, mais... Qu'on veuille
Me parler privément, sur le bois de l'huis
Pousse ce champignon : l'oreille ! – Je ne suis
Vraiment pas prisonnier, mais... Qu'à cheval je sorte,
Je sens le doux honneur d'une invisible escorte.
Je ne suis pas le moins du monde prisonnier !
Mais... Je suis le second à lire mon courrier.
Pas prisonnier du tout ! Mais... Chaque nuit on place
À ma porte un laquais, – Tenez, celui qui passe !
Moi, le duc de Reichstadt, un prisonnier ?.... Jamais !
Un prisonnier !.... Je suis un pas-prisonnier-mais.

osseuse). Elle se remet « à la vitesse de l'éclair* » et continue à jouer « quand même » – sa devise. Regardez-la : elle se déplace en sautillant sur son pied et rigole : « Je fais la pintade ! » Parfois on amène dans sa loge, pour la guérir, une jolie jeune fille entichée de Lorenzaccio ou de Hamlet : eh oui, le bel ange aperçu sur scène auquel elle écrit des lettres d'amour humides, c'est cette vieille femme en corset, un peu voûtée et blanche de poudre.

Elle meurt en 1923 dans les bras de son fils, au beau milieu du tournage d'un film. Son conseil aux jeunes actrices qui décrochent un rôle ? « Je travaille le mécanisme, je l'apprends par cœur, mot à mot : je mâche, je triture les phrases de manière à en être absolument maîtresse. » Le reste suivra. « Nous avons vu couler toutes les larmes de nos âmes sur tes joues » (Edmond Rostand).

Le métier aujourd'hui avec... Ariane Mnouchkine

Elle naît en 1939. À vingt ans, elle est à la Sorbonne et crée l'Association théâtrale des étudiants de Paris. Cinq ans plus tard, avec la même équipe, elle fonde son théâtre : le Théâtre du Soleil (ainsi nommé parce qu'elle « ne voulait pas l'appeler Compagnie Ariane Mnouchkine**). Encore cinq ans et, en 1970, elle s'installe à la Cartoucherie. Ce lieu immense, foutraque et splendide, est caché parmi les arbres du bois de Vincennes, à l'est de Paris. Il faut savoir que, à l'époque, Vincennes est le

* « Sarah Bernhardt : le caractère » [en ligne], sarah.bernhardt.free.fr

** Silke Greulich, « Entretien avec Ariane Mnouchkine », Arte-TV Magazine, 13 janvier 2003.

haut lieu de l'Université du peuple : Paris-VIII. Depuis mai 68, Paris-VIII accueille Deleuze, Lyotard, Badiou, Cixous et Foucault. Le campus sera ensuite déplacé *manu militari* à Saint-Denis – mais Mnouchkine, arc-boutée à sa Cartoucherie, tiendra bon. Elle tient toujours.

Le Théâtre du Soleil est remarquable d'abord par son esprit collectif : Mnouchkine ne distribue pas les rôles, c'est aux acteurs de le faire – de même qu'ils font tous « l'entretien quotidien et l'accueil du public* » et touchent tous le même salaire. Mnouchkine précise : « J'insiste sur le fait que ce caractère collectif concerne les décisions importantes : il ne s'agit pas non plus de tomber dans la "réunionite" pour décider de l'achat d'un crayon** ! » Le Théâtre du Soleil est remarquable ensuite par ses innovations (les décors mouvants), par *son* sujet (la condition humaine, toujours) et par les auteurs mis en scène (en général, la troupe elle-même). De *L'Âge d'or* à *Les Éphémères,* les spectacles du Théâtre du Soleil sont souvent des créations collectives – et parfois du Shakespeare, ou de l'Euripide.

Regardez Mnouchkine : elle est là, près de la scène, sous sa macédoine de bouclettes, drapée jusqu'aux pieds dans un grand tablier bleu marine. Après le spectacle, elle ira derrière le bar touiller un des grands chaudrons où bouillonne la soupe destinée aux acteurs et au public. Le Théâtre du Soleil, c'est avant tout la grande famille de ceux qu'unit l'« amour du théâtre ».

Quand un spectacle est prêt, Mnouchkine tourne (autour du monde avec sa troupe) et tourne (avec une pellicule). Elle filme d'abord *1789*, une création collec-

* « Ariane Mnouchkine » [en ligne], theatre-contemporain.net

** Bérénice Hamidi-Kim et Juliette Rennes, « La beauté donne des forces pour agir », *Mouvements*, n° 68, 2011.

tive échevelée qui montre la Révolution dans la rue. En 1978, elle met en boîte *Molière,* cinq heures superbes et déguenillées et, dernièrement, *Les Naufragés du fol espoir*, une co-écriture Hélène Cixous/Jules Verne.
Mnouchkine est une femme de théâtre multidimensionnelle. Pour elle, le théâtre doit être populaire et pédagogique, mais elle cherche aussi à « explorer l'essence du théâtre », à « aller très loin dans la forme absolue, la stylisation », tout en « revenant aux sources » sans cesser de s'interroger « sur le rôle, la place du théâtre et sa capacité à représenter l'époque actuelle ». Ouf. Notez qu'elle y met les moyens : pour monter *Tambours sur la digue,* elle décide de s'inspirer du théâtre asiatique. Alors elle paye le voyage à toute la troupe (75 personnes) : « J'ai donné à chacun un billet d'avion, un peu d'argent et quartier libre. »

Compétences requises : De la mémoire.
Études conseillées : Pour les actrices, nombreux conservatoires de ville ou de région. Il existe aussi des cours privés de qualité très variable, le plus connu est le cours Florent. Pour les autres professions du théâtre, il y a l'Ensatt (École nationale supérieure des arts et techniques du théâtre) à Lyon, l'Esad (École supérieure d'art dramatique) à Strasbourg, le CFPTS (Centre de formation professionnelle aux techniques du spectacle) à Bagnolet et de nombreuses formations universitaires.
Insertion professionnelle : L'intermittence du spectacle est un choix qui demande une motivation avec laquelle on doit pouvoir scier des planches.

Pour aller plus loin

Françoise Sagan, *Sarah Bernhardt, le rire incassable*, Robert Laffont, 1987.
Béatrice Picon-Vallin, *Ariane Mnouchkine,* Actes-Sud, 2009.
Sur le Net : coursflorent.fr

20. Fondatrice d'empire

Mission • La fondatrice d'empire intervient de façon décisive dans la création d'un nouvel ordre politique ou économique à un niveau au moins national.

Découvrez le métier avec... Gertrude Bell

C'est la fondatrice de l'Irak. Née en 1868 en Angleterre dans une famille riche à millions, elle étudie l'histoire à Oxford, brillamment. De façon assez étrange, elle milite un temps contre le droit de vote des femmes. Pour elle, qu'une femme prenne plaisir à la politique est complètement impossible. La suite lui prouva que non.

Elle part en Iran, où elle apprend le persan, et l'alpinisme. Ce sera ensuite Jérusalem ; elle en profite pour apprendre l'arabe en chemin. Sillonnant le désert syrien à dos de chameau, un fusil roulé dans son jupon, elle pratique l'archéologie et la cartographie tout en nouant des liens d'amitié avec les tribus arabes. Quand la Première Guerre mondiale éclate, l'Angleterre fait appel à elle : l'Empire ottoman s'étant allié avec l'Allemagne, il convient de le contrer et nul n'en sait plus que Bell à son sujet. « Sa connaissance des tribus du désert se révèle indispensable pour l'intelligence britannique*. » C'est-à-dire qu'« elle connaît chaque puits et la généalogie de toutes les tribus

* Albane Piejos, « Gertrude Bell » [en ligne], ladiplomate.com, 14 juin 2012.

d'Arabie* ». Elle est nommée officier chargé de mission politique. Au côté de Lawrence d'Arabie, elle soutient la Grande Révolte arabe de 1916.
« En 1917, elle rejoint Bagdad et devient responsable des relations avec la population arabe. » Enfin, en 19, l'Empire ottoman tombe : il reste à organiser le chaos. Bell rédige sur le sujet un rapport d'anthologie, et franchement pro-arabe. Ça tombe bien : Churchill veut installer des responsables politiques locaux. Sous son égide se tient, en 21, la conférence du Caire destinée à tracer les nouvelles frontières. Il y invite Bell.
Celle-ci détoure le territoire du futur Irak, met à sa tête le roi Fayçal et lance un avertissement : attention aux intégristes religieux de la région. « Un État théocratique pourra être très dangereux. » Dans ce pitoyable jeu d'échecs colonial, Bell a au moins le mérite d'avoir une vision locale et de la défendre avec pugnacité. Tandis que son point de vue triomphe, elle avoue dans une lettre qu'elle adore la politique. Une fois Fayçal sur le trône, elle supervise sa prise de pouvoir. On la surnomme la « reine sans couronne ». Regardez-la : à l'aplomb du soleil le plus cuisant, elle est toujours impeccablement corsetée, raide et sans sourire sous son large chignon XIXe.
Et ensuite ? Ensuite, la politique la quitte. Elle commence à s'ennuyer. Alors elle fonde le musée d'archéologie de Bagdad, dirige elle-même des fouilles et s'oppose à ce que les antiquités mises au jour aillent, comme d'habitude, enrichir le Louvre ou le British Museum. Grâce à elle, les œuvres découvertes sont toujours à Bagdad.

* Hervé de Saint-Hilaire, « Gertrude Bell, aventurière des sables », *Le Figaro littéraire*, 22 mai 1997.

Mais Bell s'ennuie décidément. Sa famille connaît des revers de fortune, son frère meurt, elle-même a cinquante-huit ans et une pleurésie. Au début de l'été 26, elle avale une grosse poignée de somnifères. Le roi Fayçal d'Irak lui organise des funérailles grandioses. « Regardez le désert au petit matin et mourez, si vous pouvez ! »

Le métier aujourd'hui avec… Magatte Wade

C'est la fondatrice d'un empire économique. Ses troupes abordent à l'heure actuelle leur deuxième bataille, la première ayant été bien menée et mal gagnée.

Magatte Wade, née en 1976, étudie au Sénégal puis en France avant de partir pour les États-Unis, San Francisco d'abord, New York ensuite. Ce qui lui fait trois cultures. Son objectif ? Faire fortune aux États-Unis avec des produits sénégalais. Dit avec ses mots : « Créer une société de commerce équitable capable de soutenir les femmes et la culture sénégalaises, tout en faisant la promotion du style de vie local auprès d'un public occidental*. »

Sa première bataille se nomme Adina. Son cheval ? Le *bissap,* une boisson sénégalaise à base d'hibiscus. L'issue du combat ? Trois millions de dollars de chiffre d'affaires, 25 employés, distribution sur tout le territoire nord-américain, une offre de rachat par Pepsi. Le traité de paix ? Mal négocié. Sitôt le succès venu, Wade se fait jeter dehors par ses propres investisseurs. Classique.

Qu'à cela ne tienne : la guerre économique est sans fin. La deuxième bataille de Wade se nomme Tiossan, une

* Gladys, « Interview – Magatte Wade » [en ligne], gladysdit.com, 15 octobre 2012.

ligne de cosmétiques bio sénégalais. En 2012, le magazine *Forbes* offre à Wade, comme une médaille, son ticket d'entrée dans le club des « 20 jeunes femmes les plus influentes d'Afrique ».

Aujourd'hui, Wade défend toujours dur comme fer son idée de « créer une marque africaine forte, d'adapter la culture et les recettes traditionnelles sénégalaises au marché américain ». Voilà pour la stratégie. Mais quel est l'ennemi à abattre ? « Toutes les images données de l'Afrique aux Américains », c'est-à-dire « des images de guerre, de pauvreté, de maladie [...], une source de tragédies ». Et parallèlement, cet autre préjugé qui sévit de l'autre côté de l'océan : « L'Africain pense toujours que ce qui est produit ailleurs est meilleur que ce qui vient de chez lui* », alors que « l'Afrique a beaucoup à apporter au monde ».

Regardez Wade : « oratrice née » et sûre d'elle, capable de captiver un public de milliers de personnes, sautant du wolof au français, du français à l'anglais, elle est « intarissable lorsqu'il s'agit d'évoquer tout ce que l'Afrique peut faire, tout ce que l'Afrique va faire ». Et quel est son objectif final ? « Aider les filles mais aussi les femmes à avoir confiance en elles. » Son conseil ? « Le chemin est long et difficile », alors, au moins, « fais quelque chose que tu aimes ».

Compétences requises : C'est plus qu'une vocation, c'est une Rencontre avec l'Histoire.

Études conseillées : Ma foi, Alexandre a reçu l'enseignement d'Aristote et ça ne lui a pas nui, mais c'est une destinée qui reste hors cursus scolaire.

---

* Pierre Cherruau, « Magatte Wade, l'Africaine nouvelle est arrivée » [en ligne], Slate Afrique, 18 juin 2012.

Insertion professionnelle : Carrément exceptionnelle. La reconversion peut être calamiteuse à proportion.

Pour aller plus loin

Gertrude Bell, *The Desert And The Sown*, Kessinger Publishing, 2010.
www.tiossan.com

21. Grande-reporter

Mission • La grande-reporter est une journaliste produisant sur le terrain des reportages ou des enquêtes sur des sujets pouvant dépasser le cadre de l'actualité immédiate, mais toujours sensibles.

Découvrez le métier avec... Ella Maillart

Voici la femme dont la « vie est un chef-d'œuvre* ». Elle naît en Suisse en 1903. Sa santé est délicate ; sa mère, une sportive, la met sur des skis. La petite Ella devient une fondue de sports : glisse l'hiver, voile l'été – et livres tout le temps, un par jour, surtout des atlas. Ses parents la voient bien secrétaire de la Société des Nations. « Plutôt mourir** », répond-elle.

Sur le lac Léman, elle canote avec une copine, Miette. À treize ans, les deux inséparables gagnent des régates***. À seize, elles fondent un club féminin de hockey sur terre. À vingt ans, elles s'embarquent sur la Méditerranée, direction la Corse. Elles poussent ensuite sur les traces d'Ulysse, vers Ithaque, et s'en prennent finalement à l'océan Atlantique. Hélas, Miette tombe malade à une semaine de la côte. Elle rentre, se soigne et se marie

* Michel Guerrin, « Le monde tel qu'il fut dans le regard d'Ella Maillart », *Le Monde*, 13 septembre 2003.

** Marion van Renterghem, « Ella Maillart, femme du globe », *Le Monde des livres*, 22 septembre 1995.

*** Nicolas Bouvier, *Ella Maillart, biographie*, texte adapté de l'album *La Vie immédiate*, Ed. Payot, 1991, avec la participation de Christiane Blaser, Québec.

– elle quitte tout pour aller mettre au monde Delphine Seyrig.
Ella est effondrée (« Dans ma vie, ç'a été l'un de mes plus gros pépins »). Elle abandonne la mer, glisse sous les couleurs de la Suisse lors des quatre premiers championnats du monde de ski et exerce les habituels petits boulots (modèle, actrice, dactylo, enseignante en Allemagne et en Irlande). Ensuite, c'est le grand départ : elle décide d'aller faire un reportage sur la jeunesse russe. C'est un succès, chèque à l'appui. Nous sommes en 1930. Maillart a vingt-sept ans.
Après Moscou, c'est la traversée du Caucase. En 32, l'Asie centrale russe ; Maillart rencontre les Kazakhs, les Kirghizes, les Ouzbeks. Et entrevoit la « Chine interdite » : des espaces qui, sur la carte, ne sont encore que des à-plats vierges. Miam. Elle rentre seule avec son gros sac à dos, esquivant les combats et les contrôles.
En 34, le journal *Le Petit Parisien* envoie Maillart en Mandchourie, vaste province chinoise tout juste envahie par les Japonais. Maillart y retrouve Peter Fleming, autre grand reporter (et frère du père de James Bond). Elle se lance avec lui dans un voyage de 6 000 kilomètres, de Pékin au Cachemire, à travers la « Chine interdite », tellement interdite « que personne ne sait exactement ce qui s'y passe depuis quatre ans ». S'ils en sortent vivants, c'est qu'ils ont emprunté un itinéraire si infâme « que le gouvernement chinois n'a pas songé à l'interdire ».
En 37, toujours pour *Le Petit Parisien,* Maillart découvre l'Afghanistan, l'Iran, la Turquie. À chacun de ses retours, elle publie un livre-reportage qui se vend bien – de mieux en mieux. Ce qui ne veut pas dire que Maillart ait beaucoup de respect pour les livres, ceux qu'on lit ou ceux qu'on écrit. « Il faut bien que je gagne ma croûte, alors j'écris sur mes voyages », mais « écrire,

ça me casse les pieds ». De toute façon, « lire, lire, lire, ça ne vaut rien. Il faut aller voir* ».

En 39, elle embarque dans une Ford sa copine Schwarzenbach et roule de Genève à Kaboul. C'est une tentative pour distraire Schwarzenbach de la morphine ; elle sera vaine (« La faim ou la pauvreté peuvent être moins terribles que certaines angoisses de l'esprit »).

Voici la guerre. Maillart la passe en Inde, à méditer sur le sens de la vie pour « apprendre à connaître les terres inconnues de [son] propre esprit », en compagnie d'un chat. Elle en tire un livre, *L'Inde avec ma chatte* (un titre qui, la première fois que je l'ai lu, m'a fait tomber les yeux). Après l'Armistice, elle découvre Chandolin, un village suisse, de la même façon que David-Néel a découvert Digne : ce sera son havre et son pivot. Maillart semble s'être posée, mais ça ne dure pas : en 51, elle repart pour le Népal. Pendant trente-cinq ans, elle fait le guide culturel pour de petits groupes de touristes chanceux qui découvrent l'Asie en sa compagnie.

Elle meurt en 1997 dans son nid haut perché, laissant derrière elle une dizaine de livres et beaucoup de jaloux. Sa devise à elle ? « Tout quitter. »

Le métier aujourd'hui avec... Anne Nivat

Qui préfère le terme « reporter de guerre » parce qu'il n'y a « ni grand ni petit reportage** ».

---

* Marion Van Renterghem, « Ella Maillart, l'aventurière tourmentée en perpétuelle quête d'horizons », *Le Monde des livres*, 6 juin 2003.

** Johanna Cappi, « Anne Nivat, reporter de guerre et processus d'écriture » [en ligne], blog *In situ* sur culturevisuelle.org, 8 janvier 2013.

Née en 69, Anne Nivat fait des études de russe, suivies par une thèse sur les médias russes*. Alors qu'elle débute dans la presse, la guerre éclate en Tchétchénie. Elle demande à la couvrir côté russe : refusé. Tant pis : elle la couvrira aux côtés des Tchétchènes, pour *Libération*. Elle vit dans les caves, sous les bombes. « J'ai commencé par le pire », oui. Ça donnera *Chienne de guerre,* prix Albert-Londres en 2000. Mais pourquoi transformer son reportage en livre ? Question idiote : « Mes livres sont tout simplement de longs reportages. » Mais pourquoi enquêter en prenant tant de risques, à l'encontre des recommandations officielles ? « Si les journalistes écoutent [les recommandations officielles], arrêtent de se rendre sur le terrain, alors les services des communications des armées prendront leur place. » Et ça, pas question. « Il serait dommageable pour la liberté de la presse que les reporters cessent de parcourir » les zones dangereuses. De plus, cette façon de faire donne à Nivat une « liberté totale » dans le choix de ses sujets. Après la Tchétchénie, ce sera l'Afghanistan et l'Irak, toujours clandestinement ; et dix autres livres.
Sa technique ? D'abord, la lenteur. Non, d'abord, « le terrain, le terrain, toujours le terrain ». Après, la lenteur. S'immerger dans la population, vivre avec elle. « Si les locaux survivent à ce quotidien, je le peux aussi. » Même si, sous les bombardements, il lui arrive d'avoir peur à ne plus pouvoir avaler sa salive. Une fois là, noter. « Je note tout. » Ensuite, revenir : « Retourner sur les mêmes terrains, revoir les mêmes personnes quand c'est possible ou expliquer pourquoi cela n'a pas été possible est une de mes règles. » Changer d'angle de vue aussi,

* Anne-Laure Bovéron, « Reporter de guerre est un style de vie », *Muze*, juillet 2011.

au point d'emprunter celui des militaires, comme cette fois où elle s'est rendue en Afghanistan *embedded* (officiellement embarquée) avec l'armée canadienne. Conclusion ? « Embarquée, on voit très peu de choses. » Conséquence ? Elle est retournée sur place juste après, seule. « Les propos des Afghans n'étaient bien sûr pas les mêmes. » Et Nivat note les propos, tous les propos.
Le but de Nivat ? « Le but du reportage est toujours le même : donner à voir ! Il faut le vivre pour l'écrire. » Et le fait d'être une femme, dans ce métier ? « En terre musulmane, c'est un énorme avantage. » Les locaux « me respectent beaucoup parce que je viens partager le danger [...], il est très rare que des hommes me manifestent de mauvais égards ». Et, contrairement à ses collègues masculins, elle a accès aux femmes, dont « la version complète celle des hommes ». Regardez-la : une touriste vient de lui parler de ces femmes journalistes violées au beau milieu de la place Tahrir, au Caire. Elle redresse sa tête de faucon et lance : « Et alors ? C'est une raison pour ne pas y aller* ? »

Compétences requises : « Le sort m'a donné des yeux qui aiment voir** », dit Maillart. Avoir ces yeux-là. Et une bonne plume.
Espérance de vie : « Il n'y a pas de logique, c'est une question de chance », dit Nivat. Vous êtes prévenue. « Mais enfin ! On le sait que la guerre, c'est dangereux. »

Pour aller plus loin

Ella Maillart, *Ti-Puss ou l'Inde avec ma chatte*, trad. Henriette Guex, Payot, 2002.

* Échange à la librairie Charybde (129 rue de Charenton, Paris, 12e), 27 janvier 2012.

** Marion Van Renterghem, « Ella Maillart, l'aventurière tourmentée en perpétuelle quête d'horizons », *Le Monde des livres*, 6 juin 2003.

Anne Nivat, *Islamistes, comment ils nous voient,* Fayard, 2006.
Et franchement, ne ratez pas *Irak : l'ombre de la guerre*, un documentaire de Nivat qui chuchote la vérité sur dix années de guerre au quotidien.
Sur le Net : la fiche de l'Onisep sur onisep.fr/Les-ecoles-de-journalisme-quels-choix-possibles

22. Hackeuse

Définition • Au sens large, une hackeuse est une femme qui aime comprendre le fonctionnement d'un mécanisme afin de pouvoir le bidouiller (voir « bidouillabilité » – en anglais *hackability*). En informatique, une hackeuse sait bidouiller un programme pour lui faire effectuer des tâches autres que celles prévues par ses concepteurs et/ou par la loi, s'introduire clandestinement dans des machines pour obtenir des informations, accéder indûment à des services ou détourner des données.

Découvrez le métier aujourd'hui avec... Joanna Rutkowska

Le hacking étant une profession assez récente, les deux rubriques habituelles n'en font qu'une. Mais ce n'est pas l'informatique qui a inventé le *hacking*, oh non ! Au temps lointain où le téléphone était analogique, les signaux se déplaçaient dans des fils de cuivre sous forme de sons. Le central téléphonique sifflotait ses numéros, littéralement. Et des petits malins avaient compris qu'il était possible d'appeler Singapour gratuitement en sifflant les notes adéquates au creux d'un combiné. C'étaient les premiers hackers. Le seul détail délicat résidait dans le fait qu'il fallait siffloter à 2 600 hertz exactement. Par un hasard heureux, *circa* 1959, une marque de céréales (ou de lessive) a offert dans ses paquets un sifflet lâchant spontanément du 2 600 Hz (source : N. Chuche).

Depuis quelques années, le terme *hacker* désigne les pirates informatiques, les casseurs de code, les effondreurs de réseaux, les cambrioleurs de serveurs, les champions de l'attaque DOS, les fabricants de virus, les éleveurs de chevaux de Troie et les redresseurs de torts du Web, toute une faune qui mêle étudiants désœuvrés, *Anonymous,* mafieux de l'Est, phisheurs nigérians et, bien sûr, spécialistes de la sécurité informatique en quête d'une longueur d'avance sur l'ennemi. Parmi eux, Joanna Rutkowska.

Lu sur le Net : « Normalement, ces gens-là n'existent pas dans la vraie vie : la jeune bombe russe, experte en informatique, on ne voit ça que dans les *James Bond* ou dans *Metal Gear Solid**. » Et pourtant elle existe. Cela dit, elle est polonaise.

Joanna Rutkowska, née en 1979, est donc une autorité reconnue dans le monde de la sécurité informatique – et aussi du côté obscur de celui-ci, dans l'univers des pirates. Voilà qui est clair. La suite risque de l'être moins.

Rutkowska commence par développer des *exploits* (définition : programme malveillant) pour Linux et Windows. Elle s'intéresse ensuite aux mathématiques et à l'intelligence artificielle avant de revenir à l'informatique et « aux technologies furtives utilisées par les codes malveillants** ». Elle devient célèbre en 2006, quand elle monte à la tribune de la Black Hat de Las Vegas (définition : le terme *black hats* désigne les *hackers* mal intentionnés, contrairement aux *white hats* qui sont les gentils. La Black Hat est la convention annuelle des méchants). De là-haut, Rutkowska présente sa *Blue Pill,* un remarquable *rootkit* (définition : ensemble de logi-

---

* « Joanna Rutkowska, Jade Raymond, James Bond girls… » [en ligne], bornslippy.over-blog.net.

** John Draper, « Les hackers célèbres > Joanna Rutkowska » [en ligne], journaldunet.com, 2012.

ciels mis en œuvre pour obtenir et pérenniser un accès non autorisé à un ordinateur de la manière la plus furtive possible) qui permet de pirater Windows Vista.

Portée par sa soudaine célébrité, Rutkowska quitte la société singapourienne qui l'employait pour créer à Varsovie son propre laboratoire, Invisible Things Lab – en compagnie d'un certain Rafal Wojtczuk (lu sur le Net : « Le mec y s'appel Rafal !!! RAFAL ! Lol »).

Fin 2012, Rutkowska présente un système d'exploitation hypersécurisé, Qubes 1.0, fruit de trois années de travail. « Je ne connais pas d'alternative plus sûre* », dit-elle. « Je veux dire, même la pile réseau est virtualisée ! » (définition : une pile réseau est la mise en œuvre d'un ensemble de protocoles de communication réseau, BREF votre ordinateur fonctionne grâce à cinq couches superposées – physique, liaison, réseau, transport et applications – et on appelle ça une « pile réseau » ou « pile TCP/IP » ; définition de « virtualisation » : la virtualisation consiste à faire fonctionner un ou plusieurs systèmes d'exploitation sur un ou plusieurs ordinateurs au lieu d'en installer un seul par machine. « Tu vois une rue virtuelle avec des adresses virtuelles ? Ouais ? Je confirme, c'est pas facile à expliquer » (N. Chuche)).

Mais Rutkowska se définit-elle elle-même comme une hackeuse ? Écoutez-la répondre en anglais, de sa voix tout à la fois grave et chuintante : « Non, un *hacker* cherche à pénétrer dans un système d'informations quel que soit le moyen**. » Et elle, elle cherche à l'en empêcher.

* David Feugey, « Joanna Rutkowska dégaine son OS sécurisé Qubes 1.0 » [en ligne], silicon.fr, septembre 2012.

** Mauro Israël, « Joanna Rutkowska, Invisible Things Labs : la solution réside dans les systèmes à micro-noyaux » [en ligne], globalsecuritymag.fr, mars 2008.

Un conseil pour sécuriser mon PC ? « La plupart des antivirus fournissent une illusion de sécurité, mais en fait diminuent le niveau de sécurité réel en ajoutant des bugs induits dans leur code. Mon conseil est donc de laisser tomber les antivirus. » Et les *firewalls* ? « C'est pareil. » Me voilà rassurée. Une remarque ? « C'est très surprenant pour moi d'observer le nombre si restreint de femmes dans la recherche en sécurité. Où est la parité ? » Virtualisée ?

Compétences requises : La base du *hacking* moderne est l'informatique. C'est un métier, c'est parfois aussi un liquide amniotique. Les informaticiennes que je connais ne disent pas « j'aime l'informatique », mais « il *faut* que je pisse du code ». Cela dit, j'en connais qui sont presque normales. L'anglais est incontournable.
Études conseillées : De bac + 2 à + 5, les formations en informatique sont très nombreuses, autant que les métiers et les débouchés. Certaines écoles se vantent d'apprendre à leurs élèves à fabriquer des virus et hacker le voisin, mais je ne sais pas si ça leur fait une très bonne publicité.
Durée des études : Elle peut être courte, mais l'obsolescence est aussi très rapide. Formation continue obligatoire.
Insertion professionnelle : Ce milieu est encore assez masculin et la moyenne d'âge y est basse. C'est un aspect qui peut être considéré comme délicieusement attractif.

Pour aller plus loin

Sur le Net : letudiant.fr/metiers/secteur/informatique

23. Héroïne

Définition • Femme de grand courage.

Découvrez le métier avec... Geneviève de Gaulle-Anthonioz

Geneviève de Gaulle-Anthonioz n'a pas eu une jeunesse facile. Née en 1920 (son père est un frère du général de Gaulle), elle perd sa mère à quatre ans (elle l'apprend alors qu'elle est en train de jouer « sous un grand magnolia* ») et sa sœur à dix-huit. À vingt ans, c'est la guerre. Elle entre en résistance dès juin 40 et, en 43, c'est l'arrestation dans une librairie de la rue Bonaparte, à Paris – sur dénonciation. Aux Allemands, elle donne son vrai nom : de Gaulle. Elle est envoyée à la prison de Fresnes, puis au camp de Ravensbrück. Sur le quai du départ, à l'appel de son nom (« De Gaulle, Geneviève ! »), les mille autres déportées applaudissent : les nazis lâchent leurs chiens.

Ravensbrück, c'est difficile à dire. De Gaulle-Anthonioz en dira quelque chose pourtant, longtemps après, dans *La Traversée de la nuit* (Le Seuil, 1998). Au sujet de cette femme tuée à coups de battoir, de cette autre « massacrée à coups de pioche** ». Au sujet des morsures des bergers allemands. Au sujet des expériences menées par un docteur fou sur les jambes des déportées polonaises. Au sujet

* Anne Muratori-Philip, « Geneviève de Gaulle, femme de France », *Le Figaro littéraire*, 4 novembre 2004.

** Jérôme Fenoglio, « Geneviève de Gaulle-Anthonioz, une vie de résistance », *Le Monde*, 16 février 2002.

du 27 372 tatoué sur son bras. Mais aussi, au sujet de Marie-Claude Vaillant-Couturier et de Germaine Tillion*, déportées comme elle, et de la solidarité qui existait entre elles. La solidarité, l'amitié, l'entraide, la fraternité : de Gaulle-Anthonioz en parle sans cesse. La fraternité comme ultime recours, comme seul remède, comme unique devoir. « La fraternité, c'est la réponse au mal absolu** », qui n'est « pas la mort, c'est la haine et la violence », et « l'affreuse jouissance » peinte sur le visage du SS en train de frapper.

De Gaulle-Anthonioz revient de Ravensbrück vivante, de justesse. Elle pèse quarante-quatre kilos, elle est presque aveugle et ses cauchemars sont remplis de magnolias. À son oncle Charles, elle raconte ce qu'elle ne racontera jamais à son père : ce qu'elle a vécu. « Ton récit m'a laminé l'âme », lui avoue le général de Gaulle. En 45, elle rencontre Bernard Anthonioz, résistant et artiste. Elle le demande en mariage. Ils ne se quitteront plus jusqu'à ce que la mort les sépare. « La meilleure réponse que vous puissiez donner à vos ennemis, c'est le bonheur », dit le proverbe. Dont acte : ensemble, Bernard et Geneviève font des enfants et le « plein de bonheur ». Dans le cabinet de Malraux, lui s'occupe d'art, et elle, de recherche scientifique. Jusqu'à ce dîner, en 58, où de Gaulle-Anthonioz se retrouve placée aux côtés du père Wresinsky, l'aumônier de « Notre-Dame de ceux qui n'ont rien ». Il s'occupe des plus pauvres et lui propose de venir voir : elle y va. Et là, en entrant dans le

* Joël David, « Geneviève de Gaulle-Anthonioz » [en ligne], memoiredeguerre.pagesperso-orange.fr, 2002.

** Sorj Chalandon, « Une résistante qui a traversé la vie » et « Une grande voix contre l'exclusion », *Libération*, 15 février 2002 et 4 octobre 2001.

bidonville de Noisy-le-Grand, ce qu'elle retrouve, c'est la boue de Ravensbrück, les regards de Ravensbrück, l'odeur de Ravensbrück. Elle s'engage dans ATD Quart Monde pour les cinquante prochaines années.

ATD signifie « Aide à toute détresse » et Quart Monde désigne « le peuple des infortunés, des indigents, et de ceux qui n'ont aucune représentation ». De Gaulle-Anthonioz devient présidente de l'association en 64. En 88, ce sera le Conseil économique et social. Tout ce temps-là, elle le passe à hanter les antichambres des ministères pour expliquer que « la pauvreté ne se limite pas à la masse des marginaux ou des asociaux » et qu'il faut non pas soulager la misère, mais la détruire. Car de Gaulle-Anthonioz refuse absolument la charité : les mesures d'assistance doivent être remplacées par « un véritable accès aux droits fondamentaux ». « Ce siècle a connu deux totalitarismes, nazi et communisme. Un troisième est en train de s'installer, celui de l'argent*. »

En 97, enfin, une loi est prête : la loi de lutte contre les exclusions. De Gaulle-Anthonioz monte à la tribune pour la défendre. Regardez-la, toute menue avec sa mince queue de cheval et son fin sourire : les députés l'applaudissent, unanimes – unanimes aussi « pour traquer chaque virgule du projet ». Quatre cents amendements. Et par là-dessus, coup de théâtre ! L'Assemblée nationale est dissoute. « Coup de bâton sur la tête », plutôt.

Mais la volonté de Geneviève de Gaulle-Anthonioz est implacable : la loi sera votée un an après. « Une aube apparaît, elle est encore bien grise », dit de Gaulle-Anthonioz. Elle-même est bien fatiguée. De plus en plus

* Alain Auffray, « Geneviève de Gaulle-Anthonioz n'est pas une sainte du consensus mais une militante radicale des déshérités », *Libération*, 17 octobre 1997.

menue, elle se replie sur elle-même et disparaît en 2002. « Son exemple m'a servi », disait de Gaulle.

Le métier aujourd'hui avec... Malala Yousafzai

Je vais vous présenter une autre très jeune fille qui n'a pas eu une jeunesse facile : Malala Yousafzai.
Son prénom, en ourdou, veut dire « éprouvée par le chagrin* ». Malala Yousafzai est née en 1997 au Pakistan, dans la vallée de Swat. En 2007, les talibans envahissent la vallée de Swat et imposent la loi coranique : les écoles de filles sont fermées. Malala a onze ans, elle commence un blog :
« Les talibans ont publié une loi excluant toutes les filles des écoles**. » « Comme aujourd'hui est le dernier jour d'école, nous avons décidé de rester jouer dans la cour de récréation un peu plus longtemps. J'espère qu'elle rouvrira un jour, mais, en partant, j'ai regardé le bâtiment comme si c'était la dernière fois. »
Jour après jour, Malala dénonce les agressions des talibans. Son blog devient vite célèbre, les menaces pleuvent, mais elle s'en moque : « Elle disait toujours que nous devions faire quelque chose pour l'éducation des filles et elle n'avait pas peur de mettre sa vie en jeu pour ça », dit son amie Kainaat Riaz***. Rapidement, devant les combats qui se rapprochent, la famille Yousafzai doit fuir. En

* Gary Assouline, « Au Pakistan, Malala, 14 ans, dans le viseur des talibans », *Le Figaro*, 11 octobre 2012.

** « Le prix Simone de Beauvoir pour Malala », *Libération*, 10 janvier 2013.

*** Lehaz Ali, « Le Pakistan célèbre la journée pour Malala, jeune icône pour l'éducation », AFP, 10 novembre 2012.

2009, l'armée pakistanaise reprend (du bout des doigts, dit-on) la vallée ; Malala revient. Les écoles rouvrent. Elle y retourne : « Tout ce que je veux, c'est aller à l'école et personne ne me fera peur. »
Le 9 octobre 2012, sur le chemin des écoliers, Malala prend une balle en pleine tête. L'auteur ? Attaulah, en fuite. Le commanditaire ? Fazlullah, du TTP (Tehrik e Taliban Pakistan), en fuite lui aussi. Les raisons de cet attentat ? Ce sont les talibans qui en parlent le mieux : « Malala a été prise pour cible pour son rôle de pionnière dans la défense de la laïcité. » Amen.
L'attentat est condamné dans le monde entier, une bonne moitié vient se pencher au chevet de Malala et déverse sur son lit des prix et des vœux. Le Pakistan instaure une « journée Malala » pour le droit à l'éducation. « Elle est l'héroïne de notre pays », dit Abaidullah, quinze ans, étudiante à l'académie Saroosh située à une centaine de mètres de l'école de Malala.
Depuis, Malala a été opérée et réopérée. Elle a perdu l'usage d'une oreille et d'une partie de ses muscles faciaux, elle a une plaque comme ça à la place de l'os du crâne, à gauche, mais elle a repris la parole. Écoutez-la : elle est terriblement pâle, terriblement cernée et toujours aussi décidée. « Aujourd'hui, vous pouvez voir que je suis vivante. Je peux parler, je peux vous voir, je peux voir tout le monde et je vais mieux de jour en jour. » Elle a créé un fonds pour la défense du droit à l'éducation.
Plus tard, elle veut devenir médecin. « Les talibans pensaient qu'une balle pourrait nous réduire au silence, mais ils ont échoué*. »

---

* Discours de Malala Yousafzai devant l'Assemblée des Nations unies pour la Jeunesse, au siège de l'ONU à New York, 12 juillet 2013.

Compétences requises : Savoir dire non. « À la table [d'une tante de Geneviève de Gaulle-Anthonioz], on commentait ce soir-là la rafle du Vel' d'Hiv' : "Un couple de convives se consolait en constatant que ce n'était que des Juifs." » Comme Papon, ces braves gens avaient ignoré « le devoir de dire non ».
Insertion professionnelle : Il n'est nul besoin d'attendre la prochaine guerre pour se lancer dans la carrière.
Espérance de vie : Problématique. Et la souffrance n'est pas en option.

Pour aller plus loin

Geneviève de Gaulle-Anthonioz, *La Traversée de la nuit*, Le Seuil, 1998.
Le blog de Malala : news.bbc.co.uk/2/hi/south_asia/7834402.stm

24. Historienne

Mission • Une historienne est une femme qui étudie l'histoire. Elle a pour tâche de rapporter des faits passés, de les catégoriser, puis d'en proposer une interprétation équilibrée et justifiée par des sources.

Découvrez le métier avec… Hélène Carrère d'Encausse

Elle naît en 1929, dans une famille de Russes exilés. Elle devient extrêmement érudite : une thèse en lettres, une autre en histoire et une troisième en sciences sociales. Ensuite, elle enseigne à la Sorbonne et à Sciences Po.

À cinquante ans, Carrère d'Encausse est une soviétologue distinguée. Or, il faut se souvenir qu'à l'époque le Grand Satan, celui qui va faire exploser la bombe et venir jusque dans nos bras égorger tout ce qui bouge, c'est l'URSS. Carrère d'Encausse connaît par cœur l'empire soviétique et elle en parle bien : c'est rassurant. En 78, elle publie *L'Empire éclaté,* dans lequel elle prédit la fin du régime : c'est *très* rassurant. L'ouvrage est un succès. Et quand, dix ans plus tard, l'URSS s'effondre vraiment, pour Carrère d'Encausse, c'est un triomphe ! Même si, disons-le, elle s'est franchement trompée sur les causes de la chute. (Mais pas tant que ça sur le long terme.)

À partir de là, les honneurs pleuvent : elle vice-préside des commissions, préside des conseils et est couverte de décorations. En 90, elle est élue à l'Académie française ; en 94, au Parlement européen ; en 99, au poste de Secrétaire perpétuel de l'Académie française. Regardez-la : sanglée dans

son habit vert, elle promène sa crinière de lionne parmi les crânes moissonnés de ses confrères.
Tout ça ne l'empêche pas de continuer à publier des ouvrages où l'espoir le dispute à la résignation : la Russie « est un pays qui a un passé de tragédies continues. Il y a toujours une catastrophe qui s'abat au moment où les choses semblent aller mieux* ». La longue tradition de l'assassinat politique, notamment, l'afflige : « C'est une spécialité russe de régler les problèmes en liquidant celui qui accomplit les progrès. » Elle est moins nostalgique quand elle se rappelle « le tempérament explosif de Khrouchtchev » face à (qui l'eût cru ?) « la nature glacée de Molotov** ».

Le métier aujourd'hui avec… Michelle Perrot

Je vous l'accorde, Michelle Perrot n'est pas née longtemps après Hélène Carrère d'Encausse. En fait, elle est même née un an avant. Mais l'*Histoire des femmes en Occident,* le grand œuvre de Perrot, est sortie en 1990, tandis que *L'Empire éclaté* a paru en 1978. Carrère d'Encausse a précédé Perrot de dix années sur le chemin de la reconnaissance.
Perrot suit sa scolarité dans un « collège religieux, très traditionnel*** ». Benoîte Groult, qui enseigne l'anglais dans son établissement, se souvient de « trente-deux

---

* Anne Muratori-Philip, « Hélène Carrère d'Encausse, le chemin de Damas de la Russie », *Le Figaro littéraire*, 19 octobre 2000.

** Hélène Carrère d'Encausse, « Les Guerres de succession du Kremlin », *Vingtième siècle*, revue d'histoire, n° 4, octobre 1984.

*** « L'histoire de Michelle Perrot, entretien avec Margaret Maruani et Chantal Rogerat », *Travail, genre et sociétés*, n° 8, février 2002.

fillasses en âge ingrat qui ricanent de tout ce qui n'est pas parfaitement banal ». Perrot se sent tôt mal à l'aise avec « la condition faite aux femmes [qu'elle ressent] fortement en terminale, au moment des choix décisifs ». Elle se rend compte que son bagage scolaire ne lui a pas donné le niveau pour faire des sciences, ni de la philosophie. Tant pis, elle fera de l'histoire.

Perrot entre à la Sorbonne, devient élève de Labrousse et écrit une thèse sur l'histoire de la classe ouvrière avec la volonté de « donner à la classe ouvrière une histoire digne de ce nom ». Elle travaille avec Maitron, fondateur du gigantesque *Dictionnaire biographique du mouvement ouvrier,* et crée au début des années 60 le *Mouvement social,* « principale revue d'histoire ouvrière, depuis élargie à l'ensemble du social, aux femmes et désormais ouverte au genre ». Bon, voilà résumé le cheminement intellectuel de Perrot.

Et puis, c'est Mai-68. Perrot choisit d'enseigner à Jussieu, université nouvelle, « épicentre du mouvement de libération des femmes ». Au printemps 73, elle initie un cursus sur l'histoire des femmes. La sociologue « Andrée Michel ouvrit le cours, dans une atmosphère houleuse (les garçons, gauchistes surtout, chahutaient le cours) ». Couac ! Tût. Malgré tout, la nouvelle discipline est lancée et ne s'arrêtera plus. Les thèses affluent, les conférences aussi, des postes sont créés. Et en 1990, après « un travail d'infinies précautions, trois ans durant, dans une atmosphère aussi sérieuse que bouillonnante* », l'*Histoire des femmes en Occident* est publiée. Cinq tomes trapus pour retracer 2 000 ans d'histoire sur lesquels régnait jusqu'alors un « étrange silence ». Le succès est immédiat.

---

* Clarisse Fabre, « Rétrolecture 1991 », *Le Monde,* 19 août 2008.

Parallèlement, Perrot a travaillé avec Michel Foucault et Robert Badinter sur l'univers carcéral. Elle organise avec eux un séminaire « où venaient beaucoup d'étudiants de Jussieu (curieusement, les garçons s'occupaient de la pénalité et des prisons, et les filles, davantage de l'histoire des femmes...) ». Si on considère que, sur 62 000 personnes incarcérées en France, 60 000 sont des hommes (chiffres 2008), ça paraît moins curieux.
Aujourd'hui, Perrot est couverte d'honneurs, elle aussi. Vous pouvez l'entendre sur France Culture où elle présente chaque semaine « Les Lundis de l'histoire » après avoir été elle-même le sujet de 25 émissions. Écoutez-la : elle a une voix ample et modulée de conteuse. Et si c'était à refaire ? Elle choisirait « quelque chose de plus actif : le journalisme en commençant par le grand reportage ». Et comment voit-elle l'évolution de la condition féminine ? Plutôt bien. « Si l'on regarde les cinquante dernières années, les choses ont beaucoup bougé. Le droit de vote, l'avortement, la contraception, la parité, la féminisation du salariat, ce sont là de vraies avancées, de même que l'instruction, la réussite scolaire des filles. Quand on met ça bout à bout, cela fait beaucoup. » Et que faire maintenant pour avancer encore ? « Ne pas lâcher le quotidien, l'immédiat, ce qu'il est possible de faire. Réfléchir sur le symbolique et le moyen de changer sa représentation. » C'est ce que nous sommes en train d'accomplir, moi en vous écrivant, et vous, en me lisant.

Flash info • En 2014, Perrot reçoit des mains de Savigneau le prix Beauvoir pour la liberté des femmes. L'année précédente, le prix était allé à Yousafzai.

N. B. : Le livre que vous avez entre les mains doit beaucoup au travail de Perrot et de toutes les historiennes qui ont rédigé l'*Histoire des femmes en Occident.* Je tiens à remercier tout particulièrement Giulia Sissa (professeur de théorie politique de l'Antiquité à l'UCLA), dont l'article dans le tome I (« Philosophies du genre : Platon, Aristote et la différence des sexes ») m'a fait énormément rire. Face aux textes fondateurs des Anciens grecs et romains (chez qui l'amour des femmes ne brille pas bien haut), elle ose grincer : « Comment ne pas alterner des coups de sang et des accès de bile noire, comment ne pas se laisser envahir par des flots de rage ? [...] Lorsqu'on suit l'injustice des raisonnements, la bêtise de ces discours qui sont censés être ce qui s'est dit de mieux, de plus pensé, de plus construit et réfléchi sur l'humanité dans la tradition occidentale. »

Compétences requises : Aimer l'histoire. Le sens de l'histoire (appelez ça chance, ou flair) compte aussi.
Études conseillées : Histoire.
Insertion professionnelle : Les études d'histoire peuvent conduire à l'enseignement ou à la recherche, ou se compléter par une option en journalisme bien sûr, mais aussi en droit, en économie, en langue. L'histoire est une bonne école de méthodologie.

Pour aller plus loin

Hélène Carrère d'Encausse, *L'Empire éclaté*, Flammarion, 1978.
Michelle Perrot-Georges Duby, *Histoire des femmes en Occident,* Plon, 1990-1991.
Sur le Net : letudiant.fr/etudes/secteurs/histoire.html
De fort bonnes idées aussi sur le site de l'université Paris-VIII, « Les débouchés des études d'histoire ».

25. Informaticienne

Mission • Une informaticienne est une femme qui exerce un métier dans l'étude, la conception, la production, la gestion et la maintenance des systèmes de traitement de l'information.

Découvrez le métier avec… Ada Lovelace

Attention, histoires de famille. Nous sommes dans les vertes vallées anglaises, au début du XIXe siècle. Nous marchons deux crans sociaux au-dessus du cottage de Jane Austen, mais l'herbe sous nos bottines est la même.
1813. Le beau Byron, lord, poète et célèbre, ayant couché avec la moitié du pays, met finalement dans son lit sa demi-sœur Augusta. Ça ne se fait pas.
1814. Augusta accouche d'une jolie petite fille. Ça ne se fait pas du tout. Pour apaiser le scandale, Byron décide de se marier. Il choisit Lady Annabella Milbanke, mathématicienne raisonnable, la « princesse des parallélogrammes ». Le mariage ne marche pas. Du tout du tout. Onze mois plus tard, Lady Byron met quand même au monde une petite fille qu'on prénomme, avec un goût très sûr, Augusta Ada. Ivre mort, Byron essaye de violer la nouvelle accouchée qui s'en va en courant et ne reviendra plus. Byron aussi : il quitte l'Angleterre et n'y reviendra pas davantage. Ada ne verra jamais son père. Voilà pour la petite histoire.
Ada est élevée le nez dans les sciences. À dix-sept ans, elle rencontre Mary Sommerville, éminente scientifique qui lui présente Charles Babbage. Et Babbage a inventé une

machine géniale : « une machine analytique* », une machine à calculer mécanique. Elle a « un processeur central qu'il appelle "le moulin", une unité de contrôle formée de cylindres à picots, une mémoire – "le magasin" –, une unité d'entrée des données et des instructions enregistrées sur des cartes perforées, et une unité de sortie des résultats imprimés ».

Nous sommes en 1835, Ada a vingt ans : elle se marie avec le comte Lovelace et lui fait au plus vite trois enfants. Puis, en 39, elle replonge dans les sciences et, surtout, dans la machine de Babbage, pour laquelle elle rédige des « diagrammes », des instructions. En 42, un ingénieur italien sort un article à propos de la merveilleuse machine. On propose à Ada Lovelace de le traduire. Elle le fait, scrupuleusement. C'est Babbage qui s'étonne qu'elle n'en ait pas profité pour y ajouter quelques notes personnelles. Que n'a-t-il pas proposé là ? Les notes d'Ada Lovelace représentent trois fois le volume de l'article original. Parmi elles, un algorithme pour calculer les nombres de Bernoulli (définition : les nombres de Bernoulli ont leur utilité en statistiques). C'est le premier programme informatique jamais écrit. Ada vient d'inventer « les notions d'exécution d'un algorithme, de branchement, de boucle dans un programme, de sous-programme ».

Mais Babbage n'a pas les moyens de poursuivre ses recherches. Pour l'aider, Ada Lovelace se lance dans des calculs savants pour gagner aux courses. Hélas, les chevaux ne sont pas logiques : Lovelace se ruine. À trente-six ans, elle développe un cancer de l'utérus ; ses médecins la saignent à mort. Elle s'en va reposer près de son père, sous les longues pelouses de Newstead Abbey.

* Wladimir Mercouroff, « La première programmatrice », *Le Monde*, 26 janvier 1989.

Épilogue. En 1979, fatigué par la multiplication des langages informatiques, le *Department of Defense* américain décide d'écrire son propre langage et de s'y tenir. Il le baptise Ada. Si vous achetez un produit Microsoft, vous pourrez voir sur le boîtier l'hologramme du visage d'Ada Lovelace, très fin sous les bandeaux alambiqués de sa coiffure.

Le métier aujourd'hui avec… Marissa Mayer

Marissa Mayer est née en 1975 aux États-Unis. Elle fait une maîtrise d'informatique. En 99, elle a vingt-trois ans et cherche du travail. Une proposition d'emploi tombe dans sa boîte mail. Elle est signée Google. *Connais pas.* Mayer tend un doigt pour effacer le message et se trompe de touche – le mail s'ouvre. *Google ?* « Au fait, est-ce que quelqu'un ne m'a pas déjà parlé de cette start-up montée par deux fadas* ? »

Chez Google, Mayer est responsable des produits de recherche : recherche sur Internet, recherche d'images, barre d'outils, Google Actu. Et comme elle a le sens des affaires, elle dépose plusieurs brevets informatiques.

Mais, en 2011, Larry Page prend la tête de Google. Et Page, c'est un ex : Mayer et lui ont passé trois ans ensemble. Ça ne s'est visiblement pas bien terminé : Mayer est mise au placard. Elle démissionne.

Mi-juillet 2012, Mayer offre deux scoops aux journalistes de *Fortune* : 1) elle est enceinte ; 2) elle prend la direction de Yahoo. Le défi est de taille : ça fait cinq diri-

* Philippe Boulet-Gercourt, « Marissa Mayer, l'étourdissante patronne de Yahoo ! » [en ligne], challenges.fr, 7 février 2013.

geants que Yahoo n'arrive pas à sortir de la crise. Mayer devient la plus jeune PDG d'une des 500 plus grosses entreprises américaines.

En six mois, Mayer sauve Yahoo. Regardez-la : d'une blondeur sans fourche, increvable malgré ses nuits courtes (déjà, chez Google, elle avait accumulé 250 nuits blanches en cinq ans), elle suit 15 projets en même temps et en propose 1 000 à l'heure. Alors que, avec 300 millions de dollars sur son compte en banque, elle pourrait – quoi, faire ce qu'elle aime ? « Je suis une *geek* », assure-t-elle. Ce qu'elle aime, c'est faire de l'informatique.

Une fois Yahoo sauvée, Mayer accouche, prend trois semaines de congé maternité et retourne au travail. Les critiques pleuvent, l'un trouvant que Mayer en fait trop, et l'autre, qu'elle n'en fait pas assez. Mais elles pleuvront quoi que Mayer fasse. Et comme le dit l'écrivain Colette : « On ne peut pas contenter soi-même et tout le monde. Je préfère moi-même. »

Compétences requises : Cf. fiche « Hackeuse ».

Pour aller plus loin

Jean-Paul Soyer, « Ada de Lovelace et la programmation informatique », Éditions du Sorbier, 1998.
Google.com
Yahoo.com

26. Ingénieure

Mission • Une ingénieure est une professionnelle exerçant des activités de conception, d'innovation et de direction de projets, de réalisation et de mise en œuvre de produits, de systèmes ou de services impliquant la résolution de problèmes techniques complexes.

Découvrez le métier avec...
Anne Chopinet

Anne Chopinet est née en 1953. Dix-neuf ans plus tard, elle s'inscrit aux concours des grandes écoles d'ingénieurs. Et voilà que « des bruits ont commencé à circuler sur l'ouverture prochaine* » de l'École polytechnique aux filles. Chopinet passe le concours, c'est-à-dire l'épreuve de mathématiques la plus difficile du pays. Et non seulement elle le réussit, mais elle se classe première. Du coup, lors du défilé du 14 juillet 1973 sur les Champs-Élysées, c'est elle qui brandit le drapeau en tant que *major de l'X*. La France entière acclame la jeune fille sérieuse sous son tricorne, qui tient fermement la hampe entre ses gants blancs. Rétrospectivement, cette période de gloire « ne fait pas partie de [ses] meilleurs souvenirs. J'ai été très surprise de constater que l'on pouvait écrire des articles sur vous sans qu'aucune question ne vous soit posée ». Eh bien, euh – oui.

Au bout de trois ans d'études, Chopinet fait partie des dix meilleurs éléments de sa promotion, ce que les élèves

---

* « Entrer à Polytechnique, c'était mettre la barre encore plus haut » [en ligne], actusup.fr, 29 juin 2012.

de Polytechnique appellent « sortir dans la botte ». (Car les élèves de Polytechnique n'aiment rien tant que s'exprimer dans un sabir particulier, disant « pitaine pour capitaine, ser pour service, binet pour cabinet » et « cocon pour un camarade de promotion* ». C'est une école militaire.)
Chopinet, devenue ingénieure des Mines, travaille d'abord à la Direction générale de l'énergie et des matières premières**. Ensuite, elle est chef du bureau « Mines, plan uranium et ressources sous-marines » au ministère de l'Industrie, puis prend la tête du bureau « Recherche, commerce extérieur et aéronautique civile » au ministère des Finances. De 86 à 88, elle est directrice adjointe du cabinet du ministre du Budget. Un beau CV. En 88, c'est le CNES (Centre national d'études spatiales). Parallèlement, elle participe à la création de bourses d'études pour jeunes femmes scientifiques. Elle part ensuite dans le privé, l'industrie lourde, chez Alsthom, dans la branche des transports par voie ferrée. Enfin, en 1995, elle devient conseiller technique auprès du président de la République. À partir de 2010, elle préside l'ERAP, une entreprise publique de recherche pétrolière. Ouf.
Dans une conférence donnée en 2010 aux Semaines sociales de France, Chopinet parle travail, mari et enfants (ils en ont cinq). Elle parle « partage des tâches » et « mixité », mais le mot qui revient le plus souvent, c'est « liberté ». « Chacun de nos enfants est une liberté inaliénable. » (Elle rappelle joliment que « éduquer, c'est *conduire hors de chez nous, e-ducere* en latin ».) « Il faut

---

* Michel Malherbe, *Fonctionnaire ou touriste ?*, L'Harmattan, 2009.

** « La première polytechnicienne secrétaire générale du CNES », *Le Monde*, 2 juillet 1988.

débrider sa liberté créatrice, ne pas se limiter *a priori* [...], il faut cesser d'avoir peur et se souvenir de sa liberté pour agir. » Chopinet prononce le mot quinze fois.

Le métier aujourd'hui avec Paloma Sanchis de Lanuza

Paloma est née en Espagne, à Valence. Petite, elle suit ses parents de pays en pays. Plus grande, à dix-sept ans, elle gagne des concours hippiques en grillant toutes les priorités : « J'étais une semaine sur deux à l'hôpital. Mes parents ont même reçu la visite des services sociaux, à cause des bleus. » Après des études d'ingénieure généraliste et une spécialisation en agronomie, elle s'installe en France et commence par travailler chez un fabricant de machines agricoles.
Aujourd'hui, Sanchis a intégré une société qui fabrique des systèmes hydrauliques. Son rôle est de connaître le fonctionnement et les contraintes mécaniques de *toutes* les machines de *tous* ses clients. Elle voyage beaucoup, en Chine et aux États-Unis. « Ce que j'aime, c'est que ça change tous les jours. J'apprends tous les jours. » Elle s'occupe de tracteurs, de pelleteuses, de portes automatiques pour les hôpitaux, de baignoires pour handicapés, de bus, de camions et d'hélicoptères. « Il y a des pneus, je t'assure : je n'arrive pas à la jante ! » Et, dans les salles blanches de recherche et développement, elle n'entre qu'en scaphandre.
De bons souvenirs ? « Dans les salons professionnels, en fin de journée, on fait des balades dans le godet des pelleteuses. Ça, je trouve que c'est amusant. Mais se faire balancer à quinze mètres au-dessus du sol, agrippé au crochet d'une grue comme certains de mes collègues,

moins. » Elle se rappelle aussi ce moment pénible où elle s'est retrouvée coincée entre une herse rotative et un tracteur qui a démarré intempestivement. « Le tractoriste avait voulu faire le malin. » En fait, c'est surtout en avion que Sanchis s'est fait peur. « Je me souviens d'une fois, en Chine, où mon avion a raté l'atterrissage. Et d'une autre fois où il est sorti de piste. » Et l'ambiance ? Sanchis a beaucoup fait la fête les premières années. « On ne dormait pas beaucoup. Mais on assurait le lendemain ! » Assurément.

Compétences requises : Aimer comprendre comment ça marche.
Études conseillées : On peut s'orienter vers l'ingénierie en lycée technique dès la seconde. Nombreuses écoles d'ingénieurs (« ingénieur diplômé » = bac + 5) et de très bons cursus en fac.
Insertion professionnelle : Les techniciennes et ingénieures sont très recherchées, dans toutes les disciplines (physique, chimie, etc.) et pour toutes les durées d'études.

Pour aller plus loin

Sur le Net : Les études d'ingénieur post-bac ou bac + 2, celles qui accueillent le plus de bacs techno et les plus ouvertes aux DUT, celles qui vous envoient systématiquement à l'étranger et celles qui sont les plus généreuses envers leurs boursiers, celles qui mènent aux transports, aux TIC, à l'énergie, à la physique ou à la chimie sont sur letudiant.fr/etudes/ecole-ingenieur/le-classement-des-ecoles-d-ingenieurs

27. Inventeuse

Mission • Une inventeuse est une femme qui, relativement à une idée, est la première à l'avoir. Mais, parfois, c'est un peu plus compliqué que ça.

L'embarras du choix

Si vous visitez, sur Internet, des forums réservés aux jeunes, vous serez forcément confrontée à ce *topic* : « Qu'est-ce que les femmes ont inventé ? » Voire : « Citez-moi le nom d'une inventeuse. Une seule. »
Les réponses se situent quelque part entre « rien du tout lol », « les tampax mdr » et « Marie Curry ? ».
Maia Mazaurette, fine webanalyste, est plus radicale : « Sur les forums d'ados, beaucoup de garçons se demandent à quoi ça sert, une fille*. »
En fait, la seule réponse possible à ce genre de question est : « Citez-moi le nom d'un inventeur. D'abord. »
Les commentaires suivants oscillent entre « euh » et « Flemmming ? ».
En effet, il est rare qu'un nom précis soit associé à une invention de grande envergure. La voiture, la bombe A, le cinéma ou le télescope ne sont pas sortis tout soudés d'un unique cerveau. Ces avancées majeures ont d'abord palpité dans l'air du temps avant de jaillir en pièces détachées du travail de toute une équipe. Ou, plutôt, de l'acharnement de plusieurs équipes cravachant au même

* Maia Mazaurette, « Profil bas et idéaux » [en ligne], sexactu.com sur GQ, 11 janvier 2013.

moment vers le même but. Le grand gagnant ou la grande gagnante, au final, c'est la personne qui dépose les brevets. ET qui les transforme en standards industriels.

Il arrive que les brevets soient déposés par leur propriétaire légitime, mais les cas de spoliation ne sont pas rares non plus. La photographie et le cinéma ont des origines françaises, et Hollywood est en Californie. Cependant, s'agit-il vraiment de spoliation ? Ou seulement d'un déplorable manque de sens pratique (que nous appellerons « syndrome Lamarr ») ? Si le Britannique Fleming est réputé avoir inventé par mégarde la pénicilline en 1928, c'est parce que, trente ans plus tôt, le Français Duchesne a mis en évidence les qualités antibiotiques du champignon *penicillium,* rédigé une thèse sur le sujet, décroché son doctorat et « jamais remis les pieds dans un laboratoire ». Fleming lui-même a rapidement abandonné sa propre découverte. Et devinez qui s'est dévoué pour lancer la production industrielle des premiers antibiotiques, dix ans plus tard ? Les Américains. Le brevet, c'est un don ; tout le monde ne l'a pas.

L'autre aspect décourageant du brevet réside dans son côté chafouin. Un brevet se résume à la description précise d'une pièce unique qui n'est le plus souvent qu'une version améliorée de l'existant. Si vous surfez sur Google Patents, vous trouverez des textes aussi palpitants que « Dispositif EP1296738A1 : élément en plastique creux muni d'une base et d'une paroi latérale courbée vers le haut et vers l'intérieur de manière à former une protection capable d'épouser la forme du site de perfusion sous l'effet d'une pression digitale ». Les inventions ont souvent une allure dérisoire. Du moins, jusqu'au moment où vous mettez le nez dans le compte en banque de celle qui a breveté, disons, le filtre à café (Melitta Bentz,

1,25 milliard d'euros), le Tipp-Ex (Bette Nesmith Graham, 47,5 millions de dollars) ou la teinture des jeans Levi's (Sally Fox Bette, 10 milliards de dollars). Quant au « Dispositif EP1296738A1 », utilisé dans tous les hôpitaux, il a rapporté une blinde à Betty Rozier et Lisa Vallino – j'espère.

Parmi les breveteuses, on peut distinguer :

– les *vie quotidienne* (Marion Donovan et la couche jetable, Mary Phelps Jacob et le soutien-gorge, Ann Moore et le porte-bébé, Lyda Newman et la brosse à cheveux, Amanda Theodosia Jones et la conserve sous vide, Ruth Wakefield et le cookie avec des morceaux de chocolat à moitié fondus dedans) ;

– les *sur les traces de Fleming* (Patsy Sherman qui invente l'imperméabilisant Scotchguard® en fracassant par mégarde un flacon sur les chaussures de son voisin) ;

– les *mais que font les hommes, bon sang ?* (Mary Anderson et les essuie-glaces, Josephine Garis Cochran et son fameux « si personne ne veut inventer la machine à laver la vaisselle, je vais le faire moi-même ! ») ;

– les *c'est tellement efficace qu'on s'en sert dans l'aéronautique* (Barbara Askins et son procédé de développement photographique, Patricia Billings et son plastique non inflammable), *voire dans l'armée* (Lamarr bien sûr, Margueritte Rogers et son système de guidage de bombe air-sol, Stephanie Kwolek et le Kevlar®) ;

– les *qui ont totalement changé le monde* (Dr. Grace Murray Hopper et le premier compilateur informatique, sachant que votre ordinateur *est* un compilateur) ;

– et les *était-ce vraiment indispensable ?* (Randice Lisa Altschul et le téléphone portable jetable) ;

– les *qui ont sauvé des vies innombrables* (Virginia Apgar et son *score d'Apgar* utilisé dans les maternités pour évaluer la santé des nouveau-nés, Rachel Fuller Brown et

Elizabeth Lee Hazen avec le premier antibiotique antifongique, Martha Coston et son système de signalisation maritime, Gertrude Belle Elion, nobelisée pour avoir inventé des médicaments contre la leucémie, le paludisme, la méningite et la septicémie) ;

– et les *serial breveteuses* (Margaret Knight, 87 brevets en mécanique industrielle ; Giuliana Tesoro, 235 brevets en chimie organique).

Nous pourrions remplir encore d'autres catégories, mais je crois que vous en savez désormais assez pour troller sur Internet.

Au diable ces histoires de gros sous ! Allons plutôt à la rencontre de savantes folles, plongées dans des découvertes fondamentales.

« Mais ! me direz-vous, une découvreuse n'est pas une inventeuse ? » Techniquement, si. « Inventer : 4) Découvrir quelque chose jusqu'alors inconnu (phénomène, relique, trésor, tombeau de pharaon, etc.) » (Larousse). Tout simplement parce que, le plus souvent, la découverte précède de peu les inventions pratiques. Quand on découvre les propriétés antibiotiques du *penicillium notatum*, on en profite pour inventer les antibiotiques, sauf quand on s'appelle Duchesne, hélas. C'est le cas de Curie qui a découvert la radioactivité et ses applications contre le cancer, de Franklin qui a découvert l'ADN, de Barré-Sinoussi qui a découvert le virus du sida et, évidemment, de Meitner qui a découvert la fission nucléaire.

En 1938.

Découvrez le métier avec…
Lise Meitner

Disclaimer : Meitner étant femme et juive en Allemagne au début du XXe siècle, son génie a été traité d'une manière qui peut agacer les dents.
Lise Meitner naît à Vienne en 1878. À l'époque, la scolarité des filles se termine à quatorze ans : le lycée leur est fermé. Coup de chance : en 1897, l'Université s'ouvre aux femmes. Le problème, c'est qu'elles n'ont pas le niveau. Qu'à cela ne tienne : Meitner passe l'équivalent du bac en candidate libre et entre à l'université en 1901. Quatre ans après, elle décroche un doctorat de physique avec un professeur qui s'intéresse à un phénomène nouveau : la radioactivité.
Meitner se heurte à nouveau au problème : comme femme, toute carrière universitaire lui est interdite. Elle continue la recherche malgré tout. En 1907, c'est Berlin et les cours de Planck (vieux grognon qui est opposé à l'éducation des femmes, mais fait une exception pour Meitner*). Là, la jeune physicienne rencontre un jeune chimiste : Hahn. Hahn et Meitner ne se quitteront plus guère pendant les trente prochaines années.
Hahn propose à Meitner de travailler avec lui à l'institut de Fischer, autre vieux grognon qui lui non plus ne veut pas de femmes et fait lui aussi une exception pour Meitner. Elle a le droit de continuer ses recherches si elle reste cachée à la cave, bref, couac tût. Hahn et Meitner découvrent ensemble plusieurs isotopes.
En 1912, Hahn est promu à la tête d'un département de radiochimie. Il y invite Meitner. *Invite*. C'est-à-dire qu'elle est invitée. C'est-à-dire qu'elle travaille

---

* Georges Kayas, « Meitner Lise », *Encyclopædia Universalis*.

sans être payée. Mais elle monte rapidement en grade et sa situation financière s'améliore : elle devient assistante.
Voici la Première Guerre mondiale : Meitner s'engage comme infirmière. Radiologiste, bien sûr. En 17, elle est enfin nommée à la tête d'un département de physique. Elle mène ses propres recherches et découvre, entre autres, l'effet Auger, ainsi nommé « en l'honneur de Pierre Auger, un scientifique français qui le découvre deux ans plus tard ». En 26, elle est nommée professeur à l'université de Berlin. En 34, elle implique Hahn et un autre chimiste dans le *projet uranium.*
Nous sommes au début des années 1930. Comme juive, Meitner doit être expulsée. Cependant, les scientifiques les plus éminents, dont elle fait partie, sont un temps épargnés. En 38, alors qu'elle est en train de superviser la construction d'un accélérateur de particules, elle s'enfuit. Elle passe en Suède.
Hahn vient la voir, de façon clandestine, pour continuer leurs recherches. Leur but ? Il est simple : créer un élément encore plus lourd que l'uranium, qui est l'élément le plus lourd qu'on puisse trouver dans la nature. Comment ? En le bombardant de particules lourdes. C'est une recherche à la mode : Fermi en Italie et Irène Joliot-Curie en France sont aussi dans la course.
En réalité, il est assez impossible techniquement d'alourdir l'uranium. Quand on bombarde de l'uranium, on n'obtient pas un élément plus lourd mais l'inverse : l'uranium se fissure. Ça s'appelle la fission nucléaire. La physicienne Ida Noddack a déjà eu l'intuition du phénomène, on peut dire que c'est dans l'air du temps…
Hahn rentre à Berlin et pratique une série d'expériences mises au point avec Meitner pour réaliser la fission. Et

ça marche ! En 39*, il publie ses résultats dans un important journal scientifique allemand sans nommer Meitner : elle est juive. Un mois plus tard, Meitner révèle toute l'explication théorique du phénomène dans la revue anglo-saxonne *Nature* : oui, l'uranium peut se scinder en deux. En expulsant, oh comme c'est étrange, une GRANDE quantité d'énergie.

Meitner a-t-elle fait là la gaffe du siècle ? L'information tombe à pic dans l'oreille des états-majors de toutes les armées qui sont en train de mobiliser. Einstein prévient Roosevelt : si les Alliés ne mettent pas l'arme nucléaire au point, les autres le feront. Roosevelt lance le *projet Manhattan* pour fabriquer la bombe atomique. Dans ce projet, il y a Fermi, il y a Oppenheimer ; il n'y a pas Meitner. Elle est sollicitée, elle dit non pour des raisons éthiques : elle refuse de participer à la mise au point de la bombe.

En 44, Hahn reçoit le prix Nobel pour les travaux menés avec Meitner. Meitner ne le reçoit pas. Hahn ne la mentionne même pas. Il ne la mentionnera jamais, et Meitner ne lui en voudra jamais. C'est comme ça.

Après guerre, Meitner conçoit un réacteur nucléaire, puis s'installe en Angleterre pour une retraite bien méritée. Elle se couvre peu à peu de prix et de médailles, elle est même nommée deux autres fois au Nobel, mais elle ne l'obtient pas davantage. Elle meurt en 1968, pour ses quatre-vingt-dix ans. Son neveu inscrit sur sa tombe : « Lise Meitner, une physicienne qui n'a jamais perdu son humanité. »

* Catherine Vincent, « De la difficulté d'être nobélisable en temps de guerre », *Le Monde*, 22 août 1996.

Le métier aujourd'hui avec... Rita Colwell

Rita Colwell, histoire d'eau. C'est elle qui a inventé la veille bactériologique au niveau mondial.
Elle naît aux États-Unis en 1934. À son époque, on croit que les épidémies de choléra sont dues à de l'eau souillée par des matières fécales. Mais, une fois devenue microbiologiste, Colwell démontre que le choléra est capable de dormir dans l'eau très, très longtemps. Pendant des dizaines d'années, « rivières, lacs et océans peuvent continuer à abriter la bactérie mortelle* » qui se réveille soudain, à la faveur d'une modification de l'environnement. En fait, Colwell est la première à comprendre que les épidémies ont des causes environnementales.
La méthode de Colwell est novatrice : « Elle écrit dès les années 1960 un programme informatique pour analyser des données bactériologiques. Du jamais vu**. » Ce travail « a permis de comprendre les liens entre les changements du milieu naturel et la propagation d'une maladie*** ».
Regardez Colwell : de l'Asie du Sud à l'Amérique latine en passant par l'Afrique, elle court aux quatre coins du globe pour effectuer ses recherches. En 1991, le Pérou est victime d'une épidémie foudroyante tandis qu'au large les pêcheurs réalisent des pêches miraculeuses. C'est Colwell qui trouve l'explication : « Le plus logique serait qu'un phénomène climatique, sans doute *El Niño*, a déclenché une poussée de croissance de plancton » por-

* « Rita Colwell remporte le Prix de l'eau », AFP, 22 mars 2010.

** Patricia Coignard, « Rita Colwell, l'infatigable », *Planet*, janvier 2013.

*** « Rita Colwell, une vie de recherche enfin récompensée » [en ligne], le-blog-de-l-eau, 16 avril 2010.

teur de vibrion cholérique. Et de bombance pour les poissons*.

« Elle a ainsi contribué non seulement à mieux prévenir le choléra, mais aussi d'autres maladies répandues dans de nombreux pays en développement**. » De là à étudier « les impacts du changement climatique sur la propagation des maladies infectieuses, et à développer des modèles satellites pour localiser et anticiper leurs apparitions », il y a un pas qu'elle franchit. Elle travaille avec la NASA sur des images satellites, traquant les poussées de fièvre de la planète.

Ses travaux sont d'abord contestés (elle parle plutôt de « railleries »), puis acclamés. « Combien de vies a-t-elle sauvées ? Des milliers assurément. » À Stockholm, on dit « des millions ».

Les récompenses pleuvent sur Colwell. Elle devient membre d'innombrables sociétés savantes, publie à tour de bras et prend en 98 la tête de la National Science Foundation, le CNRS américain. Elle la quitte en 2004, après avoir réussi à sérieusement améliorer son budget.

En 2010, elle reçoit le *Prix de l'eau* de Stockholm. Aujourd'hui encore, elle va « dans les villages démunis du Bangladesh » expliquer comment on peut filtrer l'eau « avec un simple tissu de sari » tout en martelant « aux grands de ce monde et aux décideurs économiques que l'accès à l'eau potable et la mise en place de conditions sanitaires pérennes constituent les deux piliers de la santé mondiale ».

* Monique Vigy, « Chaleur, dengue et choléra, de l'influence du climat sur les épidémies », *Le Figaro*, 14 mars 1997.

** Catherine Vincent, « L'Américaine Rita Colwell, pionnière de la prévention contre le choléra », *Le Monde*, 12 avril 2010.

Études conseillées : Physique, chimie, biologie, environnement sont accessibles dès le lycée et jusqu'à bac + énormément.
Insertion professionnelle : La demande est soutenue, pour toutes les durées d'études, dans l'industrie et ailleurs.
Espérance de vie : Un constant questionnement éthique semble préférable. Pour tout le monde.

Pour aller plus loin

Ruth Lewin Sime, *Lise Meitner*, Insel Verlag, 2001 (la pauvreté biographique francophone autour de Lise Meitner est encore un vide à combler).
(Celle autour de Rita Colwell aussi.)
Sur le Net : letudiant.fr/etudes/secteurs/physiquechimieletudiant.fr/etudes/secteurs/biologie-environnement

28. Journaliste

Mission • La journaliste recueille, vérifie et commente des faits pour les porter à l'attention du public dans les médias, en respectant la déontologie de la profession.

Découvrez le métier avec… Séverine

C'est un pseudo. Son vrai nom est Caroline Rémy. Elle est née en 1855 à Paris. Milieu planplan, mariage précoce. Sa vie se dessine à vingt-quatre ans, quand elle rencontre Jules Vallès. Vallès l'extrême-gauchiste, révolutionnaire de 48, communard de 70, journaliste en tout temps – un héros. Elle devient sa secrétaire, il lui apprend le journalisme et le socialisme. Avec lui, elle relance *Le Cri du peuple,* journal de la Commune. À la mort de Vallès, en 1885, elle prend la direction du quotidien.

En 88, Séverine lâche le poste pour celui de journaliste indépendante. Elle vit de sa plume, bien, et intensément : plus de 4 000 articles. Elle défend toutes les causes du temps : droit de vote des femmes, droit à l'avortement, protection des animaux, lutte contre le colonialisme et, surtout, dénonciation des injustices sociales. Séverine n'est pas une femme d'intérieur : elle descend à la mine pour enquêter sur les conditions de vie des mineurs (la « chair à grisou »). Regardez-la : vêtue d'un bleu de travail, elle s'enfonce sur 600 mètres et décrit « la fendue […] pleine de bosses où l'on s'écorche le front, pleine de trous où l'on se déchire les pieds ;

pleine, surtout, d'une eau glaciale qui tombe du plafond », les échelles qui « mettent à vif la plante des pieds – et si un échelon est pourri, c'est la mort ! » –, et les cages qui « asphyxient à demi ceux qu'elles transportent, tant leur descente est rapide – et si une corde est usée, c'est la mort ! La vie du mineur n'est faite que d'occasions de mourir* ! ». Tout ça pour « 3 francs 80 » (salaire masculin) ou « 1 franc 33 » (salaire féminin).
Ensuite, Séverine se fait embaucher à l'usine pour parler du travail des ouvrières et cofonde *La Fronde,* journal rédigé par des femmes pour des femmes. Elle erre parfois, prenant parti pour Boulanger ou marchant d'un pied dans l'antisémitisme du temps, avant de devenir complètement dreyfusarde. Clemenceau dit d'elle que c'est une « rude femme** ». « On lui propose la Légion d'honneur : "Moi, une rosette ? Mais la nature m'en a déjà donné deux !" » Même le pape lui accorde une interview : elle le pousse à se prononcer contre l'antisémitisme.
Avant la Première Guerre mondiale, Séverine est radicalement pacifiste. Pendant la guerre, elle se passionne pour la Révolution russe. Après, elle adhère à la SFIO puis au Parti communiste. Elle le quitte lorsque celui-ci « la met en demeure de rompre avec la Ligue des droits de l'homme qu'elle a contribué à créer ». Elle meurt en 1929 après un ultime article de soutien à la cause anarchiste, mais vous pouvez toujours la voir sourire sur son portrait par Renoir. « Je suis Séverine, rien que Séverine, une isolée, une indépendante. »

---

* « Il était une fois Séverine » [en ligne], F.I., forez-info.com

** Claude Baudry, « Séverine, de son vrai nom Caroline Rémy, insurgée toute sa vie », *L'Humanité,* 9 juillet 2012.

Le métier aujourd'hui avec… Florence Aubenas

Elle naît en Belgique – encore une. En 1961. Elle finit ses études de journalisme en 84 et entre à *Libération* en 86. Elle couvre le Rwanda, le Kosovo, l'Algérie, l'Afghanistan et l'Irak. C'est là qu'elle est enlevée, en janvier 2005.

Un bandeau sur les yeux, vêtue d'un survêtement siglé *Titanic* (« un signe moyen…* »), Aubenas passe 157 jours dans un réduit de 1 m 50 de haut, allongée mains liées sur un matelas en mousse. Elle en sort avec le sourire, ce qui déconfit les adeptes de la traumatologie. Avec le sourire mais avec les cordes vocales éraillées : elle n'a pas parlé pendant cinq mois. De sa détention, elle ne racontera pas tout – jamais. Ça ferait trop plaisir à ses geôliers qui lui ont répété en boucle qu'à sa sortie elle ferait fortune en écrivant un livre à leur sujet, quelle chance.

À la place, Aubenas sort un livre sur le procès d'Outreau, entre au *Nouvel Obs*, puis prend un congé sabbatique et va s'installer à Caen. Comme Elsa Fayner et Barbara Ehrenreich, elle se met dans la peau d'une travailleuse précaire : elle devient femme de ménage. Si je vous dis : « Regardez-la », vous me répondrez : « Mais je la connais par cœur ! » Et en effet, son portrait format gigantesque est longtemps resté affiché sur la façade de l'Hôtel de Ville de Paris. Et pourtant, et pourtant… lorsqu'elle se rend à Caen, sous son vrai nom et avec son visage de tous les jours, personne ne la reconnaît. « Tu verras, quand tu seras femme de ménage, tu seras invisible**. »

---

* Thierry Oberlé, « Le stupéfiant récit d'une survivante », *Le Figaro*, 15 juin 2005.

** Béatrice Vallaeys, « Florence Aubenas en femme invisible », *Libération*, 18 février 2010.

Aubenas passe six mois à pousser le balai « pour comprendre, de l'intérieur, ce que le mot *crise* signifie ». Six mois avec ceux qui « doivent remplir deux conditions pour ne pas chuter SDF : être disponibles à toute heure du jour et de la nuit, dimanche et jours fériés, et dire qu'ils sont prêts à accepter n'importe quoi ». Six mois avec « la France qui ne s'en sort pas* ». Six mois au bout desquels « jamais elle n'est parvenue à gagner de quoi survivre ». En 2010, elle publie *Le Quai de Ouistreham*, dans lequel elle décrit les horaires délirants, « le temps du chômeur, fait d'attente et encore d'attente, de transports interminables (et non rémunérés) vers des lieux où l'on va travailler une heure », et surtout la fatigue, la terrible fatigue. Elle finit par décrocher « un CDI de 2 heures 30 par semaine** ».
En 2012, elle couvre la guerre civile syrienne pour *Le Monde.* A-t-elle peur de retourner dans un pays en guerre ? Ah non. « En général, être une femme sur les lieux de combat m'a toujours semblé un avantage***. » Que peut-elle dire de son métier ? « Le journalisme, c'est un peu l'école de l'imperfection, car on écrit souvent sur un événement en pleine évolution, dont on ne connaîtra peut-être jamais la fin****. »

Compétences requises : Savoir écrire, savoir ce qu'on affronte aussi. « Avoir intégré cette notion de risque m'a beaucoup aidée. Je savais

* Raphaëlle Rérolle, « Florence Aubenas : “Voir les choses à hauteur d'être humain” », *Le Monde*, 19 février 2010.

** Liliane Roudière, « La tempête venue de Ouistreham », *Causette* #8, mai 2010.

*** Florence Aubenas : « Les rebelles syriens n'ont aucun doute, ils vont gagner » [en ligne], chat sur lemonde.fr, 16 août 2012.

**** Mathieu Oui, « Les 20 ans de Florence Aubenas » [en ligne], letudiant.fr, octobre 2012.

pourquoi j'étais partie et pourquoi j'allais peut-être mourir » (Aubenas).

Études conseillées : Faire une école de journalisme « m'a ouvert des portes », dit Aubenas. Les écoles donnent en général un bac + 5, mais les universités de Lannion et de Tours délivrent des diplômes à bac + 2. Et il y a des autodidactes.

Insertion professionnelle : La montée en puissance du Web a bouleversé le paysage journalistique, affaire à suivre de très près.

Sur le Net : ina-sup.com/ ressources/ dossiers-de-laudiovisuel/ les-e-dossiers-de-laudiovisuel/ les-journalistes-face-au-developpement-du-web

Pour aller plus loin

Séverine, *Pages rouges d'une frondeuse,* Le Temps des cerises, 2008.

Florence Aubenas, *Le Quai de Ouistreham,* L'Olivier, 2010.

Sur le Net : letudiant.fr/etudes/secteurs/journalisme, « Le journalisme numérique », *Les Cahiers du journalisme* n° 22/23, 2011, cahiersdu-journalisme.net

29. Leadeuse d'opinion

Mission • La leadeuse d'opinion est une femme qui, par son expertise ou son activité sociale, est susceptible d'influencer un grand nombre d'individus.

Découvrez le métier avec… Angela Davis

1944. Angela naît à Birminghman, Alabama, dans une famille noire et de gauche. Son quartier porte le nom de « Dynamite Hill » tant les relations de voisinage entre Noirs et Blancs y sont calamiteuses. La ségrégation est une réalité quotidienne, pesante. « Des bus aux églises, des magasins aux toilettes publiques, des pancartes affichaient "White only" et "Colored only"*. » La petite Angela étudie dans une école pour Noirs. Elle entre au lycée grâce à une bourse d'aide aux jeunes Noirs. Dans cet établissement qui penche à gauche, elle est recrutée par les Jeunesses communistes.

Bac, université, études à la Sorbonne et à Francfort. Davis milite avec les Algériens en France et les socialistes en Allemagne. À Dynamite Hill, une énième bombe tue quatre jeunes filles noires dont trois de ses copines. En 1968, Davis rentre aux États-Unis. Qui n'ont qu'à bien se tenir.

Elle devient enseignante en philosophie marxiste, adhère au Parti communiste et aux Black Panthers. En pleine

* Paola Genone et Katell Pouliquen, « Angela Davis : J'étais devenue un symbole à détruire », *L'Express*, 8 mars 2013.

guerre froide, en pleine guerre du Vietnam, l'ambiance est à l'anticommunisme lourd. Le face-à-face entre militants et forces de l'ordre est pire que musclé : il est sanglant. Davis garde de cette époque le souvenir de « moments de terreur* ». N'empêche, elle défend ses convictions haut et fort : naviguant entre séparatisme et intégrationnisme sur le fil du féminisme, elle affirme qu'un « authentique mouvement de libération doit lutter contre toutes les formes de domination : l'homme noir ne peut se libérer s'il continue d'asservir sa femme et sa mère ».

Et voilà 1969. Reagan, alors gouverneur de l'État, fait pression pour que Davis soit renvoyée de son université en Californie. « Il s'est servi de moi pour montrer aux conservateurs qu'il était en mesure d'écraser les activistes de gauche et les Noirs. » Le 7 août 1970, les Black Panthers tentent de faire évader un des leurs ; l'action finit dans un bain de sang. Le FBI accuse Davis d'avoir fourni les armes. Aussitôt, elle… mais laissons-la raconter cet épisode elle-même, de sa voix enrouée par la cigarette, le visage toujours nimbé de l'auréole afro qu'elle a rendue célèbre :

Question : Aussitôt, vous partez en cavale. Pourquoi ?

Angela Davis : Parce que j'aurais été tuée !

Le FBI l'inscrit sur la liste des *Wanted*. Vous voyez ces affiches *Wanted* surmontant une photo baveuse qu'on trouve dans les westerns ? Les mêmes. Davis est arrêtée deux mois plus tard et part en prison, à l'isolement. Le FBI est content, Reagan aussi, mais le reste du monde ne l'est pas. La communauté internationale se rebiffe, John Lennon et Yoko Ono écrivent une chanson

* Sarah de Saint Denis, « Interview d'Angela Davis » [en ligne] jcr-red.org, 2005.

(*Angela*), les Rolling Stones aussi (*Sweet Black Angel*), les manifestations sont innombrables – Sartre et Aragon en tête de cortège à Paris. Au procès, cernée par les caméras, l'accusation fantaisiste du FBI s'écroule. Après seize mois de détention, Davis est libre. Libre de continuer le combat, bien sûr.

Elle milite contre le racisme, pour la paix et pour les droits des femmes, son triple credo. En 1981, elle publie son grand œuvre : *Femmes, race et classe.* Aujourd'hui encore, enseignante en « histoire de la prise de conscience », elle se bat contre la peine de mort, contre l'exploitation du travail carcéral par des sociétés privées et pour la reconnaissance des victimes vietnamiennes de l'agent Orange (ne tapez pas « agent Orange » dans Google images. Ne le faites pas). Et que pense Davis, ce symbole de la jeunesse des années 1960, de la jeunesse d'aujourd'hui ? « La jeunesse est plus révoltée et plus créative que jamais. C'est elle qui me permet de continuer à avancer. »

(Je vous avais dit de ne pas le faire.)

Le métier aujourd'hui avec… Aung San Suu Kyi

Elle porte le nom de son père (Aung San) suivi de celui de sa grand-mère (Suu) suivi de celui de sa mère (Kyi). Suu signifie « collection brillante de victoires étranges* », ce qui est exquis.

Elle naît en 1945 à Rangoon, Birmanie. Son père est un héros de l'indépendance birmane, assassiné en 47. Sa mère est une femme politique qui devient ambassadrice

---

* Joséphine Lebard, « La libre recluse », *Muze*, octobre 2010.

en Inde en 1960. Elle s'y installe avec ses enfants. Là-bas, la petite Aung San Suu Kyi découvre la non-violence de Gandhi. Plus tard, elle étudie à Oxford, épouse une bombe absolue (Michael Aris) et travaille aux Nations unies. Jusqu'à ce jour de 1988 où le téléphone sonne : sa mère vient d'avoir une attaque. C'est entendu, elle rentre au pays.

Elle arrive dans un pays à feu et à sang : le dictateur « a décidé, sur les conseils d'astrologues, de dévaluer la monnaie » et la rue s'est soulevée. Le gouvernement riposte en faisant tirer sur les manifestants, « et là-bas, quand l'armée tire, elle tire pour tuer* ». Indignée, Aung San Suu Kyi fonde la LND, Ligne nationale pour la Démocratie.

1989, des élections libres se profilent enfin – et Aung San Suu Kyi est arrêtée (préventivement) par la junte militaire (joliment nommée « Conseil d'État pour la Restauration de la Loi et de l'Ordre »). Qui lui propose de quitter le pays. Aung San Suu Kyi refuse. Elle n'en sortira pas pendant vingt ans.

1990, élections. La LND rafle tous les sièges. Embarrassée mais pas gênée, la junte annule purement et simplement le scrutin. Pour Aung San Suu Kyi commencent alors des années de détention, de liberté surveillée ou d'assignation à résidence, des années de harcèlement physique et de cruauté mentale. Ses enfants sont loin d'elle, son mari meurt en 1999 sans l'avoir revue, ses partisans sont assassinés (la LND est « laminée »), on lui refuse les soins médicaux dont elle a besoin (hémorragie utérine, dysenterie, problèmes cardiaques). Heureusement, la communauté internationale soutient Aung San Suu Kyi, s'indignant, négociant, manifestant, pétition-

* Arnaud Vaulerin, « La troisième vie d'Aung San Suu Kyi », *Libération*, 17 mars 2012.

nant, lui attribuant prix sur prix, dont le Nobel de la paix en 91 – et lui évitant probablement le pire.
Pendant vingt ans, Aung San Suu Kyi ne lâche pas. Rien. Les Birmans l'appellent « The Lady », faute d'avoir le droit de prononcer son nom à voix haute.
En 2010, enfin, des élections. Prétendument libres, mais le régime empêche Aung San Suu Kyi d'y participer. Cependant, à la fin de l'année, la police lève la barrière qui interdisait l'accès à sa maison. C'est fini : elle est libre.
Et là, miracle ! Aung San Suu Kyi rencontre le nouveau président et tout se passe à merveille. Assurée que son pays tient un homme providentiel, un tacticien prêt à accompagner avec douceur la transition démocratique, Aung San Suu Kyi accepte de « régulariser son parti », de « concourir aux élections » et fait campagne. En 2012, elle est élue au Parlement. Sa devise ? « Ce n'est pas le pouvoir qui corrompt : c'est la peur. » Elle-même n'en montre jamais. « Nous l'avons vu en 1989, quand des militaires la menaçaient physiquement de leurs armes. Elle ne se laissait pas impressionner*. » Et l'avenir ? « La vie commence parfois à soixante-six ans. »

Compétences requises : Naître dans la panade et décider d'en sortir, soi-même et tout le monde avec.

Pour aller plus loin

Angela Davis, *Femmes, race et classe*, trad. Dominique Taffin-Jouhaud et le collectif Des femmes, Des femmes, 1983.
Aung San Suu Kyi, avec Alan Clements, *Ma Birmanie*, Hachette, 2008.

* Arnaud Dubus, « Un procès pour garder à vue Aung San Suu Kyi », *Libération*, 19 mai 2009.

30. Mafieuse

Mission • Trafics de drogue, d'arme et de chair humaine, racket, extorsion, actes de torture et de barbarie, assassinat, il n'est pas question de faire ici l'apologie de ce métier. De toute façon, il n'a rien pour lui : concrètement, la mafieuse vit dans une ambiance de cour de collège, violente et basse du front. Elle occupe son temps à maltraiter le pauvre monde en attendant de prendre vingt ans ferme ou deux balles dans le buffet, avec pour seul résultat de contribuer à maintenir son pays en bas de l'échelle du développement économique et social. Mais, enfin, ce métier existe et il se féminise avec vélocité.
Je ne donnerai qu'un exemple, alors que la liste est longue : Maresca qui abat sa première victime à seize ans et huit mois de grossesse*, Blanco qui prend ses deux balles en pleine tête en pleine rue, Carotenuto**, Palazzolo la volatile***, Di Trapani, Giuliano qui gère son business du fond de sa geôle, Licciardi, Bagarella qui essaye sans rire de vendre le concept « la mafia n'existe pas, c'est une invention de journaliste » et tant d'autres.

Le métier aujourd'hui avec... Giusy Vitale

Elle naît en 1972, en Sicile bien sûr, dans une famille mafieuse évidemment****. C'est-à-dire dans un milieu

* Jeanne Massé, « Mafia : "Tu seras un homme, ma fille" », *Journal international*, 26 février 2013.

** Richard Heuzé, « Les femmes s'imposent à la tête de la mafia », *Le Figaro*, 2 septembre 2009.

*** Anna Rizzello, « Les femmes dans la mafia », *Causette* #9, juillet 2010.

**** Marcelle Padovani, « Mafia : un boss en jupons », *Le Nouvel Observateur*, 25 août 2005.

tellement sexiste que la petite n'est pas scolarisée. À la place, elle fait femme de ménage et visiteuse de prison. Elle commence jeune : six ans. Elle monte peu à peu en grade et devient « estafette entre les différents membres de la famille ».
Année après année, les hommes du clan Vitale tombent. Jusqu'à ce qu'en 1998 il n'y en ait plus un seul en liberté. « Tous les mâles valables sont en taule. Les autres sont des incapables », le mari de Giusy est du nombre. Alors Giusy saisit les rênes.
Professionnelle, celle qu'on surnomme « Lady mafia » surveille « les travaux publics, les appels d'offres et les sous-traitances », c'est-à-dire qu'elle sabote tous les efforts engagés pour doter sa région d'infrastructures décentes, « réglemente le *pizzo* », ce qui consiste à tabasser les petits commerçants, « gère les clandestins » avec la grâce qu'on imagine, commandite des « vols de matériel sur les chantiers, incendies, menaces, homicides », sans oublier les braquages, les enlèvements et les fusillades. Mais elle fête au champagne les assassinats bien menés – il semble que ce soit sa seule différence avec le choléra. Il paraît qu'elle est « courageuse et portée au commandement ». Mais pas si douée, puisqu'elle se fait prendre très vite. Regardez-la, muette et glaciale devant la juge : « Taille moyenne. Plutôt rondelette. Un genre un peu lascif. Avec un comportement d'une arrogance indicible. » Les interrogatoires ne livrent rien. Un autre juge la qualifie de « rigide », « irréductible ». En 2002, elle est libre. Replonge en 2003. Et puis, son fils vient la voir dans sa cellule et lui demande : « C'est quoi, maman, une association mafieuse ? » La question, dit-elle, la retourne comme un gant. Ou est-ce que la perspective de passer sa vie en prison ne l'amuse plus ? En 2005, Giusy Vitale devient repentie, de façon aussi implacable

qu'elle était mafieuse. Diserte, précise, elle se révèle « une mine d'informations sur les rapports mafia-politique ». Toute son équipe est arrêtée, le pouvoir des Vitale se désintègre et, du fond de sa prison, le chef de famille maudit Giusy. Ces filles ingrates, quand même…

Pour aller plus loin

Giusy Vitale con Camilla Costanzo, *Ero cosa loro [j'étais leur chose]*, Mondadori, 2009 (encore un livre à traduire).

31. Mathématicienne

Mission • Une mathématicienne est, au sens restreint, une chercheuse en mathématiques. Par extension, c'est une femme faisant des mathématiques la base de son activité principale.
Si l'on songe combien les petites filles ont longtemps été nourries de broderie, on réalise combien le nombre de mathématiciennes de génie est improbablement élevé. Il doit y avoir une usine quelque part. Parmi elles, certaines ont même réussi à laisser un nom dans l'histoire des mathématiques. Le plus souvent, en énonçant un théorème. Citons :
- le théorème de Noether (Emmy Noether, 1918), qui a trait à la géométrie symplectique ;
- le théorème de Sophie Germain (paraît-il la seule femme à avoir fait Polytechnique par correspondance) [Commentaire de la mathématicienne Michèle Audin : « J'ai un gros doute là-dessus. »] ;
- le théorème de BEST, qui donne une formule pour le nombre de circuits eulériens d'un graphe orienté (ha ha, BEST étant l'acronyme des personnes qui l'ont élaboré (Bruijn, Ehrenfest, Smith et Tutte) ;
- le théorème de Cauchy-Kowalevski, théorème d'analyse à plusieurs variables... Je m'arrête là, faute d'y comprendre quelque chose. Parmi toutes ces grosses têtes, il a bien fallu choisir. J'avoue que j'ai privilégié celles dont le propos ne m'était pas totalement obscur.

Découvrez le métier avec...
Émilie du Châtelet

Elle naît en 1706 à Paris. Fort riche, fort noble, elle est aussi fort bien élevée par des parents cultivés. Son père lui donne une éducation « de garçon » : très complète. Très tôt, la petite Émilie extrait des racines carrées de tête. Elle provoque l'admiration effrayée des amis de ses parents. Ceux-ci rassurent la compagnie : sitôt pubère, Émilie cessera ces jeux virils pour remplir les « devoirs de son état » (Marguerite de Valois disait : « être mise au montoir »). « À douze ans, Émilie lit couramment l'allemand, l'anglais, le grec, le latin. Trois ans plus tard, Locke, Descartes et Leibniz n'ont plus de secrets pour elle*. » Bref, c'est une surdouée.

À seize ans, elle est présentée à la Cour. Elle adore. Belles robes, beaux bijoux, belles fêtes et beaux amants. Elle couche avec le duc de Richelieu, ce qui est un passage obligé pour une dame bien née de l'époque. À dix-huit ans, elle est mariée au marquis du Châtelet (trente ans). Châtelet est un homme assez intelligent pour apprécier le QI vertigineux de son épouse. Reconnaissante, elle lui fait trois enfants qui ressemblent assez à leur père. Puis elle se met aux mathématiques. Pour participer aux discussions scientifiques dans les troquets de Paris interdits aux femmes, elle est obligée de se déguiser en homme.

En 1735, c'est *la* rencontre : Voltaire. Lui aussi est bluffé par la puissance intellectuelle d'Émilie du Châtelet. Il la considère « comme supérieure à lui-même dans le domaine de la philosophie naturelle, c'est-à-dire les sciences physiques ». Leur idylle dure peu ou prou douze ans, ils s'isolent tous deux au château de Cirey, dans l'Est. Là, Châtelet réalise son grand œuvre : la traduction des *Principia Mathematica* de Newton, un énorme pavé indigeste. « Le latin de Newton est difficile à traduire. Elle corrige sans arrêt ses textes, refait inlassablement ses calculs. » Et, bien sûr, y ajoute un long commentaire dans lequel elle « fait des hypothèses que les travaux de

* Caroline Doridot, *Madame du Châtelet, la femme des Lumières* [en ligne], fiche pédagogique de l'exposition du 7 mars 2006 à la BNF, bnf.fr

Laplace confirmeront (comme l'inclinaison de la Terre qui avait échappé à Newton) ». « Son intention était de rendre accessible au plus grand nombre les travaux scientifiques qu'elle considérait comme majeurs. »

Finalement, le seul problème que rencontre Châtelet, ce sont les femmes de son milieu. Jalouses, ces grandes dames font dans le petit. Sous leur plume, Châtelet apparaît comme ridicule, prétentieuse et, surtout, complètement stupide. « Sans talents », dit du Deffand. « Elle embrouillait tout ce qu'on lui mettait en mémoire », ajoute Créquy, manquant ainsi une bonne occasion d'écrire elle aussi quelque chose qui méritât de passer à la postérité. Comme le dit, au même moment, Olympe de Gouges :

« Femmes, ne serait-il pas grand temps qu'il se fît aussi parmi nous une révolution ? Les femmes seront-elles toujours isolées les unes des autres, et ne feront-elles jamais corps avec la société que pour médire de leur sexe et faire pitié à l'autre* ? »

Châtelet est heureuse à Cirey. Regardez-la : corsetée et poudrée, toute en dentelles, nœuds et pompons, elle manie le compas, le télescope, l'équerre et les mille instruments délicats qui encombrent son cabinet de physique. Que fait-elle avec ces billes de plomb ? Elle essaye de démontrer une hypothèse de Leibniz à propos de l'énergie cinétique**. Pendant ce temps, Voltaire fait bouillir de la fonte pour découvrir la nature du feu. Mais, au bout de dix ans de grand air et d'expériences explosives, Voltaire et Châtelet se lassent l'un de l'autre***. Lui a envie de rejoindre le roi de Prusse, elle

* Olympe de Gouges, *Lettre au Roi, lettre à la reine*, 1792.

** « Émilie du Châtelet, première femme savante » [en ligne], herodote.net, 2013.

tombe amoureuse d'un Saint-Lambert qui l'engrosse. Poursuivie par un mauvais pressentiment, elle boucle ses écrits. Elle accouche le 5 septembre, avec facilité, d'une fille. Elle se relève et expédie sa traduction de Newton à la bibliothèque royale pour éviter que ses chers confrères ne s'approprient son travail. Puis elle se recouche et meurt le 10 septembre. Elle avait quarante-trois ans.
C'est Voltaire qui se charge de faire publier les *Principes mathématiques*. Cette traduction fait encore autorité de nos jours.

N. B. La lettre de Châtelet à son fils devrait être tatouée au coin de l'œil de chacun. Elle résume magistralement les aléas d'une vie. D'abord, il y a « cet âge heureux où l'esprit commence à penser ». Puis vient l'entêtante préoccupation sexuelle qui emporte tout (« les passions et les plaisirs »). Ensuite, « l'ambition s'emparera de votre âme ». Enfin, avec l'âge, le goût des distractions intellectuelles arrive. Hélas, l'esprit risque alors d'avoir perdu « cette flexibilité qui est le partage des beaux ans », rendant tout apprentissage malaisé. Il paraît que Châtelet supportait mal la perspective d'« être rattrapée par la vieillesse* ». Citez-moi quelqu'un que cette idée enchante.

*** Véronique Guillaud, « Émilie du Châtelet, femme des Lumières », *Muze*, octobre 2010.

* Isabelle Nataf, « Une femme si contemporaine », *Le Figaro*, 29 décembre 2007.

Le métier aujourd'hui avec…
Michèle Audin

Alger, 1957. Maurice Audin a vingt-cinq ans et trois enfants. Il est « beau, souriant, heureux* » et mathématicien. Et communiste. Le 11 juin, les parachutistes du général Massu l'arrêtent. On ne le reverra plus. On apprendra seulement, bien plus tard, qu'il a été « emmené, torturé et tué ».

Sa fille aînée, Michèle, a alors trois ans. Elle garde de ce père juvénile quelques souvenirs qu'elle se refuse à partager ; elle a peur de les user. Elle grandit en France. Dans les années 1980, elle devient chercheuse en mathématiques. Elle explore la « topologie algébrique** » et la « géométrie symplectique » (non, je ne vais même pas essayer). Nommée professeur d'université à Strasbourg en 1987, elle pratique aussi la recherche historique. Car « elle considère que la science fait partie de la culture et tente de décloisonner science et littérature ».

Mais écoutez-la parler en riant (car elle rit beaucoup) de Marie Curie, de Sophie Kowalevski et d'équations aux dérivées partielles :

« Dans le monde entier, on enseigne aux enfants la légende dorée de Marie Curie, cette sainte Vierge de la science présentée comme un modèle (inaccessible) aux filles que l'école a le devoir d'émanciper. […] Pourquoi ne représente-t-on pas la science sous les traits d'une jeune femme avenante, délurée et décidée, poursuivant son chemin sans se soucier du qu'en-dira-t-on, sachant s'imposer dans un monde d'hommes, aimant plaire, heureuse ? »

---

* Michèle Audin, *Une vie brève*, Gallimard, 2013.

** « Les oulipiens »/« Michèle Audin » [en ligne], oulipo.net

Oui, pourquoi ? Audin sort en 2008 *Souvenirs sur Sofia Kovalevskaya.* C'est un beau livre au sujet d'une autre mathématicienne célèbre, auteure à vingt-quatre ans d'une thèse sur les « équations aux dérivées partielles, les intégrales abéliennes et les anneaux de Saturne* ».
Sur la foi de son grand rire, Audin est admise en 2009 à l'Oulipo. Vous ne connaissez pas l'Oulipo ? C'est L'OUvroir de LIttérature POtentielle. L'Oulipo a été fondé en 1960 par Raymond Queneau et quelques autres petits malins. Son but ? « Inventer de nouvelles formes poétiques ou romanesques résultant de l'accouplement entre machine à écrire et machine à calculer. » Cette « écriture sous contrainte » va « donner naissance à des œuvres majeures signées Italo Calvino » (*Si par une nuit d'hiver un voyageur,* Le Seuil, 1979) ou Georges Perec (*La Vie mode d'emploi,* Hachette, 1978). En clair, l'Oulipo est un club de grosses têtes littérairement incontinentes. « On devient membre de l'Oulipo par cooptation. Un nouveau membre doit être élu à l'unanimité, [...] une fois élu, il ne peut en démissionner qu'en se suicidant devant huissier**. » Vous pouvez écouter des oulipiens chaque dimanche sur France Culture***. Vous risquez de beaucoup rire, mais, attention, précise Audin : « L'Oulipo, ce n'est pas que de la rigolade****. » C'est avant tout de la bonne littérature.
Mais la vie d'Audin n'est pas que jeux et ris. En 2007, sa mère écrit au président de la République pour lui

* « La parole à... Michèle Audin, une image des femmes scientifiques », *APMEP : PLOT* n° 29, 2010.

** Jean-Claude Guidicelli et Frédéric Forte, *Oulipo mode d'emploi* [documentaire], 2010.

*** « Des Papous dans la tête » [émission de radio] créée par Bertrand Jérôme et animée par Françoise Treussard, le dimanche de 12 h 45 à 14 heures sur France Culture.

**** Échange par mail, 31 août 2013.

demander de rouvrir le « dossier Maurice Audin » et d'y apporter la lumière. Fin de non-recevoir. En 2009, le président de la République propose à Michèle Audin la Légion d'honneur. Même réponse. Notez que c'est une récompense qu'on refuse rarement*.

En 2013, Audin publie *Une vie brève* chez Gallimard. Dans ce petit livre, elle rassemble ce qu'elle sait de son père. C'est-à-dire peu de choses : « Elle ne sait pas qui était sa marraine, s'il savait nager, ce qui le faisait rire, quelle était sa taille exactement** », ni où il repose désormais. L'armée n'a même pas rendu le corps.

Études conseillées : Il existe beaucoup d'initiatives pour inciter les femmes à faire des sciences en général et des mathématiques en particulier. Parmi elles, le Forum annuel des jeunes mathématiciennes. Je m'y suis rendue en 2012, à l'Institut Curie, et j'ai assisté à un cours magistral sur le *lemme de Bogoliubov* délivré par Julia Wolf, une jeune polytechnicienne. Fascinée, j'ai recopié dans mon carnet de magnifiques équations qui étirent sur plusieurs pages leurs ailes symplectiques (99 points sur un mot compte triple). Qu'en pense Audin ? « À mon avis, si on veut montrer aux enfants (filles et garçons) que mathématicienne est un métier ouvert à toutes et tous, il faudrait aussi dire que les mathématiques sont une activité humaine, culturelle et passionnante, rigolote même. »

Insertion professionnelle : Forte / bonne.

Pour aller plus loin

Isaac Newton, *Principes mathématiques de la philosophie naturelle*, trad. É. du Châtelet, Desaint et Saillant, 1759.

Michèle Audin, *Souvenirs sur Sofia Kovalevskaya*, Calvage et Mounet, 2008.

* Anna Alter, « Les chiffres et les lettres », *Muze*, janvier 2013.

** Claire Devarrieux, « L'équation de Michèle Audin », *Libération*, 9 janvier 2013.

Sur le Net : femmes-et-maths.fr, l'association des mathématiciennes.
cnrs.fr/mpdf, le site de la Mission sur la place des femmes au CNRS.

32. Microbiologiste

Mission • La microbiologiste se consacre à l'étude des micro-organismes. Elle mène des recherches sur la structure, la physiologie, le métabolisme, la génétique de ces organismes, ainsi que sur leurs potentiels industriels et commerciaux.

Découvrez le métier avec… Rosalind Franklin

Après Lise Meitner, voici encore un cas de non-nobelisation sévère. Et, comme pour Lise Meitner, impossible de savoir comment les choses se seraient passées si Franklin n'avait pas été femme, juive et de la première moitié du XXe siècle.

Elle naît en 1920 en Angleterre. Dès l'âge de quinze ans, elle veut être scientifique. Coup de chance : elle est inscrite dans une des rares institutions qui donnent aux jeunes filles un enseignement suffisant en physique-chimie. Elle choisit la chimie.

En 38, elle entre à Cambridge. Diplôme en poche, elle se lance dans l'étude de la structure du charbon. « L'étape suivante de sa carrière l'amène à Paris. Un ami de longue date la présente à Marcel Mathieu qui dirige alors quasiment toute la recherche en France. Il est impressionné par le travail de Franklin et lui offre un poste de chercheur dans le Laboratoire central des Services chimiques de l'État*. » Elle y apprend à faire de la « cristallographie aux rayons X ». C'est-à-dire à photographier les atomes.

* « Rosalind Elsie Frankin » [en ligne], medecine.unige.ch

En 51, retour à Londres où elle est chargée de développer la cristallographie aux rayons X du King's College*. Elle doit faire équipe avec un certain Wilkins. Celui-ci est en vacances. Quand il revient, il aperçoit cette jeune femme inconnue et se dit : « Tiens ? Ma nouvelle assistante. »
L'ambiance entre Franklin et Wilkins est immédiatement pourrie. Elle ne s'assainira jamais. Peu importe. Regardez Franklin pencher inlassablement sa frange épaisse au-dessus d'un énorme microscope. Elle réussit finalement à photographier des brins d'ADN. C'est une grande première.
La suite n'est pas claire. Certaines sources affirment que Franklin présente ses résultats à un séminaire auquel assiste un dénommé Watson (il aura le prix Nobel pour avoir découvert la structure de l'ADN). Watson jure qu'il n'a rien compris à ce qu'a raconté Franklin, qu'il n'a même pas écouté ce qu'elle disait. En clair, il ne lui doit rien. D'autres sources disent que c'est Wilkins qui chipe un des clichés de Franklin sans le lui dire (le fameux *cliché 51*) pour le montrer à Watson et à un troisième larron nommé Crick. D'autres vont encore plus loin, assurant que les trois hommes ont volé un article non publié de Franklin sur l'étrange structure en spirale de l'ADN. Bref.
Wilkins, Crick et Watson ont le Nobel en 1962. Et Franklin ? Elle est morte irradiée quatre années plus tôt, à trente-sept ans. Figurez-vous que c'est pour cette raison, officiellement, que le Nobel ne lui a pas été attribué. On ne nobelise pas les morts. C'est ballot.
Watson exprimera plus tard, dans un livre, ce que lui inspirait Franklin : il la trouvait bête et moche. De la

* Anna Alter, « Rosalind Franklin biologiste moléculaire », *Muze*, janvier 2013.

même façon qu'il trouve les Noirs stupides et les homosexuels couac ! Tût. On ne peut pas être brillant tout le temps.

Le métier aujourd'hui avec… Nicole Le Douarin

Elle est très claire : « Ni Rosalind Franklin ni moi ne sommes microbiologistes. Elle était biochimiste et je suis embryologiste ou biologiste du développement*. » Rebaptisons donc cette fiche « Femmes remarquables penchées sur l'infiniment petit ».

Le Douarin est née en 1930 en Bretagne dans une famille très chaleureuse, très valeureuse. « En pension au lycée de jeunes filles de Nantes en pleine guerre », elle découvre le froid. Elle s'accroche à son pupitre et devient professeur de SVT (« sciences et vie de la Terre », comme on dit maintenant ; jadis « sciences naturelles »). Ça ne lui suffit pas, alors elle fait du porte-à-porte auprès des instituts de recherche. L'homme qui lui ouvre son laboratoire se nomme Étienne Wolff : Le Douarin lui voue une gratitude éternelle.

À partir de ce moment, la vie de Le Douarin n'est qu'un décollage permanent : chercheuse au CNRS puis maître de conférences puis professeur d'université puis directrice de l'Institut d'embryologie du CNRS et du Collège de France puis académicienne des sciences, ouf. En 2010, elle devient grand-croix de la Légion d'honneur. Y a pas mieux.

Mais à quoi est dû tant de succès ? Aux embryons de poulet. Vous voyez ce petit poussin jaune ? Il a les

* Échange par mail, 5 septembre 2013.

plumes du dos noires, c'est exact. Parce que c'est un poussin « encaillé ». Mais laissons Le Douarin expliquer elle-même :

« Si j'enlève dans le poulet une région dont je veux savoir ce qu'elle va devenir en grandissant, et que je la remplace par la même région provenant d'une caille, je vais pouvoir suivre ce développement-là*. » Car, sachez-le, les cellules de caille poussent très bien sur un poulet et se repèrent très bien au milieu des tissus de poulet. Le Douarin les observe chez l'embryon encaillé, puis chez le poussin encaillé et enfin chez le poulet encaillé. Mais on ne dit pas « encaillé » : on dit « chimérique ». Le Douarin est une créatrice de chimères. Grâce à quoi « je peux étudier le comportement cellulaire ». « Ses poussins mutants ont ouvert la voie à la recherche sur les cellules souches et la médecine régénérative**. » Et ont permis « des avancées cruciales dans la connaissance des systèmes nerveux et immunologiques ».

Certes. Mais enfin, est-ce normal, une expérience pareille ? « L'anormal permet souvent de comprendre le normal. L'erreur dans le mécanisme vous révèle la manière dont il fonctionne. » D'accord, mais les chimères homme-vache ou homme-lapin, qu'en penser ? « Il faut réfléchir aux conséquences de certaines expérimentations. » Et surtout, « il ne faut pas que ce soit les scientifiques seuls qui prennent la décision ». Parfaitement consciente des problèmes éthiques que posent ses recherches, Le Douarin milite pour une transparence complète de la science.

---

* Fabienne Chauvière, « Nicole Le Douarin, biologiste » [émission de radio] « Les savanturiers », France Inter, 22 avril 2012.

** Christophe Labbé et Olivia Recasens, « Nicole Le Douarin : "L'anormal fait comprendre le normal" », *Le Point*, 8 mars 2012.

Regardez cette vieille dame souriante qui parle avec gourmandise de ses travaux : « Les embryons, ça m'inspire. » Savez-vous que, « au tout début de son développement, l'embryon humain ressemble étrangement à celui des poissons. À la quatrième semaine, on distingue même des ébauches de branchies [...]. Aujourd'hui, nous avons de fortes raisons de penser que toutes les espèces, sans exception, descendent d'une unique forme ancestrale ! On le désigne sous l'acronyme Luca pour *Last Universal Common Ancestor,* ou Dernier Ancêtre Commun Universel ». L'acronyme est moins joli en français.
Mais, par-dessus tout, Le Douarin « aime énormément ce côté "échange" qui existe dans la recherche ». N'est-on pas seule devant son microscope ? Ah non. « Faire de la recherche tout seul, ça n'est plus possible. »

Pour aller plus loin

Brenda Maddox, *Rosalind Franklin : la Dark Lady de l'ADN*, trad. Samia Touhami, Des Femmes, 2012.
Nicole Le Douarin, *Dans le secret des êtres vivants : itinéraire d'une biologiste*, Robert Laffont, 2012.
Sur le Net : e-orientations.com/metiers/biologiste

33. Musicienne

Mission • Une musicienne est une femme qui joue ou compose de la musique.

Oui, mais quelle musique ?

Il ne me paraît pas utile d'aborder la musique populaire : les auteures-compositrices-interprètes s'y sont affirmées depuis longtemps déjà. Des femmes comme Barbara, Nina Simone, Joan Baez, Patti Smith, Véronique Sanson et Amy Winehouse ont même pavé la voie de lingots d'or. Alors, parlons de musique classique. Ensuite, nous aborderons la musique d'avant-garde.

À ÉVITER À TOUT PRIX : les phrases comme « il n'y a pas de femme en musique classique » ou « aucune femme ne compose du classique ». Elles en disent plus long sur votre culture générale que sur le classique. Une ébauche de page Wikipédia recense une cinquantaine de compositrices classiques et elle ne cite même pas des pointures comme Germaine Tailleferre* et Lili Boulanger**.

D'autres listes sont plus étoffées. L'une d'elles*** donne 200 noms, mais recense des compositrices de chansons populaires comme Marguerite Monnot (*Milord*,

* Germaine Tailleferre, *Concertino pour harpe et orchestre* [en ligne], 1928. Vous pouvez aussi trouver *Jeux de plein air* qu'Erik Satie aimait tant.

** Lili Boulanger (1893-1918), *Pour les funérailles d'un soldat* [en ligne]. Ce n'est pas gai mais c'est beau : c'est Lili Boulanger. *D'un vieux jardin* est moins triste et tout aussi exquis.

*** Pascale François, *Femmes compositrices* [en ligne], lamediatheque.be, 2004.

L'Hymne à l'amour, La Goualante du pauvre Jean). Tout en négligeant Francine Cockenpot (*Colchique dans les prés*). Tout ça est confus.
Pour le plaisir, citons quand même quelques noms en nous limitant au XXe siècle français (vrac non exhaustif) : Claude Arrieu, Odette Gartenlaub, Thérèse Brenet, Yvonne Desportes, Paule Maurice, Adrienne Clostre, Jeanne Demessieux, Janine Rueff, Monique Gabus, Ida Presti, Éliane Radigue, Jeannine Richer, Denise Roger, Ginette Keller, Betsy Jolas, Ida Gotkovski, Isabelle Aboulker, Michèle Bokanobski, Michèle Reverdy, Françoise Barrière, Nadia Boulanger et Joëlle Léandre. Là-dedans, vous n'avez que du bon, de la musicienne archiprofessionnelle, de la créatrice de symphonie, du Grand-Prix de Rome, de l'élève de Messiaen, de la collaboratrice de John Cage, voire de la professeure de Jean-Michel Jarre. Et de Daniel Barenboïm, Vladimir Cosma, George Gerschwin, Quincy Jones, Michel Legrand. Mais, hélas, aucun de ces noms n'est chanté par les trompettes de la renommée.
Alors je vais vous parler de Germaine Tailleferre. Car Germaine Tailleferre, c'est vraiment une histoire sans nom.

Découvrez le métier avec… Germaine Tailleferre

Gag 1 : elle est née Marcelle Taillefesse.
Gag 2 : sa mère, née Taillefesse, a été obligée par son propre père (un Taillefesse) d'épouser un autre Taillefesse pour conserver le nom. Lequel Taillefesse interdit longtemps à sa fille Marcelle (née en 1892) de faire de la musique. Décidément, ce patronyme gâte le caractère.

N'ayant pas hérité d'une personnalité très souple, la petite s'inscrit au Conservatoire en cachette à l'âge de douze ans. Deux ans plus tard, quand elle décroche un premier prix de solfège, son père lui accorde enfin le droit de faire officiellement de la musique. Mais lui refuse le moindre sou pour étudier. À quatorze ans, c'est commode… À vingt ans, Marcelle Taillefesse renie son nom et son prénom.
Ce qui est étonnant dans la biographie de cette compositrice au génie si flagrant et au patronyme si lourd, c'est le *name dropping*. Vous allez voir défiler les noms de tous les artistes célèbres du XXe siècle. Il semble que Tailleferre les ait tous croisés, et fascinés.
C'est en 1912 que commence la valse des rencontres étincelantes. D'abord, Darius Milhaud, Georges Auric et Arthur Honegger. En y ajoutant Louis Durey et Francis Poulenc, Tailleferre se retrouve au cœur du fameux « groupe des Six ». Qui, bien sûr, étaient sept : le dernier se nomme Jean Cocteau. Ce groupe est aussi connu sous le nom de « groupe des fausses notes ».
Vient ensuite Erik Satie, qui la déclare « sa sœur en musique* », puis des hommes de lettres comme Raymond Radiguet, « Guillaume Apollinaire, Max Jacob, Blaise Cendrars, Léon-Paul Fargue, Paul Eluard, Louis Aragon, ou des peintres comme Pablo Picasso, Georges Braque, Fernand Léger », Modigliani, Marie Laurencin. Autant dire que la jeune femme baigne jusqu'aux oreilles dans l'émulation artistique.
Les membres du « groupe des Six » travaillent ensemble de 1916 à 1923. C'est-à-dire qu'ils se voient tous les samedis pour jouer, composer et s'amuser. Regardez-les :

* Jean-Marc Warszawski, « Tailleferre Germaine » [en ligne], musicologie.org, 5 mars 2008.

« Après le dîner, le groupe des samedistes se rend à la Foire du Trône ou va admirer les mimes des frères Fratellini au cirque Medrano. Les soirées se terminent chez Darius Milhaud ou au bar Gaya pour écouter Jean Wiener. Cocteau lit ses derniers poèmes. Milhaud et Auric, rejoints par Arthur Rubinstein, jouent *Le Bœuf sur le toit* à six mains*. » La mort de Radiguet, en 23, sonne le glas de ces week-ends musicaux, mais les six resteront amis jusqu'à la mort. Et même au-delà : il paraît que leurs descendants font encore le bœuf ensemble.

Tailleferre travaille aussi avec Ravel à partir de 1920. Dix ans plus tard, ils cessent brutalement de se voir. Nous ne saurons, hélas, jamais pourquoi.

En 25, Tailleferre file à New York avec un mari tout neuf. Est-elle atteinte de « la malédiction de la famille pénible » ? Quand Charlie Chaplin lui propose de l'aider à composer la musique de ses films, son époux s'y oppose. Elle divorce ; il se suicide.

Le mari suivant ne lui apportera pas davantage de soutien dans son métier. Pourtant, la production de Tailleferre est impressionnante : de dix-sept à quatre-vingt-neuf ans, elle compose entre 100 et 200 œuvres dont quatre ballets, quatre opéras, deux opérettes et une comédie musicale. Elle collabore avec Paul Claudel, avec Paul Valéry, avec Olivier Messiaen – j'arrête là. Parce que je pourrais encore citer Stravinsky, Diaghilev, Ionesco, Soupault, Tardieu, Cortot et suivants, mais ça ferait trop. Et aussi Catherine Sauvage, Marianne Oswald, Caroline Luigini-Tardieu, Marcelle Meyer, Juliette Meerovitch et Irène Lagut, mais ces artistes-là parlent moins à la postérité.

---

* Stéphane Villemin, « XXe siècle – Les Six, le Coq et l'Arlequin » [en ligne], scena.org, 1er septembre 2000.

Tailleferre passe la Seconde Guerre mondiale aux États-Unis avec sa fille. Après la guerre, elle rentre en Europe et travaille pour la radio et le cinéma. Dans les années 1950, elle découvre avec jubilation la musique sérielle.
À partir de 1970, la route se fait rude pour la vieille dame, même si elle est couverte de médailles et de prix. Heureusement, des mélomanes avisés lui passent des commandes et l'emploient comme professeur. Elle meurt en composant, à Paris, en 1983.
Je ne résiste pas à l'envie de vous faire écouter une dernière fois la voix de Tailleferre. Elle parle avec émotion de son instrument préféré, le piano – et de Charlie Chaplin :
« Dans notre atelier, il y avait deux pianos à queue. Charlie et moi, nous nous amusions à improviser. Il était un excellent improvisateur ; il jouait du piano très bien sans connaître ses notes et nous faisions parfois de la musique sans arrêt, toute la journée*. »

Le métier aujourd'hui avec...
Sextoy

Delphine Palatsi naît en 1968. Toute petite, elle se révèle douée en musique, et même carrément virtuose au violon.
La grande claque, Palatsi la prend à vingt-cinq ans. Ça se passe en 1993, à New York, au Tunnel, sous la forme d'un mix techno définitif. En rentrant à Paris, Palatsi découvre les *raves* du pont de Tolbiac. Elle découvre aussi le côté sexuellement un peu coincé du milieu

* « Entretiens avec Germaine Tailleferre » [en ligne] recueillis par Georges Hacquard en 1979, *Intemporel* n° 3 sur ircam.fr, 1992.

techno français. Elle va s'employer à le décoincer. Au cric.

Rebaptisée Sextoy, elle débute au Scandalo, un bar de la rue Keller à Paris. Elle lance les soirées *Barbie pouffiasse*. Elle passe ensuite à L'Entracte, au Pulp, au Batofar, au Bataclan, au Rex et rencontre mille *people*. Dans la foule, vous remarquerez Despentes et Jean-Paul Gautier. Il semble que la musique soit le plus sociable des arts.

Pendant les neuf années suivantes, « que ce soit dans les bars, les clubs, les événementiels, les salons annuels ou les défilés de mode, sans oublier un nombre incalculable de raves et de free parties – du Tout-Paris à toute la France, en passant par New York, la Suisse, le Portugal, la Suède, la Norvège ou encore la Russie* », Sextoy mixe sans reprendre son souffle. Regardez-la : elle mesure 1 m 59, elle pèse 40 kilos, elle a des pointillés tatoués au ras des sourcils, des seins magnifiques qu'elle vient juste de se payer et traîne deux énormes *flight-cases* remplies de vinyles. Derrière elle : l'écrivain Ann Scott, à qui elle a servi de modèle pour le livre *Superstars*.

Sextoy travaille un temps en duo avec DJ Jennifer. Nom de scène ? *Pussy Killer*. Les deux femmes mixent en soutien-gorge et cagoule noire (terroriste pour les uns, SM pour les autres). Puis Sextoy mixe avec Chloé, avec El Doctor, avec Laurent Ho. Mais qu'est-ce qu'elle mixe ? Tout. De *Boys boys boys* de Sabrina aux messages de son répondeur, sous le regard globuleux de ses « deux piranhas affectueusement surnommés *Enculé* et *Putain de ta race*** ». Fantaisiste, fêtarde, flambeuse, Sextoy a compris « que la techno aussi peut être rock'n'roll ». Elle

* Ann Scott, « Sept ans de réflexion », *Technikart*, 1er janvier 2001.

** Alexis Bernier et Élisabeth Lebovici, « Mort de la DJ Sextoy », *Libération*, 9 février 2002.

réussit l'exploit de concilier les deux imaginaires. Elle devient alors le « modèle d'une génération de filles DJ ». Trop ? « Jeune femme pressée qui aimait les voitures de sport », Sextoy entre en clinique de repos à trente-trois ans, en 2002. Elle n'en sortira pas vivante.

Elle vit encore au pays des merveilles*. Si vous allez y faire un tour, elle vous montrera ses disques préférés tout en croquant des colliers de bonbons. Et peut-être vous parlera-t-elle musique ? « Je pense que la musique électronique a vraiment de l'avenir. Il reste encore plein de choses à découvrir. Ceux qui mixent des morceaux de soul et de disco renouent avec la musique instrumentale. Moi, je préfère créer un son minimal à partir des ordinateurs, faire de la vraie musique synthétique**. »

Études conseillées : Elles sont innombrables. Le site de la Cité de la musique détaille les formations musicales de base et avancées. Wikipédia aussi propose une page sur l'enseignement spécialisé de la musique en France. Nombreux lycées techniques.

Insertion professionnelle : La musique est partout, les débouchés sont multiples. Certains sont très pailletés, comme nous l'avons vu. Mais, sous les paillettes, l'exigence technique est énorme. Ne croyez pas ce qu'on vous montre : la musique professionnelle est un milieu de travailleurs acharnés, pas de *clubbers* saouls.

Pour aller plus loin

Georges Hacquard, *Germaine Tailleferre, la Dame des Six*, L'Harmattan, 1997.

* *Aline in Wonderland* [vidéo en ligne], émission d'Aline, réal. Laurent Caron, prod. Iorope, 2001

** Sophie de Santis, « Sextoy, le son synthétique », *Figaroscope*, 5 janvier 2000.

Germaine Tailleferre, *Germaine Tailleferre, Musique de chambre - Musique pour piano* [CD], label Brilliant Classics, 2008.
Ann Scott, *Superstars,* Flammarion, 2002.
Sextoy, *Lick* [CD], label Uwe, 2004.
Sur le Net : citedelamusique.fr/francais/mediatheque/espace_metiers
Et bien sûr, si vous avez une âme de chercheuse, il y a l'Ircam (Institut de recherche et coordination acoustique) sur ircam.fr.
N. B. Pour le plaisir, allez jeter une oreille à la *Suite de la nuit* d'Édith Canat de Chizy, disponible à la médiathèque de la Cité de la musique. C'est comme ça que je m'imagine les chants de sirène qui fascinaient Ulysse.

34. Paléontologue

Mission • La paléontologue est une scientifique qui étudie les restes fossiles des êtres vivants du passé et les implications évolutives de ses études. D'une façon plus générale, la paléoscientifique étudie les vestiges du passé pour prévoir l'avenir.

Découvrez le métier avec...
Mary Anning

Regardez-la, engoncée dans un manteau à manches gigots d'une décence absolue, le visage auréolé par une capeline très chaste, un nœud sous le menton et un panier sous le bras, Mary Anning ressemble à n'importe quelle paysanne anglaise se rendant au marché en ce début de XIXe siècle. Un seul détail ne colle pas : le piolet qu'elle serre dans son poing.

Mary Anning est née en 1799 sur la côte sud de l'Angleterre. Son père arrondit ses fins de mois en ramassant, le long des falaises, des fossiles qu'il vend aux touristes. Il initie sa fille à la chasse aux fossiles. Quand il meurt, Mary a onze ans. Elle reprend immédiatement la petite affaire paternelle. Elle n'a pas le choix : sa famille n'a pas d'autres ressources.

Quelques mois plus tard, elle fait une découverte exceptionnelle : le premier ichtyosaure, une sorte de dauphin au nez pointu. Un squelette complet. Elle l'extrait elle-même, au piolet, à douze ans. La communauté scientifique se réveille, Anning abandonne pour elle sa clientèle touristique. Un de ses meilleurs clients, ému par la misère dans laquelle patauge la jeune fille, vend sa propre collection de fossiles pour lui offrir la somme collectée.

Le soulagement d'Anning est extrême, autant que le bénéfice scientifique. Car, l'esprit débarrassé des vulgaires contingences matérielles, Anning peut enfin se consacrer entièrement à sa tâche. Elle y excelle. À une époque où le fossile est à la mode et où tout Anglais un peu sportif arpente le pays à la recherche de coquillages en caillou, Anning surpasse tout le monde. Elle a l'endurance et le courage nécessaire pour explorer les falaises sous le vent et la pluie, elle a une expérience encyclopédique, mais par-dessus tout, elle a un don. Elle a le talent, elle a l'instinct, elle a l'œil : elle découvre le plésiosaure à vingt-deux ans (c'est une loutre au long cou qui fait bien ses 12 mètres). À vingt-neuf ans, en 1828, c'est le tour du premier ptérodactyle : le dimorphodon (un énorme macareux).

À partir de 1830, pour Anning, c'est enfin la reconnaissance : elle reçoit une rente annuelle de la British Association for the Advancement of Science. Plus tard, elle est élue membre honoraire de la Geological Society of London. Elle meurt peu après, à quarante-sept ans. Deux fossiles portent son nom – quand même.

Le métier aujourd'hui avec…
Valérie Masson-Delmotte

Valérie Masson-Delmotte n'est pas du tout paléontologue : elle est paléoclimatologue et c'est largement aussi intéressant. En plus, de nos jours, c'est peut-être plus crucial.

Née en 1971, Valérie Masson-Delmotte lit dans *La Recherche*, à quinze ans, un article sur l'effet de serre. Elle a trouvé sa vocation. Une fois son diplôme en poche, elle ressort l'article et contacte les auteurs. Elle obtient une bourse puis un poste au Commissariat à l'énergie atomique (devenu « à l'énergie atomique et aux énergies alternatives »).

Sur quoi travaille-t-elle, au CEA ? Sur le climat du passé (– 800 000 ans) « afin de comprendre comment fonctionne le climat et de tester les modèles numériques qui permettent d'anticiper les risques futurs* ». Regardez-la : elle est penchée sur une des longues carottes de glace qu'elle est allée chercher elle-même au fond du Groenland. Elle l'étudie et, ensuite, elle discute de ses résultats avec « des participants d'Europe, d'Amérique, d'Asie, d'Australie ». Ils sont spécialistes en cernes des arbres, en coraux, en stalagmites, en sédiments : tout ce qui constitue « les archives du climat** ».

Ce que Masson-Delmotte découvre la stresse. Le climat change, oui, mais vite, très vite, beaucoup trop vite. Alors elle fait partager son stress. Livres, conférences, émissions, plateaux télé, on la voit partout – souriante, carrée, à l'aise en public.

En 2010, les climato-sceptiques ont le vent en poupe. Emboîtant le pas à Claude Allègre et son pavé *L'Imposture climatique****, de dignes scientifiques expliquent que le réchauffement climatique n'est qu'un pet de souris, et le bruit qu'on fait autour, un nuage malodorant. Décomposée, Masson-Delmotte rédige une pétition et la fait circuler. Six cents chercheurs en sciences du climat

* Échange par mail, 24 mai 2013.

** Fabienne Chauvière, « Valérie Masson-Delmotte paléoclimatologue » [émission de radio], « Les savanturiers », France Inter, 11 décembre 2011.

*** Stéphane Foucart, « La pasionaria du climat, Valérie Masson-Delmotte », *Le Monde*, 10 août 2011.

signent derrière elle. Ça donne *L'Appel des 600*, un cri d'angoisse qui fera la une des grands quotidiens français en avril 2010 : les climato-sceptiques sont laminés. Enfin, laminés... « Je pense que les climato-sceptiques ne sont pas laminés, ils sont toujours là, avec plusieurs questions : comprend-on tout ? que peut-on prévoir ? n'y a-t-il pas d'autres priorités ? Tout cela pour suggérer qu'il est urgent d'attendre. Notre pétition demandait surtout un débat scientifique de fond, qui a eu lieu en partie à l'Académie des sciences et qui a permis de montrer les méthodes en sciences du climat. »

Oui, Masson-Delmotte sait que les priorités sont nombreuses. Elle sait à quel point il existe « un contraste entre les difficultés économiques à court terme et les difficultés climatiques à long terme ». Mais le terme est-il si long ? Pour elle, il est bien possible qu'il soit déjà « un peu tard » pour agir. « On est en train de pousser un rocher dans le vide » et, de toute évidence, juste au-dessus de nos têtes.

Et si on exclut toute vision d'apocalypse, comment Masson-Delmotte voit-elle son avenir ? Sous la forme d'une magnifique carotte qui permettrait de remonter le climat jusqu'à un million d'années. Ça, elle en rêve. Autant que de retourner au Groenland. Là-bas, il paraît que c'est « un monde idéal. On travaille douze heures par jour, il n'y a aucune contrainte ». C'est un peu spartiate, évidemment, parce qu'il fait – 15 ou – 20 degrés et qu'elle dort « sous une tente pas chauffée », mais elle aime ça. « La vie étant courte, je fais ce qui me plaît*. »

---

* Sibylle Vincendon, « La nature comme engagement », *Libération*, 23 avril 2011.

Compétences requises : Aimer défricher des territoires très nouveaux, ou très anciens. Comme le dit un proverbe africain : quand tu ne sais pas où tu vas, regarde d'où tu viens.
Études conseillées : Pour la paléontologie, il faut s'orienter d'abord vers la biologie ou la géologie, puis faire un master en paléontologie. Les métiers de l'environnement, eux, sont innombrables. C'est un secteur plein d'inventivité et d'avenir, pour toutes les durées d'études.
Insertion professionnelle : Être très en avance ou très en retard sur son temps ne mène pas systématiquement à la fortune.
Espérance de vie : Hors glissement de terrain ou de glacier, bonne. C'est un métier plus sportif qu'on ne croit.

Pour aller plus loin

Tracy Chevalier, *Prodigieuses créatures* [biographie romancée de Mary Anning], trad. Anouk Neuhoff, Quai Voltaire, 2010.
Valérie Masson-Delmotte, *Climat : le vrai et le faux*, Le Pommier, 2011.
Recommandé par Valérie Masson-Delmotte : Catherine Jeandel et Rémy Mosseri, *Le Climat à découvert*, CNRS Éditions, 2011. « Un très joli livre. Il permet d'expliquer ce que sont les sciences du climat. »
Pour avoir des témoignages enthousiasmants : Collectif Audret, *La Révolution des métiers verts – 20 passionnés témoignent*, Autrement, 2011.
Sur le Net : letudiant.fr/metiers/secteur/environnement détaille les métiers de l'environnement, ecometiers.com est carrément spécialisé dans le domaine.

35. Peintre

Mission • Une artiste peintre est une femme pratiquant la peinture comme discipline des beaux-arts ou des arts plastiques.

Dans la foule des chefs-d'œuvre réalisés par des femmes peintres, regardez d'abord la *Beatrice Cenci* d'Elisabeth Sirani. Elle vous dit quelque chose, n'est-ce pas ? Oui, sa douceur rêveuse rappelle la *Jeune fille à la perle* de Vermeer, peinte quatre années plus tard.

Ensuite, passez au *Judith décapitant Holopherne* d'Artemisia Gentileschi. C'est moins doux, non ? Mais ça a du corps.

Plus loin, voilà un *Autoportrait* d'Élisabeth Vigée-Lebrun, les pinceaux à la main et un bonnet blanc sur ses boucles. Ce tableau est doux comme un soir d'été. *La Ferme à l'entrée du bois* de Rosa Bonheur sent le foin tiède. *La Toilette* de Mary Cassatt est d'une beauté japonaise. Tout Berthe Morisot est à se rouler par terre (pour peu que vous ayez du goût pour les impressionnistes.). Suzanne Valadon est plus grinçante.

Dans la salle suivante, vous trouverez Marie Laurencin et ses femmes aux longs yeux morts (vous les avez déjà croisées, c'est certain), Tamara de Lempicka et ses femmes aux grands yeux lourds (pareil), les couleurs circulaires de Sonia Delaunay (encore pareil), le corps supplicié de Frida Kahlo, les chairs flambantes d'Emilia Castaneda, les paysages tortueux de Leonor Fini et de Dorothea Tanning. Il y a aussi du Nikki de Saint-Phalle luisant comme s'il avait plu (toujours pareil), et un peu de Jeanne Hébuterne et de Dora Maar. Du moins, ce qui a survécu au suicide ou à Picasso. Je vous laisse finir votre visite tranquillement. De mon côté, dans cette galerie, il va bien falloir que je choisisse. Je vais jouer à pile ou face.

Découvrez le métier avec...
Élisabeth Vigée-Lebrun

Face. Élisabeth Vigée-Lebrun. C'est logique : elle peignait des portraits.
Elle naît en 1755 à Paris. Suivant les mœurs du temps, elle est d'abord placée en nourrice puis au couvent. Elle ne vivra avec ses parents qu'à partir de l'âge de onze ans. Déjà, elle dessine. Elle dessine partout, tout le temps, sur ses cahiers de pensionnaire et sur les murs de sa cellule. Quand elle a douze ans, son père meurt d'une arête mal placée*. Inconsolable, la petite Élisabeth se jette dans la peinture – au sens figuré. Comme elle est extrêmement douée, elle est admise à suivre l'enseignement d'artistes célébrissimes comme Greuze et Vernet. Ils lui prêtent, en guise de devoir du soir, quelques Rembrandt à copier. À quinze ans, Élisabeth devient professionnelle. Excellant dans l'art de « saisir la ressemblance tout en gommant les défauts », elle connaît un succès immédiat, immense et durable. Elle devient vite familière avec des gens de haute graisse. Et, finalement, elle fait la connaissance de Marie-Antoinette.
À vingt et un ans, mademoiselle Vigée est très courtisée. « Plusieurs amateurs de ma figure me faisaient peindre la leur », écrira-t-elle. Elle finit par se marier en traînant un peu les pieds. Hélas, elle choisit le pire des époux – et aussi, le meilleur des marchands d'art. Lebrun découche, boit, joue, baise et flambe, mais il gère à merveille l'aspect commercial du génie de sa femme. Madame Vigée-Lebrun peut pleinement se consacrer à son art : elle est nommée peintre officielle de la Cour.

* Anne Muratori-Philip, « Élisabeth Vigée-Lebrun, une artiste dans la tourmente », *Le Figaro*, 10 mai 2001.

Enceinte, elle travaille jusque pendant les contractions et ne pose ses pinceaux que pour l'expulsion. C'est une petite fille, Julie ; Vigée-Lebrun n'aura pas de plus grand amour. Regardez-les toutes deux enlacées : une longue écharpe nouée dans ses boucles folles, Vigée-Lebrun berce sur ses genoux une Julie intimidée.
Les tableaux de Vigée-Lebrun se répandent dans toutes les cours d'Europe. Ils véhiculent une image idéale du roi de France, de sa famille et, au-delà, de son époque : celle de la douceur de vivre. Évidemment, la jalousie ne rate pas Vigée-Lebrun. On dit d'elle qu'elle couche avec tout Paris et tout Versailles. Au rythme où elle travaille, je ne vois pas où elle trouverait le temps. On dit aussi qu'elle se chauffe avec de la feuille d'or, ce qui est plus poétique. Elle soupire qu'hélas, pour ce qui est de brûler l'argent qu'elle gagne, son mari lui fait une chaudière suffisante.
Foin de ces sottises : allez plutôt voir sa *Julie au bain (The Bather).* Elle est adorable. Sa *Princesse Narychkine* est plus grave – à mon avis, Modigliani et Marie Laurencin ont admiré un jour ses longs yeux impavides. Le portrait du petit Dauphin Louis à trois ans, âge où il déclare la tuberculose qui l'emportera, est touchant. Chez Vigée-Lebrun les postures sont naturelles, les corps sans raideur, les visages confiants, et la lumière aimante.
1789. Vigée-Lebrun passe l'été en banlieue chez madame Du Barry, une ancienne maîtresse de Louis XV. De là, elles entendent le canon tonner dans Paris. À la rentrée, terrifiée, Vigée-Lebrun prend la poudre d'escampette. Sa fille dans une main et son porte-monnaie dans l'autre, elle saute dans un transport en commun, laissant derrière elle son mari, ses tableaux et sa fortune.
Elle est accueillie partout à bras ouverts. Pendant des années, elle parcourt l'Europe en peignant à tour de bras. Florence, Rome, Venise, Vienne, Prague, Berlin,

Saint-Pétersbourg, elle va de Cour en Cour. Elle évite les journaux, qui publient de longues listes de guillotinés. Tous ses amis y figurent.
En 1800, Vigée-Lebrun a quarante-cinq ans et son cœur appartient à sa fille Julie. Hélas, Julie la quitte pour épouser un homme dont Vigée-Lebrun ne pense aucun bien. Son cœur se brise. Elle rentre en France deux ans plus tard.
Quand on a été si fort à la mode, il est inéluctable qu'on se démode. Le peintre Gros, dévoré par la nostalgie, se suicide*, mais Vigée-Lebrun résiste. Philosophe, elle tente de s'intéresser au Romantisme naissant et continue avec acharnement une œuvre gigantesque (plus de 800 tableaux). En 1842, avec un soulagement visible, elle fait écrire sur sa tombe : « Ici, enfin, je repose. »

Le métier aujourd'hui avec…
ORLAN

On dit d'ORLAN (elle tient aux majuscules) que, dans son travail, elle dénonce, etc. Pas du tout. Elle brode, c'est tout. Mais, comme elle le fait sur son propre corps, le résultat est saignant.
Née en 1947, ORLAN commence par exposer des photographies d'*elle m'aime* (elle tient à l'orthographe). Nous sommes en 1964, elle a dix-sept ans.
Au milieu des années 1970, ORLAN parcourt le monde à plat ventre. Utilisant son corps comme un mètre-étalon, elle mesure la place Saint-Pierre de Rome, le Centre Georges-Pompidou, le musée Guggenheim de New York et des rues entières de Nice.

---

* Jacques de Saint-Victor, « La reine du portrait », *Le Figaro littéraire*, 10 novembre 2011.

Fin 70, elle s'expose à l'entrée de la FIAC (Foire internationale de l'art contemporain) où elle vend ses baisers pour cinq francs. Regardez-la assise derrière une photo de son buste nu. Elle harangue les passants : « Cinq francs, cinq francs pour un baiser d'artiste, approchez* ! » Les pièces sont recueillies au niveau du pubis, dans un petit panier triangulaire. L'appareil rend la monnaie. Scandale, notoriété.

Au début des années 1990, ORLAN sort son *Manifeste de l'art charnel*. Puis elle entame une série d'opérations esthétiques sur son propre visage, en direct et les yeux grands ouverts face à la caméra**. L'objectif ? Cumuler tous les canons de beauté occidentaux. Dans une débauche de sang et de Bétadine, parfaitement consciente, ORLAN se fait faire le nez de *La Joconde*, la bouche de la *Vénus* de Botticelli et autres attributs classiques. Pour finir par deux bosses au-dessus des sourcils, plus futuristes. Le résultat est plastique comme un mannequin en couverture de magazine. C'est le but.

À la fin des années 1990, ce sont les *Self-Hybridations****. ORLAN mélange, sous Photoshop cette fois, son propre visage charcuté à l'occidentale avec des grimages, des scarifications et des déformations valorisées dans d'autres civilisations.

La raison de tout ça ? Démontrer par l'exemple et par l'absurde les contraintes imposées au corps, féminin surtout. Généreuse, ORLAN « se fait découper des mor-

---

* Élisabeth Lebovici, « ORLAN, quarante ans à corps perdu », *Libération*, 10 avril 2004.

** Élisabeth Lebovici, « ORLAN offense en corps », *Libération*, 31 décembre 2002.

*** Stéphanie Janicot, « ORLAN, ceci est mon corps », *Muze*, janvier 2011.

ceaux de peau dont elle fait des scapulaires. On peut donc acheter, posséder et même porter sur soi un morceau d'ORLAN* ».

L'œuvre d'ORLAN que je préfère, c'est un tableau inspiré de Courbet – vous savez ? *L'Origine du monde.* Ce portrait très réaliste du bas-ventre d'une femme a été réalisé en 1866. En 1989, ORLAN peint le bas-ventre d'un homme exactement dans la même pose et le même style. Les cuisses sont légèrement écartées, le sexe repose sous le pli du ventre, le nombril est un vallon ensoleillé, un peu de linge froissé borde les tétons. ORLAN intitule son œuvre *L'Origine de la guerre.* C'est simple, c'est sobre, c'est évident, c'est « Bon sang ! Mais c'est bien sûr », c'est « J'aurais dû y penser ». C'est génial.

Il paraît que « son œuvre ultime consistera à placer son corps momifié dans un musée ». En attendant, ORLAN expose et installe partout : à Sydney, Paris, Séoul, Istanbul, Québec, New York, San Paulo, Tallinn. Sous sa chevelure pie (blanche d'un côté, noire de l'autre), elle sourit de ses lèvres déformées : « Ce qui était important pour moi, c'était que mon corps devienne un lieu de débat public**. »

Compétences requises : Avoir un univers personnel et sentir la nécessité de le partager. Mais *vraiment.*

Études conseillées : Outre cet univers personnel, il faut affiner sans fin vos techniques. Car, sans technique, « le talent n'est qu'une sale manie », assure Brassens. Les écoles des beaux-arts sont là pour ça. Il en existe 59 sous tutelle du ministère de la Culture.

---

* Bruno Léandri, *La Grande Encyclopédie du dérisoire : les allumés de l'art,* Fluide glacial, 1994.

** Vincent Josse, « L'atelier d'ORLAN, artiste plasticienne » [émission de radio], « L'atelier », France Inter, 19 novembre 2011.

Pour aller plus loin

Élisabeth Vigée-Lebrun, *Souvenirs,* Tallandier, 2009.
ORLAN, *Manifeste de l'art charnel* [en ligne], orlan.eu, 1992.
Sur le Net : letudiant.fr/etudes/ecoles-specialisees/formations-artistiques-les-arts-plastiques
culture.gouv.fr/culture/infos-pratiques/formations/arts-plast-formation

36. Philosophe

Mission • Au sens antique, est « philosophe » la personne qui « cherche la vérité et cultive la sagesse ». Au sens professionnel, est « philosophe » celle qui réfléchit de façon conceptuelle, radicale, critique, systématique aux grands principes et valeurs de la vie et de la connaissance.

Découvrez le métier avec... Hannah Arendt

Cher Rodolphe,
en ce moment, j'essaie de résumer la vie et l'œuvre de Hannah Arendt en une page. Je n'y arrive pas, comme bien tu penses. Mais, au moins, j'aurais essayé.
Arendt naît en 1906 en Allemagne. Elle est juive ; elle n'est pas tellement au courant, d'abord. Mais elle l'apprend petit à petit, à travers « les boutades antisémites qu'il vaut mieux ne pas répéter des enfants dans les rues* ».
En 24, son bac en poche, elle s'inscrit à l'université et va décrocher un doctorat en suivant les cours de Heidegger, Jaspers et Husserl, rien que ça. Elle se révèle « brillante, quelque peu insolente ». Heidegger, notamment, est séduit et pas seulement intellectuellement. Leur relation est passionnelle ; cette passion survivra à tout, même à l'uniforme nazi que Heidegger finira par enfiler. Mais les années 1930 arrivent, le temps de philosopher est passé : celui de l'action commence.

* Robert Maggiori, « Hannah Arendt, une vie de l'esprit », *Libération*, 8 septembre 2005.

Activiste, Arendt est arrêtée en 33 par la Gestapo. Relâchée, elle file en France. Regardez-la : ses longs cheveux tranchés net, elle a une cigarette à la main et le dégoût aux lèvres. Son mépris des penseurs, de la philosophie et de tous ceux qui, avec des grands mots, ont laissé le nazisme s'installer est sans bornes. « Je quittai l'Allemagne sous l'empire de cette idée : plus jamais ! Jamais plus aucune histoire d'intellectuel ne me touchera*. » À Paris, elle aide à accueillir ceux qui fuient, comme elle, les persécutions. Elle y rencontre Sartre, Camus, Aron. En 37, l'Allemagne la renie : elle devient apatride. En 40, elle est enfermée au Vel' d'Hiv', puis au camp de Gurs. Elle s'évade et atteint Lisbonne. De là, elle décroche un visa pour les États-Unis. Quand elle parvient aux États-Unis en 41, elle n'a rien. Pas un sou, pas un livre, même pas ses diplômes. Alors elle travaille comme femme de ménage dans une maison de retraite. Petit à petit, elle réussit à s'insérer dans son nouveau pays et écrit des piges dans des journaux. En 51, elle est naturalisée américaine. Elle commence alors à publier les livres qui la rendront célèbre : *Les Origines du totalitarisme, La Condition de l'homme moderne, La Crise de la culture.* Elle devient professeur de science politique itinérante, de Princeton à Berkeley.

En 61, elle couvre le procès d'Eichmann, « haut responsable nazi en charge de la mise en œuvre de la *solution finale* ** » pour le compte du *New Yorker.* Et, en 63, elle publie *Eichmann à Jérusalem,* un livre retentissant. Elle y présente le concept de « banalité du mal ». Alors que,

---

* Roger Pol-Droit, « La détermination absolue de Hannah Arendt, une philosophe qui a pris le risque de penser les obscurités du siècle », *Le Monde,* 28 juin 1991.

** Pierre Haski, « Avant d'aller voir le film *Hannah Arendt,* lisez-la ! » [en ligne], Rue89, 24 avril 2013.

jusqu'ici, tout le monde croyait que les nazis étaient d'incompréhensibles monstres, Arendt démontre qu'ils ne sont que de banals salopards, des petits chefs quelconques : « Malgré tous les efforts de l'accusation, tout le monde pouvait voir que cet homme n'était pas un monstre. » Elle emploie le mot « clown », le terme « spectre enrhumé* ». Elle emploie l'expression « d'une normalité à vomir ». Le concept fait scandale.
Pendant les douze années qui lui restent à vivre, Arendt continue à développer sa pensée philosophique. Mais elle ne se veut pas philosophe, la philosophie « ayant à ses yeux largement raté la compréhension du politique** ». Elle préfère se définir comme « professeur de théorie politique » et remettre la philosophie, qui planait dans les hauteurs, au turbin. Lequel consiste à comprendre le monde afin de mieux y vivre.
Précurseur de l'écologie, Arendt estime que « le travail doit rester dans le domaine privé, sous peine que la vie de l'homme devienne une quête d'abondance sans fin, subordonnée à la production et la consommation ». Mais c'est pour avoir « inventé le concept de totalitarisme et décrit la banalité du mal*** » qu'elle est reconnue comme « un des penseurs les plus cités, les plus discutés, les plus utilisés » de son temps, « une des figures majeures de la pensée contemporaine**** ».

---

* Jean Lebrun, « Hannah Arendt » [émission de radio], « La marche de l'histoire », France Inter, 21 mai 2013.

** Alexandra Laignel-Lavastine, « Hannah Arendt, carnets de route », *Le Monde*, 2 septembre 2005.

*** Annette Lévy-Willard, « Pour Hannah Arendt, l'"opinion" est la seule riposte à la violence » [entretien avec Julia Kristeva qui est assez géniale comme philosophe, elle aussi], *Libération*, 28 avril 2007.

**** Marc Chevrier, « La cité des hommes, avec ou sans Dieu ? Hannah Arendt et la question de l'absolu », *L'Agora*, vol. 5 n°3, 1er avril 2012.

Arendt « représente l'essentiel du combat historique de la vie politique et de l'aventure de la pensée au XXe siècle ».

Elle meurt à New York en 1975. En hommage, l'Allemagne a donné son nom à un train, ce qui me paraît ^zokpm!fgrttf. « Il est dans la nature même du totalitarisme, et peut-être de la bureaucratie, de transformer les hommes en fonctionnaires, en rouages administratifs, et ainsi de les déshumaniser. »

Le métier aujourd'hui avec… Beatriz Preciado (qui n'est pas facile à résumer non plus)

Beatriz Preciado naît en 1970 à Burgos, « dans l'Espagne franquiste où [elle a] grandi dans une famille hétérosexuelle catholique de droite* ». Son père professe des opinions traditionnelles « jusqu'à la conclusion, implacable : "Si mon enfant est homosexuel, je préfère encore le tuer." Et cet enfant, c'était moi ». Elle étudie « dans une école de bonnes sœurs, les Sœurs servantes réparatrices du Sacré Cœur de Jésus ». Elle aime déjà passionnément embrasser ses petites camarades de classe. Et déjà, elle en entend de sévères : « Sale gouine, on va te violer pour t'apprendre à baiser comme Dieu le veut. » Amen.

On comprend qu'elle ne s'attarde pas à Burgos. « L'ironie veut que ce soit l'Opus Dei, l'organisation catholique ultra-conservatrice, qui lui donne la possibilité d'analyser les textes d'Ignace de Loyola grâce à une

* Beatriz Preciado, « Qui défend l'enfant queer ? », *Libération*, 14 janvier 2013.

bourse d'études. Le soir, elle file à La Luna, la boîte de travestis que fréquentent Almodovar et sa bande* » à Barcelone. Puis elle part aux États-Unis suivre l'enseignement de Derrida, rien que ça.

En 2000, elle sort le *Manifeste contra-sexuel* chez Balland, dans la collection de Guillaume Dustan qui devient son ami. Quand il meurt, seul chez lui, en 2005, elle lui bâtit un catafalque dans son livre suivant : *Testo-junkie.*

Arendt a remis les pieds de la philosophie sur terre, Preciado lui donne corps, carrément. « Je suis obsédée par la question du corps et de sa matérialité**. » « J'ai voulu mettre fin à cette distance clinique qui désexualise le discours philosophique et en soustrait les corps. » Mais pas question de travailler avec des pincettes sur des cobayes. S'il faut donner une chair, elle donnera la sienne : elle va « philosopher avec son corps ».

Preciado est fascinée par la testostérone, cette hormone symbole de la virilité. Mythe ou réalité ? Alors elle se pose des patchs de testostérone de synthèse « pendant 236 jours ». Pour voir. Pour savoir. « J'ai pris mon corps comme terrain d'expérimentation ».

Testo-junkie, c'est un « essai corporel », une analyse tout à fait sérieuse et technique des substances hormonales que nous avalons sans nous poser trop de questions. Preciado explique que la testostérone est une hormone qu'on trouve en quantité importante chez le mâle, et en quantité non négligeable chez la femelle. Elle contribue à bien des choses, notamment l'agressi-

---

* « Beatriz Preciado, tête à queue », *Libération*, 14 octobre 2008.

** Ursula del Aguila, « Judith Butler et Beatriz Preciado en grand entretien » [Butler aussi se pose un peu là comme philosophe], *Têtu*, novembre 2008.

vité et le plaisir sexuel. D'ailleurs, Preciado constate que, sous testostérone, elle devient « lucide, énergique, éveillée ». Est-ce à dire qu'on prescrit des patchs de testostérone aux femmes en panne d'énergie ou de plaisir ? Du tout. Nos connaissances médicales sont pourtant très claires, mais nos mentalités n'arrivent pas à suivre : la testostérone, c'est pour les hommes. Au contraire, la mode pharmacologique est, depuis cinquante ans, à la pilule. Ce qui revient à gaver les femmes d'œstrogènes. On fabrique ainsi un peuple féminin à la fois plus docile, plus las et plus frigide. Preciado appelle ce contrôle qui ne dit pas son nom le « pharmacopouvoir ».

Et alors, ça s'est bien passé, ce test *testo* ? « Beaucoup pensaient que j'allais devenir un homme instantanément. » Et non. Les hormones ne décident pas tout. Regardez Preciado : précise et persuasive face à un public étudiant attentif, elle est restée elle-même. Aujourd'hui, elle coule des jours heureux avec Despentes. Enseignante à Paris-VIII, chercheuse à Princeton, elle vit à Barcelone et paraît s'amuser beaucoup – et travailler autant. « Les genres sont des rôles à trahir pour élaborer de nouvelles trajectoires*. »

Compétences requises : Une fichue personnalité.

Insertion professionnelle : Si vous avez les moyens, quelques années de philosophie sont de bonnes bases intellectuelles et méthodologiques pour toute la vie et tous les domaines. Je connais une étudiante en maîtrise de philo qui, saisie de passion pour son UV de logique, s'est aventurée logiquement vers la recherche en physique nucléaire et s'y trouve fort bien.

* « Architecture Playboy », *Le Monde*, 11 novembre 2011.

Pour aller plus loin

Hannah Arendt, *Eichmann à Jérusalem*, trad. Anne Guérin, Gallimard, 1997.
Hannah Arendt [film], réal. Margarethe von Trotta, 2013.
Beatriz Preciado, *Testo-junkie. Sexe, drogue et biopolitique,* trad. Beatriz Preciado, Grasset, 2008.
Sur le Net : letudiant.fr/etudes/secteurs/philosophie.html

37. Photographe

Mission • La photographe est une femme qui pratique la photographie en professionnelle. Elle intervient sur tout ou partie du processus de création du cliché, effectuant les choix artistiques et techniques.

Découvrez le métier avec... Julia Margaret Cameron

Elle vient au monde en 1815 à Calcutta. Son père est un riche colon anglais, sa mère, une aristocrate française (joliment née mademoiselle de L'Étang). Comme tout marmot de bonne famille, Julia est envoyée loin des fièvres de l'Inde. Elle grandit en France et en Angleterre. À vingt-trois ans, elle épouse un quadragénaire. Ils s'établissent à Ceylan d'abord, à Londres ensuite. Cameron y tient salon. Elle reçoit des hôtes fameux comme Darwin, Tennyson et Herschel*, « un groupe d'hommes célèbres et de femmes blondes », dira Virginia Woolf. Mais, surtout, Cameron gère DOUZE enfants. Six à elle, deux à sa sœur, trois adoptés et une qui passait par là, je suppose. Julia, Eugene, Ewen, Hardinge, Charles, Henry, Cyllene, Melita, Sheridan, Mary, Adeline et Mary.

En 1863, Cameron a quarante-huit ans. Ses enfants ont grandi. L'aînée lui offre un appareil photo, un énorme machin qu'on doit porter à deux. « Cela peut t'amuser, mère. » La passion est immédiate.

---

* Christophe Boltanski, « Au vrai chic victorien », *Libération*, 22 février 2003.

À l'époque, la photographie n'est pas encore un art. C'est un artisanat de reproduction où seule l'exactitude importe. Quand Cameron sort ses premiers clichés aux contours un peu vagues, on ricane. On n'y voit qu'amateurisme technique. Alors que pas du tout : Cameron a *sa* conviction. « Je me suis arrêtée [de faire des réglages] lorsque j'ai obtenu quelque chose de beau à mes yeux, au lieu de continuer à régler l'objectif pour parvenir à une meilleure définition comme tous les autres photographes l'exigent. » Cameron veut adapter la photographie à son idéal de beauté. Et cet idéal, c'est le préraphaëlisme : esthétisme et focalisation sur le sujet. Cameron invente le gros plan* et le flou artistique. « Elle expérimente, cherche, tourne autour du modèle**. »

Cameron photographie tous ceux qu'elle croise : enfants, amis, domestiques, voisins. C'est une corvée : les temps de pose sont interminables. Mais vous connaissez déjà ses portraits, sûrement. Pour les hommes, un modelé très brut qui met en valeur les rides et les gnons. « Cameron aime les hommes illustres aux gueules de patriarches », les « blocs rugueux ». Pour les femmes, elle préfère un modelé longiligne et dépouillé. « Elle utilise, comme en peinture, un seul éclairage oblique afin de souligner les contrastes. » Mais ce qui est inimitable chez Cameron, ce sont les yeux.

Regardez cette jeune fille en blouse blanche à encolure bateau, qui tire pensivement sur son collier. Non, ce cliché ne sort pas du *Vogue* du mois dernier (« La nouvelle collection d'inspiration hispanique »). Il s'appelle *Ellen*

---

* Michel Guerrin, « Les visages héroïques de Lady Cameron », *Le Monde*, 24 février 2003.

** Michel Guerrin, « Un catalogue raisonné en forme de première », *Le Monde*, 24 février 2003.

Terry à l'âge de seize ans, et il a traversé le temps jusqu'à nous depuis 1864.

À la fin de sa vie, ruinée, Cameron retourne s'installer à Ceylan. Elle n'a plus les moyens de son art. Elle meurt quatre ans plus tard, en 1879, laissant derrière elle 1222 clichés où vous ne trouverez pas un seul sourire. Le musée d'Orsay a dépensé plus de 4 millions d'euros pour acheter 75 d'entre eux.

Au bout du compte, Cameron semble avoir connu un apaisement que peu d'artistes goûtent : « J'aspirais à capter toute la beauté qui se présentait devant moi et, finalement, cette aspiration a été satisfaite. »

Le métier aujourd'hui avec...

Faut-il continuer avec Lee Miller, correspondante de guerre à Buchenwald et à Dachau libérés ? « Ses photographies, dont celle de deux soldats ouvrant en pleine clarté un camion rempli de cadavres entassés, sont les premières à révéler le concret de l'horreur des camps. Il lui faudra écrire à *Vogue* et certifier que les clichés sont authentiques pour que le magazine les publie*. » Ou bien préférez-vous Diane Arbus (les jumelles de *Shining*) ? Annie Leibowitz (Lennon nu enroulé comme un fœtus autour de Yoko Ono) ? Sarah Moon (l'imagerie vaporeuse de Cacharel) ? Bettina Rheims ? Nan Goldin.

* A.-J. Bizimana, « Soixantième anniversaire de la libération d'Auschwitz. Comment la presse a découvert l'Holocauste », *Le Devoir*, 27 janvier 2005.

Le métier aujourd'hui avec... Nan Goldin

Elle naît à Washington, en 1953, dans une famille très luxueuse dont elle ne se remettra jamais vraiment. En 1965, sa sœur Barbara, vingt ans, se jette sous un train. Nan est liquéfiée. Alors elle laisse sa vie couler dans toutes les directions.

D'abord, à quinze ans, elle quitte sa famille d'origine. À dix-neuf ans, elle entre aux Beaux-Arts de Boston. Là, elle commence à photographier ses premières *drag queens*. Puis, en 1978, ce sera New York et le milieu punk. Mais pour elle, punk ou drag queen, il s'agit avant tout de sa famille d'élection.

Vous connaissez le style de Goldin, bien sûr : des nuits blanches saturées de couleurs. *Sex and drugs and rock'n'roll.* Wong Kar Wai le résume bien : « Je suis attiré par les images crues de Nan Goldin, aux couleurs pigmentées, aux lumières denses*. »

La gloire vient en 1981 avec *The Ballad of Sexual Dependency,* un ensemble de photos genre « la fête, c'est chouette, et la dope, c'est glauque ». Goldin invente, quoiqu'elle s'en défende, ce qu'on appelle le style *heroin chic*. Ce qui s'appellera, dix ans plus tard, le *grunge*. Les prises de vue de sa ballade s'étaleront sur quinze années. Y figure son propre visage, massacré à coups de poing par un petit ami.

Goldin vit très mal l'apparition du sida – truisme. Tous ses proches y passent. Elle shoote sans fin le déclin de son amie Cookie Mueller, jusqu'au cercueil. Et ce qui reste de Cookie Mueller, grâce à Goldin, c'est

* Paola Genone, « Nan Goldin, le récit d'une vie », *L'Express*, 23 janvier 2013.

son sourire tandis qu'elle discute avec une voisine, toutes deux assises côte à côte sur des wawa en porcelaine blanche, le slip aux genoux, dans un club new-yorkais, une nuit de 1979. Mais la photo que vous connaissez, c'est *Gotscho embrassant Gilles*, maigre et triste sur son lit de mort, à l'hôpital, en 1993. Vous connaissez aussi le bras de Gilles, impossiblement étroit et long sur le drap blanc.

Pendant quarante ans, tous les jours et à toutes les heures, Goldin n'a fait que photographier – mitrailler à la volée. Sa technique est donc si travaillée qu'elle donne une impression de facilité absolue. Il est tentant d'essayer de l'imiter. Personnellement, j'ai encombré mon appareil de plusieurs giga-octets de sous-Goldin besogneux avant de réaliser que je n'étais pas elle.

Aujourd'hui souriante et désintoxiquée, Goldin mène de nouveaux travaux que je ne peux pourtant pas qualifier de plus gais que les précédents. Elle reste un des rares photographes, tous sexes confondus, qui aient systématiquement résisté au joli : jolis modèles avec jolis habits prenant de jolies poses devant un joli décor, l'intérêt étant en option. Par conséquent, les photos de Goldin ne sont pas jolies : elles sont géniales.

Mais écoutez-la s'expliquer : elle a seulement voulu « vivre une existence sans contrôle et que la photographie soit un moyen de contrôle de [sa] vie* ».

Compétences requises : L'œil.

Études conseillées : De l'autodidacte au master en passant par le CAP, toutes les durées d'études sont possibles. Mais c'est un métier en pleine révolution numérique : « Le phénomène a pris une telle ampleur

* Brigitte Ollier, « Nan Goldin, perdue, éperdue », *Libération*, 1er mars 2013.

qu'aujourd'hui, c'est toute la profession qui se voit remise en question. » À suivre de très près*.

Pour aller plus loin

Pamela Glasson Roberts, *Julia Margaret Cameron*, ill. Julia Margaret Cameron, Actes Sud, 2009.
Nan Goldin, *La Ballade de la dépendance sexuelle,* La Martinière, 2013.
Sur le Net : le Groupement national de la photographie professionnelle gnpp.comonisep.fr/Ressources/Univers-Metier/Metiers/photographe/

* Loïc Swiny, « Toi, jeune photographe, laisse-moi te dire deux ou trois trucs » [en ligne], Rue89, 4 septembre 2013.

38. Physicienne

Mission • Une physicienne est une scientifique qui étudie le champ de la physique, c'est-à-dire la science analysant les constituants fondamentaux de l'univers et les forces qui les relient.

Découvrez le métier avec... Vera Rubin

Vera Rubin naît aux États-Unis en 1928. À douze ans, elle trouve sa vocation : c'est « cette obscure clarté qui tombe des étoiles ». Elle sera astrophysicienne.
En 1951, à vingt-trois ans, elle fait son mémoire sur une idée farfelue : les galaxies ne seraient-elles pas animées par un mouvement bizarre ? Comme si elles tournaient autour d'un énorme objet invisible ? Rubin y gagne une réputation de bizarrerie. Le Grand Attracteur ne sera officiellement découvert qu'en 1990 par Sandra Faber et ses collègues.
(Définition : le Grand Attracteur est une « gigantesque structure céleste qui, tel un formidable aimant, attire les galaxies qui l'entourent* ». Vous pouvez aussi vous renseigner sur le Grand Mur découvert par Margaret Geller, ou sur le trou noir qu'Andrea Ghez a trouvé au cœur de notre galaxie. Ce sont des objets assez oniriques.)
Revenons à 1951. Pendant les trois années suivantes, Rubin fait deux enfants et une thèse. À partir d'une autre idée farfelue : les galaxies ne seraient-elles pas réparties

* Jean-Paul Dufour, « Le grand aimant des galaxies », *Le Monde*, 24 janvier 1990.

dans l'univers de façon bizarre ? Comme des grumeaux plutôt que comme une pâte à crêpes homogène ? « Ses résultats furent confirmés quinze ans après. » Mais, sur le moment, ils ne font que confirmer sa réputation.
Depuis, ce domaine est devenu « une branche à part entière de l'astrophysique* ».
Nommée chercheuse, Rubin reprend l'idée de son mémoire. Mais, visiblement, celle-ci génère une véritable angoisse chez ses collègues. Certains lui demandent d'arrêter ses travaux. (Couac ! Tût.) Conciliante, Rubin passe à autre chose.
Abandonnant la rotation des galaxies autour d'un hypothétique machin, elle s'intéresse à la rotation des galaxies sur elles-mêmes. Laquelle a quelque chose de bizarre… Rubin va, à nouveau, avoir une intuition de folie. Voulez-vous essayer de vous montrer aussi géniale qu'elle ? Je vais vous exposer le problème. Je vous préviens : il est simpliste, la solution aussi. Pour ma part, je n'ai pas trouvé. Vous êtes prête ?
Levons la tête vers les étoiles. Observons d'abord le système solaire. Que voyez-vous ? Un disque dont les éléments tournent autour d'un centre : le Soleil. La toute petite planète Mercure, collée au Soleil, tourne à toute vitesse autour de lui. Alors que le lointain Jupiter va un train d'empereur. C'est la loi de la gravité qui veut ça. Proche du centre = rapide ; loin du centre = lent ; il n'y a pas moyen d'y échapper.
Observons maintenant, avec Rubin, cette magnifique galaxie spirale, diadème de notre ciel : Andromède. Que voyez-vous ? Oui, c'est aussi un disque dont les éléments tournent autour d'un centre. Les étoiles proches du centre tournent à toute vitesse, alors que les étoiles éloi-

* Yaël Nazé, *L'Astronomie au féminin,* Vuibert, 2008.

gnées orbitent moins… plus… À LA MÊME VITESSE. Alors ÇA, c'est bizarre.

Regardez Rubin éplucher ses clichés galactiques, l'œil collé à l'objectif. Soudain, elle relève la tête : elle tient la solution. Ou, plutôt, elle formule avec aplomb une hypothèse évidente. Et complètement bizarre. L'avez-vous trouvée ?

[*spoiler*] Eh bien, si les étoiles apparemment lointaines tournent aussi vite que les étoiles proches du centre, c'est que toutes ces étoiles sont proches du centre et puis voilà.

« Mais enfin, si toutes les lumières d'Andromède ne sont qu'un centre, où est le reste ? Le reste de la galaxie ?

– Le reste est autour, bien sûr.

– Mais où, autour ? Il n'y a rien !

– Non : on n'y *voit* rien, nuance. Donc, c'est que ce reste est composé d'une matière qu'on ne voit pas. »

Il suffisait d'y penser. Rubin postule que la galaxie Andromède est une énorme chose dont seul le cœur brillant est visible, comme une petite boule à facettes au milieu d'une énorme boîte de nuit obscure. Le reste (95 % de la galaxie, quand même) est invisible. Calmement, Rubin découvre la Matière noire (N.B. En astronomie, « noir » signifie « mais qu'est-ce que c'est ? »). Deux cents galaxies plus tard, ce résultat stupéfiant est confirmé : 95 % de la masse de notre univers sont composés d'une matière dont on ne voit rien et dont on ne sait rien (ainsi que d'une énergie pas beaucoup plus limpide : l'énergie sombre*).

Ayant ainsi retourné cul par-dessus tête toute notre conception de tout ce qui nous entoure, Rubin continue

* Mathieu, « La matière noire » [en ligne], podcastscience.fm, 7 avril 2011.

jusque dans les années 2000 sa fructueuse carrière de chercheuse du bizarre. Parallèlement, elle fait collection de globes terrestres, de prix et de médailles.

Le métier aujourd'hui avec... Sophie Baton

Née dans les années 1960, la petite Sophie aime le bricolage et la littérature. Finalement, c'est le bricolage qui l'emporte : elle devient physicienne. Aujourd'hui, elle travaille au LULI : le Laboratoire d'utilisation des lasers intenses.
Que fait-elle avec ses « lasers de puissance* » ? Elle essaye de comprendre la fusion nucléaire. Parce que, actuellement, pour nous chauffer, nous utilisons la fission nucléaire. Et la fission génère d'encombrants déchets. Alors que si nous parvenions à fusionner des atomes... Mais écoutons Sophie Baton nous expliquer**.
Elle travaille surtout la nuit, « parce que le planning du gros laser est surchargé ». « Les nuits sont longues, fatigantes, mais c'est passionnant. » Que fait-elle ? Elle « focalise son laser sur une tête d'épingle » et obtient « la puissance de plusieurs milliers de centrales électriques ». C'est ainsi qu'elle crée un plasma brûlant (« des millions de degrés »). Et qu'elle l'étudie. Car le seul problème avec la fusion, c'est qu'elle n'existe qu'au cœur des étoiles. Alors Baton recrée « des petites étoiles ». Elle appelle ça « l'astrophysique de labora-

* Échange par mail, 3 septembre 2013.

** Fabienne Chauvière, « Sophie Baton, physicienne » [émission de radio], « Les savanturiers », France Inter, 20 octobre 2012.

toire » : au lieu d'emmener un labo dans l'espace, on recrée l'espace dans un labo.

Avec ferveur, Baton affirme que son « saint Graal, c'est de voir un jour la fusion réalisée sur terre » et de mettre au point une centrale à fusion. Car la fusion nucléaire génère peu de déchets et ne comporte aucun risque d'emballement : « Il suffit d'arrêter le laser. » Alors, c'est pour bientôt ? « Ça fait plus de quatre-vingts ans qu'on s'intéresse à la fusion [...]. Plus on se rapproche du but, plus c'est compliqué. » Un délai, quand même ? « Dans dix ans. Mais ça fait cinquante ans que c'est dans dix ans. » En attendant, de quoi rêve Baton ? « Quand je rêve, c'est de problèmes techniques. » Non, je veux dire : quel objectif dans l'avenir ? Réponse : le futur laser mégajoules de Bordeaux, des miroirs gigantesques sur des centaines de mètres. Baton est enthousiaste : « Ce sera énorme ! »

[Commentaire de Sophie Baton en trois points :

1) « J'ai une thèse, ce qui est incontournable pour être chercheur » ;

2) « et trois enfants, ce qui montre que l'on peut faire ce métier en ayant une vie de famille. J'ai parfois le sentiment que les filles ne s'orientent pas vers les métiers scientifiques en pensant que c'est incompatible. » Mais vous avez sûrement déjà noté que les femmes remarquables que nous avons croisées ont une vie affective active, fréquemment agrémentée d'enfants ;

3) « enfin, ce qui est passionnant dans la recherche est le côté international, avec de nombreux échanges avec les chercheurs de tous les pays. »]

Pour aller plus loin

Vera Rubin, *Bright Galaxies Dark Matters*, American Institute of Physics, 1997. (Une traduction, quelqu'un ?)

Sur la recommandation de madame Baton : Alessandra Benuzzi-Mounaix, *La Fusion nucléaire : un espoir pour une énergie propre et inépuisable*, Belin, 2008.
Sur le Net : letudiant.fr/etudes/secteurs/physiquechimie

39. Politicienne

Mission • Femme active dans un engagement politique, qui éventuellement représente un parti politique ou est une élue du peuple.
Fallait-il parler de Louise Michel ou de Rosa Luxemburg ? De Margaret Thatcher, d'Angela Merkel, d'Indira Gandhi, de Benazir Bhutto, de Dilma Rousseff ? Ou de tous ces prix Nobel de la paix, la très jeune Tawakkul Karman, Ellen Johnson Sirleaf, Wangari Muta Maathai ou la gréviste Leymah Gbowee ? Ou la très sage Rabiatou Sérah Diallo ? Qui elle-même m'a conseillé « madame Célestine Zanou, au Bénin, qui fait partie des femmes qui n'ont pas attendu les grandes occasions pour défendre les grands principes, ou Jeanne-Martin Cissé, en Guinée, qui a été la première femme africaine à avoir des fonctions au Conseil de sécurité des Nations unies, ou Hadja Mafory Bangoura, qui n'était pas une lettrée mais a fait ses preuves pendant la première République en Guinée ». Ou encore, faut-il parler de Simone Veil ? Comment ne pas parler de Simone Veil ? Et de Rosa Parks ? Il a fallu choisir, hélas.

Découvrez le métier avec... Rosa Luxemburg

Elle naît en 1871 en Pologne, sauf qu'à l'époque le pays appartient à la Russie. À cinq ans, on lui plâtre une jambe par erreur. Un an. Elle boitera toute sa vie. À onze ans, elle assiste à un pogrom. Alors, à dix-sept ans, elle décide de « changer le monde* ». Pas moins.
Elle quitte le lycée avec une collection de bonnes notes et entre dans un groupe socialiste clandestin. Rapidement, elle frôle l'arrestation et la déportation. À dix-neuf

* Bernard Feron, « Rosa l'inclassable », *Le Monde*, 4 juin 1993.

ans, elle file en Suisse, à Zurich, où se retrouvent tous les révolutionnaires européens tricards dans leur pays. Dans ce flot de militants socialistes « qui remarquent bientôt l'intelligence exceptionnelle de la jeune femme* », elle pêche un petit ami : Jogishes. Il la pousse à étudier l'économie politique (elle soutiendra une thèse de doctorat), elle l'entraîne dans la création d'un parti politique.

En 1893, c'est chose faite : Luxemburg et Jogishes fondent un nouveau parti socialiste polonais. Son programme ? Faire la révolution en Pologne, mais une révolution qui ne soit *pas* nationaliste. C'est une opinion osée en ce début de siècle ravagé par les chauvinismes. Hélas, en 1896, le parti est frappé par une vague d'arrestations et son journal ferme. Alors, en 1898, Luxemburg va s'installer en Allemagne pour continuer à militer.

À Berlin, Luxemburg entre au Parti socialiste allemand, qui l'envoie politiser les ouvriers. Elle excelle vite dans ce rôle de porte-parole politique. Elle publie aussi des articles révolutionnaires qui la font connaître. Elle travaille comme journaliste, enseignante et traductrice (cinq langues). Ce qui ne l'empêche pas de donner des conférences (c'est une oratrice exceptionnelle), de continuer à agir au sein de son parti polonais et de devenir membre du Bureau socialiste international. Évidemment, tout ça lui attire des ennuis : trois mois de prison en 1904. Du coup, elle a le temps de rédiger une critique au vitriol de Lénine. Pour elle, la révolution doit se faire *via* la grève générale, pas la violence armée. (De toute façon, elle trouve que Lénine a « l'esprit étriqué ».)

---

* Luc Rozenzweig, « Il y a soixante-quinze ans, l'assassinat de Karl Liebknecht et de Rosa Luxemburg », *Le Monde*, 17 janvier 1994.

En 1905, c'est la révolution en Russie. Et en Pologne. Luxemburg en est, bien sûr. Arrêtée, elle échappe à l'exécution, pas à la prison. Les années suivantes sont consacrées à polémiquer avec Lénine et d'autres dirigeants socialistes. Les assauts d'idées sont si violents que tous les protagonistes doivent se mettre au vert de temps en temps, pour soigner leurs nerfs.

En 1913, Luxemburg publie *L'Accumulation du capital* : « Pour elle, l'accumulation du capital ne peut s'effectuer que grâce à l'expansion du capitalisme vers des marchés étrangers [on appellera ça la mondialisation] ou dans des régions moins développées [on inventera un jour le terme de délocalisation]. » C'est « nécessaire au fonctionnement du capitalisme et à sa survie ». Et une fois que le capitalisme aura ainsi fait le tour du monde ? Il s'effondrera. Inévitablement. Luxemburg est considérée comme « l'interprète la plus érudite de Marx depuis Engels ».

Mais 1914 approche. Luxemburg milite fiévreusement contre la guerre. De discours retentissants en procès médiatiques, elle prend un an de prison. Et la guerre est déclarée.

Luxemburg fonde fébrilement la Ligue spartakiste avec Karl Liebknecht. Tous deux appellent à la fin des hostilités. Prison, bien sûr. En fait, Luxemburg « passera presque toute la guerre en prison ». Et voilà la révolution bolchevique de 1917.

Luxemburg applaudit le soulèvement russe, mais critique son nationalisme et sa dictature du Parti. « La liberté seulement pour les partisans du gouvernement, pour les membres d'un parti, aussi nombreux soient-ils, ce n'est pas la liberté. La liberté, c'est toujours la liberté de celui qui pense autrement. » Elle déclare que la dictature du Peuple voulue par Lénine est « une dictature, il

est vrai, non celle du Prolétariat mais celle d'une poignée de politiciens ».
Arrive 1918. C'est l'armistice, c'est aussi le début d'une révolution allemande. Luxemburg est libérée. Mais elle ne la sent pas, cette révolution. Elle estime que la mobilisation populaire est insuffisante. Elle la soutient quand même. « Elle est l'auteur du programme du Parti communiste allemand, fondé le 1er janvier 1919*. »
Le pouvoir en place intervient à balles réelles contre les manifestations (treize morts). Le 5 janvier 1919, les spartakistes tentent de renverser le gouvernement. C'est un échec total. La répression est menée par les Corps francs. Ces Corps sont constitués de militaires qui portent des noms comme Horst von Pflugk-Harttung ou Ludwig Adolf Wilhelm von Lützow, ou même Lothar von Arnauld de la Perière, et dont l'honneur trépigne d'avoir perdu la guerre quelques mois plus tôt. Ils tirent à vue sur les drapeaux blancs des spartakistes qui essayent de se rendre. Berlin est occupé par l'armée. Luxemburg publie « L'ordre règne à Berlin » : ce sera son dernier article.
Le 15 janvier, elle est arrêtée avec Liebknecht. On ne saura jamais qui a donné l'adresse de leur refuge clandestin. Interrogée, Luxemburg refuse de répondre aux questions des officiers. Ceux-ci ne prennent même pas la peine de sauver les apparences : ils la font monter dans une voiture et lui mettent une balle dans la tête. La voiture s'arrête sur un pont au-dessus du Landwehrkanal ; son cadavre est jeté à l'eau ; la voiture redémarre.
De ce jour, Luxemburg devient la grande héroïne du bloc de l'Est pour les soixante-dix ans à venir. Ses assassins, eux, seront récompensés par Hitler. Et Liebknecht ?

* « Rosa Luxemburg » [en ligne], larousse.fr

Il subit le même sort en même temps qu'elle. Et Jogishes ? Il est assassiné trois mois plus tard.
Théoricienne politique remarquable, Luxemburg n'a jamais varié dans sa ligne : oui à la révolution ouvrière, pourvu qu'elle soit internationale et qu'elle se fasse par la grève. Son objectif ? Mettre un terme non seulement à l'exploitation des travailleurs, mais aussi aux nationalismes, à l'inégalité des sexes et à l'oppression raciale. Rien de moins. « La tâche historique qui incombe au Prolétariat, une fois au pouvoir, c'est de créer, à la place de la démocratie bourgeoise, la démocratie socialiste, et non pas de supprimer toute démocratie. » C'est ce qui a fait tenir Luxemburg face aux réalités politiques de son temps, « toute cette maudite politique, ou plutôt cette sanglante parodie de vie politique que nous menons [...], un genre de culte de Baal idiot et rien d'autre, où l'on sacrifie des existences humaines entières à sa propre agitation, à sa morgue intellectuelle ».

Le métier aujourd'hui avec... Rabiatou Sérah Diallo

Elle naît le dernier jour de 1949 en Guinée, près de Conakry, dans un village où « on trouve tout, comme dans une salade », dit-elle*. Par « tout », entendez toutes les ethnies.
Le pays de Rabiatou est alors occupé par la France depuis cinquante ans. L'indépendance survient quand elle a huit ans, elle en garde un souvenir ébloui. La réalité est moins étincelante : la France ne refuse pas à la

* Souleymane Niang, « Hadja Rabiatou Diallo : la femme qui a fait plier Lansana Conté », *Les Afriques*, 2007.

Guinée la liberté qu'elle réclame, pas une seconde. Mais elle la lui fait payer sur-le-champ. En moins d'un mois, les colons ont plié bagages, emmenant tout : savoir, savoir-faire, archives, matériel, tout. Tous les rouages administratifs, économiques, civils et militaires sont démontés, emballés et expédiés au cimetière des bienfaits de la colonisation.

Dans la Guinée en pleine effervescence et en pleine désorganisation, la petite Rabiatou assiste très jeune aux réunions de quartier. « J'ai évolué au sein des organisations des femmes et des jeunes avant de rejoindre le syndicat en 1969 à Kankan*. » Son ascension dans le tissu associatif et syndical est lente mais continue. Elle est un temps secrétaire du président Sékou Touré, poste qu'elle déteste à cause de l'« exigence de soumission » qui y est attachée alors qu'elle se dit plutôt « très bouillante ». Elle passe des concours, devient greffière puis magistrate.

En 2000, Rabiatou Sérah Diallo est enfin nommée secrétaire générale de son syndicat, la CNTG (Confédération nationale des travailleurs de Guinée). [Commentaire de notre envoyée spéciale en Guinée : élue, et pas nommée. D'ailleurs, elle était la seule femme responsable de centrale dans toute l'Afrique. Elle est membre du conseil d'administration du Bureau international du travail (BIT) depuis au moins trois mandats.]

Son objectif ? « Implanter le syndicalisme dans un pays où l'économie informelle tient une place prépondérante, et y ouvrir une place aux femmes. »

Un rappel sur la Guinée : de 1958 à 1984, le président se nomme Sékou Touré. Quand il meurt en 84, un militaire nommé Lansana Conté s'empare du poste. En 2007, il y est toujours, ayant été réélu avec 95,63 % des

* Échange par mail, 27 août 2013.

voix. Mais ce qu'il est par-dessus tout, c'est malade. Et depuis longtemps. Sous son aile mal en point, la corruption sévit. Quand une grève générale éclate, Rabiatou Sérah Diallo est en première ligne, « à la tête des manifestations sanglantes ». Mais écoutons-la raconter elle-même :
« C'est le 17 janvier 2007 que j'ai osé braver le pouvoir avec mes collègues syndicalistes et de la société civile. Le 22 janvier 2007, tout le peuple s'est joint à nous. »
Rabiatou Sérah Diallo est arrêtée, frappée, elle prend une balle dans la peau, mais la mobilisation internationale lui sauve la vie. Elle négocie avec le pouvoir. « Elle a mené la contestation au prix du sang. » Cent vingt morts.
[De notre envoyée spéciale en Guinée. Peut-être mentionner qu'elle faisait partie d'un *triumvirat*, représentant tout le mouvement social guinéen : Ibrahima Fofana, secrétaire général de l'USTG, l'autre grande centrale syndicale, Ben Sékou Sylla, président du Conseil national des organisations de la société civile (CNOSCG), et elle-même, secrétaire générale de la CNTG. Ce trio a mené le mouvement de contestation de janvier-février 2007. Le drame pour Rabiatou est qu'elle en est actuellement la seule survivante : Ibrahima Fofana est mort dans un accident de voiture le 16 avril 2010 et Ben Sékou Sylla est mort d'un cancer le 14 septembre 2010, entre les deux tours de la présidentielle, alors qu'il présidait la Commission électorale nationale indépendante (CENI).]
Rabiatou Sérah Diallo elle-même parle de ces décès comme de son « grand drame » : « Ils sont couchés, mais moi, je suis debout. »
En 2008, Lansana Conté meurt enfin. Un militaire nommé Dadis Camara prend sa place en jurant haut et

fort qu'il va organiser des élections auxquelles il ne se présentera pas. Il le proclame, il l'affirme, puis il le marmonne, le chuchote et, finalement, il n'en parle plus. Alors, en 2009, nouvelles manifestations. « Le 9 février 2009 à la Bourse du travail [à Conakry], raconte Rabiatou Sérah Diallo, nous avons pu regrouper les partis politiques, la société civile, les organisations patronales, les femmes, les jeunes et le mouvement syndical pour parler d'une voix en unissant nos forces. C'est ainsi que le Forum des forces vives a été mis en place et que j'ai été désignée comme porte-parole. Devant le groupe de contact international, j'ai interpellé le président Dadis en disant : “Monsieur le Président, je vous conseille de vous débarrasser des démagogues qui vont vous faire clignoter à droite et vous envoyer à gauche.” »

Arrive le tristement célèbre 28 septembre : « À la veille du 28 septembre, se souvient Rabiatou Sérah Diallo, le mouvement social avait demandé aux chefs religieux d'aller convaincre le Président de laisser les politiciens tenir la conférence du 28 septembre au stade [de Conakry]. Monseigneur Gomez et le grand imam de la grande mosquée, El Hadj Ibrahima Bah, sont restés dans la salle d'attente du Président de midi à une heure du matin pour être enfin reçus mais ne rien obtenir. » Le matin du 28 septembre, les Guinéens mécontents se réunissent quand même au stade. Et l'armée ouvre le feu sur la foule. C'est un carnage : plusieurs centaines de morts. Les militaires se replient en emmenant avec eux des dizaines de manifestantes. Toutes n'ont pas réapparu. Ce jour de septembre est une plaie ouverte dans la conscience guinéenne.

En 2010, Dadis Camara est grièvement blessé par un de ses proches. Il quitte le devant de la scène. Qui donc s'y installe ? Un militaire, Sékouba Konaté. Mais Rabiatou

Sérah Diallo décroche le poste de présidente du Conseil national de transition*, à la tête de « 159 membres venus de tous les bords ». Ce conseil réussit enfin à obtenir que soient organisées des élections « sans qu'aucun militaire ne soit candidat ». Après deux tours épiques, l'heureux élu se nomme Alpha Condé.

Rabiatou Sérah Diallo est désormais une femme « très respectée et très sage ». Ça change de l'époque où on l'accusait de vouloir « mettre le feu » partout. « Quand je mets le feu, c'est sous la marmite, pour nourrir mes enfants. Mais, en Guinée, la marmite est vide [...]. C'est ça qui met le feu au pays. » [De notre envoyée spéciale. Elle aime bien dire aussi, en parlant de l'aide internationale : « Si on te lave le dos, alors frotte-toi le ventre. »]

Je laisse à Rabiatou Sérah Diallo le mot de la fin : « Je vous félicite et vous encourage pour cette belle initiative [la rédaction de ce livre]. Je pense que les femmes doivent pouvoir prendre la relève à tous les niveaux, femmes aux mille bras que nous sommes, courageuses et intelligentes. »

Compétences requises : La fibre politique, le cuir blindé.
Études conseillées : Il n'y a pas que Sciences Po dans la vie. Les filières universitaires de sciences politiques sont nombreuses.

Pour aller plus loin

Rosa Luxemburg, *L'Accumulation du capital*, trad. Irène Petit, François Maspero, 1967.
Timoteus Elmo, *Rabiatou Sérah Diallo*, Loc Publishing, 2012.
Sur le Net : letudiant.fr/etudes/fac/sciences-po-a-la-fac-a-quoi-sattendre
Les instituts d'études politiques sont sur cc.iep.fr

* « Rabiatou Sérah Diallo nommée à la tête du Conseil national de transition » [en ligne], rfi.fr, 9 février 2010.

40. Prix Nobel et autres génies

Mission • Le prix Nobel est une récompense de dimension internationale fondée en 1901 par Alfred Nobel, qui avait beaucoup à se faire pardonner (l'invention de la dynamite). Ce prix est décerné chaque année à des personnes « ayant apporté le plus grand bénéfice à l'humanité » dans leur domaine : sciences physiques, chimie, littérature, médecine, économie et paix. Les mauvaises langues prétendent que, s'il n'existe pas de prix Nobel de mathématiques, c'est parce que la maîtresse de Nobel le trompait avec un mathématicien, mais je n'y crois pas une seconde.

Découvrez le métier avec… Marie Curie

Vous l'attendiez et la voici : l'incontournable, l'inévitable, la statuaire Marie Curie. Pourtant, j'aurais pu choisir n'importe quelle autre lauréate parmi la cinquantaine de nobelisées. Mais l'image de Curie brandissant, dans l'obscurité de son laboratoire, la petite lueur bleue de son éprouvette pleine de radium et allumant de ce seul geste la mèche de tous les progrès, de toutes les catastrophes du XXe siècle, serait sûrement venue me hanter la nuit.
Elle naît en 1867 dans le peu connu « royaume du Congrès », qui n'est autre que la Pologne sous domination russe, décidément. La famille est pauvre et endeuillée : Marie plonge dans les sciences pour oublier. Hélas, elle doit abandonner ses études tôt et travaille comme préceptrice chez des gens plus riches. Elle couche avec le jeune homme de la famille, mais celle-ci ne trouve pas Marie assez reluisante pour en faire une bru et la flanque dehors. Le jeune

homme laisse faire. Alors Marie rejoint une de ses sœurs qui fait des études de médecine à Paris. Nous sommes en 1891, elle a vingt-quatre ans : elle s'inscrit en sciences physiques « pour entrer en haillons dans la légende* ».

Elle étudie ardemment auprès de vingt-trois autres étudiantes, la plupart étrangères – la France admet les femmes à l'université, mais n'autorise pas les petites filles à acquérir au collège un bagage suffisant pour y entrer, tandis que la Pologne fait le contraire, allez comprendre. En 1893, Marie décroche une licence de physique et, en 94, une licence de mathématiques. En 95, elle épouse un homme intelligent, Pierre Curie. En 96, elle réussit l'agrég de physique.

À l'époque, la communauté scientifique s'enthousiasme pour les rayons X. Dans son coin, un certain Becquerel découvre que l'uranium aussi émet des rayons bizarres, mais tout le monde s'en fiche. Sauf Marie Curie. Elle invente un mot nouveau : « radioactif ». En 98, son mari laisse de côté ses propres travaux pour l'assister dans l'étude de la radioactivité.

Regardez-les : tremblant de froid dans leur laboratoire miteux qui tient « à la fois de l'étable et du hangar à pommes de terre** », ils manutentionnent des tonnes de gravats nommés « pechblende », une matière naturellement radioactive. Jour après jour, et la plupart des nuits aussi, ils broient et filtrent et raffinent du caillou, jusqu'à obtenir une toute petite quantité d'uranium assez radioactive et un énorme tas de débris qui ne devrait plus être radioactif du tout. Mais qui l'est quand même. Et pas qu'un peu.

---

* Anna Alter, « Rayonnement familial », *Muze*, janvier 2013.

** Citation de Wilhelm Ostwald, chimiste allemand, « Marie Curie à l'origine de la radiothérapie », *Le Figaro*, 11 août 2012.

Marie Curie a un coup de génie : c'est le fameux « Pierre, je ne me trompe pas ». Elle comprend que les débris de la pechblende recèlent des éléments radioactifs inconnus. Elle en découvre deux et les baptise polonium et radium (900 fois plus radioactif que l'uranium, juste). En 1903, c'est le Nobel de physique. Ils le partagent à trois : Marie Curie, Pierre Curie et Henri Becquerel.
Mais regardez par là. Nous sommes le 19 avril 1906 et Pierre Curie sort fatigué d'une réunion. Il « fait un faux pas et glisse rue Dauphine en voulant éviter un fiacre qui déboule du pont Neuf, les chevaux le renversent, sa tête roule sous la roue arrière gauche et il est tué sur le coup ».
Marie Curie s'effondre. Puis se relève. Elle prend le poste d'enseignant qu'occupait son mari à la Sorbonne. Ce sera l'occasion, pour le journal *Le Journal*, de publier une envolée christique : « En vérité, je vous le dis : le temps est proche où les femmes deviendront des êtres humains. » Curie continue ses recherches et, en 1911, c'est le deuxième prix Nobel.
Le prix est, disons-le, un peu gâché par la révélation, trois jours plus tôt dans la presse, de ses relations amoureuses avec un digne père de famille nommé Langevin. Assez chienne, la presse nationaliste de l'époque traite Curie de briseuse de ménage et, surtout, de sale étrangère. Langevin va cacher sa honte chez son épouse, Curie « traverse un grand moment de solitude ». Elle serre les dents et fonde l'Institut Curie qui existe toujours. On y étudie la radioactivité, mais aussi ses applications médicales contre le cancer.
La radiothérapie deviendra une belle chose, mais les premières observations des effets physiologiques du radium font froid dans le dos. Pierre Curie, pour voir, applique un peu de radium sur son bras. Il note calmement : « La

peau est devenue rouge sur une surface de six centimètres carrés ; l'apparence est celle d'une brûlure, mais la peau n'est pas, ou à peine, douloureuse [...]. Au bout de quelque temps la rougeur, sans s'étendre, se mit à augmenter d'intensité ; le vingtième jour, il se forma des croûtes puis une plaie. » Toujours méthodique, « Pierre Curie constate que les extrémités de ses doigts qui manipulent les tubes ou capsules contenant des produits actifs "deviennent dures et douloureuses" ». Marie Curie, elle, transporte une fiole de radium dans la poche de son tablier, et Becquerel, dans celle de son gilet. Pire : la société s'enthousiasme pour cette substance nouvelle. Je me souviens d'une affiche publicitaire représentant un poêle chargé de radium pur, et d'une aventure de Conan le Barbare où le héros explore une cité perdue à la lumière d'une pierre de radium. Jusqu'en 1938, on en fourre partout : sur les cadrans des montres et des réveils, dans les crèmes hydratantes, les cigarettes, les dentifrices, les médicaments, les bains moussants. Je n'ai aucune idée du nombre de morts.

Mais là où tous ces rayons modernes font des miracles authentiques et immédiats, c'est, eh bien, en radiologie. Rien de tel qu'une bonne radio pour détecter un fragment d'obus enfoncé dans les chairs. Et justement, la guerre de 14 éclate. Curie organise un service de radiologie mobile composé de dix-huit ambulances : les « Petites Curies ». Elle passe le permis pour pouvoir les conduire elle-même sur le front.

Après guerre, elle continue ses recherches. Devenue extrêmement célèbre, elle se rend à des congrès scientifiques prestigieux où elle côtoie Einstein et Meitner. Elle parcourt le monde et se voit offrir, en témoignage d'admiration, quelques grammes de radium pur (le gramme coûtant quelques chose comme un million

d'euros actuels). Elle meurt en 34, à soixante-six ans, complètement irradiée. Ses archives, ses affaires personnelles et les maisons qu'elle a habitées sont toujours radioactives. Pour les 3 000 prochaines années.
Elle repose désormais au Panthéon, allongée entre les deux hommes de sa vie, Pierre Curie et Paul Langevin. Pendant ce temps, sa fille Irène décroche le Nobel de chimie, sa fille Ève décroche la Croix de guerre et sa petite-fille Hélène épouse le petit-fils Langevin (revanche !). Hélène vient d'achever une très belle carrière de physicienne nucléaire.
« Je ne crois pas que l'esprit d'aventure risque de disparaître dans notre monde. Si je vois quelque chose de vital autour de moi, c'est précisément cet esprit d'aventure, qui me paraît indéracinable et s'apparente à la curiosité. Sans la curiosité de l'esprit, que serions-nous* ? »

Le métier aujourd'hui avec… Françoise Barré-Sinoussi

Elle naît en 1947. Études de biologie à la fac, thèse en 74. Elle intègre en tant qu'assistante le laboratoire de Jean-Claude Chermann à l'Institut Pasteur**.
Nous arrivons au début des années 1980, le sida vient d'apparaître. « À l'époque, les grands noms de la virologie française se désintéressent de cette maladie qui ne touche que des "pédés". » Mais, au sein de l'équipe de Chermann, un « petit groupe de médecins trentenaires*** » s'attelle au

* Ève Curie, « Marie Curie », *Da Capo Series in Science*, 1986.
** Éric Favereau, « Enfin un Nobel contre le sida », *Libération*, 7 octobre 2008.
*** Paul Benkimoun, « Pionniers du sida », *Le Monde*, 22 mai 2003.

problème. Ce sont des « marginaux travaillant sur une maladie à l'époque marginale ». Serait-elle due à un rétrovirus ? Bonne question. Qu'ils vont poser à l'équipe de Luc Montagnier. Tous se mettent à chercher comme des fous. « Nous nous réunissions tous les samedis matin à l'Institut Pasteur, et nous travaillions tous les jours jusqu'à onze heures ou minuit, y compris les week-ends », dit l'une. « Nous cherchions des idées jusqu'à quatre heures du matin », assure l'autre. Et Barré-Sinoussi se souvient de l'ambiance : « Ce fut une expérience fabuleuse. »
Début 1983, Willy Rozenbaum envoie à Luc Montagnier un ganglion infecté. Celui-ci le met en culture, Chermann et Barré-Sinoussi suivent son évolution. C'est Barré-Sinoussi qui « est la première à détecter la présence d'un rétrovirus ». Le 20 mai 1983, le magazine *Science* publie un article retentissant sur le VIH « signé, dans l'ordre, par Françoise Barré-Sinoussi, Jean-Claude Chermann, Françoise Rey, Marie-Thérèse Nugeyre, Sophie Chamaret, Jacqueline Gruest, Charles Dauguet, Claudine Axler-Blin, Françoise Brun-Vézinet, Christine Rouzioux, Willy Rozenbaum » et Luc Montagnier.
Ensuite, Barré-Sinoussi prend du galon et mène des programmes de plus en plus importants sur la piste du vaccin contre le sida. Elle s'intéresse également à la transmission mère-enfant et obtient des résultats remarquables.
En 2008, c'est le Nobel pour elle et pour Montagnier. « L'ombre et la lumière. La tête chercheuse et le chef du département. » Pourquoi eux et pas toute l'équipe ? Et pourquoi pas Chermann, surtout ? Je ne sais pas. [Renseignements pris, « le comité Nobel n'attribue pas plus de trois prix pour une même discipline. Or, Harald zur Hausen a reçu également le prix Nobel cette année-là

pour HPV [papillomavirus]… donc il ne restait que deux places pour HIV*. » C'est ballot.]
La vérité, c'est que l'image du chercheur fou qui invente tout seul la glace à trois boules dans son laboratoire et recueille le Nobel après une vie de labeur a beaucoup jauni. Sur ce point, les chercheurs sont unanimes : toute avancée majeure résulte désormais d'un travail d'équipe. Et il paraît de moins en moins logique de ne récompenser que le seul chef d'équipe, qui est plus souvent un gestionnaire qu'un génie.
De son côté, Barré-Sinoussi continue à arpenter les pays les plus touchés par le sida pour leur apporter soutien et moyens. « Je suis restée militante. » Son article paru en janvier 2012 dans *Le Monde diplomatique*, « Vers un monde sans VIH », est un hymne à l'optimisme. À la solidarité aussi. Je vous laisse le découvrir en ligne. « Nous avons deux choix possibles : la solidarité et la collaboration, telles que nous les avons vécues aux débuts de cette épidémie ; ou le chacun pour soi, une approche dans laquelle tout le monde sera perdant. »

Compétences requises : S'intéresser au petit truc pas à la mode publié en page 45 de la revue *Science*.

Pour aller plus loin

Françoise Giroud, *Une femme honorable, Marie Curie,* Fayard, 1981.
Françoise Barré-Sinoussi, *Pour un monde sans sida. Un combat partagé*, Albin Michel, 2012.
Sur le Net : monde-diplomatique.fr

* Échange par mail, 3 septembre 2013.

41. Résistante

Mission • Femme qui participe à un combat contre un occupant étranger ou un régime dictatorial.

Découvrez le métier avec…
Thérèse Pierre

C'est une histoire d'amour, c'est une belle histoire ; c'est une histoire horrible qui finit très mal. La princesse s'appelle Thérèse et le, eh bien, l'autre princesse s'appelle Emma.

Elles naissent toutes deux au début du XXe siècle. La grande blonde, c'est Emma. La petite brune, c'est Thérèse. À la fin des années 1920, toutes deux décident de devenir enseignantes. Elles se rencontrent pendant leurs études. Commencent alors quelques années fabuleuses.

Pendant leurs congés, les deux jeunes femmes découvrent le camping sauvage, les longues marches sac au dos, les vertes collines de la terre et l'odeur des colchiques dans les prés. « Vent sauvage, jambon cru, figues fraîches*. » Elles lisent Bergson et Lénine, s'engagent à gauche, « assistent à des congrès antifascistes » et, en 1935, font le fameux « voyage en URSS » :

« Nous nous sommes baignées avec étonnement dans cette étrange Russie neuve. Tantôt en défense contre elle, tantôt conquises et incapables de rien opposer à l'enthousiasme que l'œuvre accomplie fait naître. Toutes

* « Thérèse Pierre » sur le site de l'association des anciens combattants d'Ille-et-Vilaine, memoiredeguerre.pagesperso-orange.fr

nos habitudes de vie et de pensée sont bousculées. Moscou n'est pas le paradis. C'est un grand chantier. »
Elles rêvent d'élever un enfant toutes les deux. « Une petite fille, Manuela. » Et puis, c'est la fin. En 36, Emma tombe amoureuse de son futur mari. Les chemins des deux femmes se séparent ; ils ne se recroiseront jamais.
Thérèse Pierre « s'engage à fond dans la guerre d'Espagne pour les Républicains, en aidant les réfugiés ». Vient la Seconde Guerre mondiale. Pierre est mutée en Bretagne. À Carhaix, elle est contactée par un responsable de la Résistance. Elle s'engage à nouveau, bien sûr. Son CV de Résistante, rédigé par le ministère de la Défense, est redoutable : « Entre dans le groupe de Résistance communiste de Fougères où elle est nommée responsable. Contrôle les groupes de la région de Fougères (une centaine de membres sont sous ses ordres). Participe aussi activement à l'organisation des groupes F.T.P. dans l'arrondissement et à leur armement. Responsable technique de l'appareil de propagande, elle participe à la rédaction des journaux, brochures, tracts dont elle dirige la diffusion. Assure la liaison entre les groupes. Effectue les transports de documents et de matériels de guerre (explosifs et grenades). Participe à la préparation de différentes opérations contre l'Occupant (incendie de camions, attaque de la Feldkommandantur à Fougères). »
Un témoin raconte : « Un soir de septembre 1942, Pinel doit présenter un chef de la Résistance à Lemarié. Ce chef arrive. C'est une jeune femme qui vient de faire vingt-cinq kilomètres à vélo sous la pluie battante : Thérèse Pierre. » Un autre témoin parle de son « don du commandement et de l'organisation [...]. Elle parcourait à vélo toute l'Ille-et-Vilaine, jusqu'à Saint-Malo. Elle était en relation avec les chefs régionaux et nationaux ».

On la dit « intransigeante, efficace, exigeante, prudente et sévère. Un vrai chef ».

En 43, elle est arrêtée par la Gestapo. « Elle savait que si elle parlait, ce seraient 10, 20, 30 personnes qui seraient arrêtées, torturées, déportées. » Écoutez le commandant Pétri :

« Thérèse Pierre ? Son calvaire et sa mort sont dans bien des mémoires, mais leurs détails ne sont pas très connus. Transférée à la prison Jacques-Cartier, elle fut, dès son arrestation jusqu'à sa mort, torturée heure par heure, battue et flagellée deux jours consécutifs. Elle restait en contact avec ses compagnons de prison par le canal du chauffage central. Madame Lequeu, de Dol, recueillit ses dernières paroles. Le corps entièrement meurtri, elle se traînait sur le sol de sa cellule, sanglotait, criait de douleur, répétait inlassablement : "Je ne parlerai pas... Ils ne me feront pas parler." Vers la fin de ce deuxième jour, elle prononça distinctement : "Ils n'ont rien obtenu de moi." Le lendemain matin, on la trouva pendue aux barreaux de sa geôle avec un de ses bas. De toute évidence, c'était là une mise en scène allemande pour faire croire à un suicide. » Comment aurait-elle pu se hisser jusqu'aux barreaux alors qu'elle avait les deux jambes cassées par les coups ?

Thérèse Pierre a reçu la Croix de guerre à titre posthume et donné son nom à deux collèges. Quand même.

P.-S. Qu'est devenue Emma ? Au fond, il semble qu'Emma a toujours eu une vision précise de la vie : « Sécurité incomparable de la maternité : on a fait quelque chose de sa vie, cela est sûr, cela se voit, s'entend. » Et en ces temps, qui dit enfant dit mari, maison à tenir et linge à blanchir. Ce qui peut aller fort bien à d'autres mais ne lui va pas, à elle. Elle commence à se plaindre le jour de son mariage : « Un notaire caricatural. Un maire caricatural. Un moine qui les vaut. » Elle se plaindra sans arrêt, elle rêvera de s'enfuir sans cesse, pendant des années. Elle ne partira jamais.

Le manque la ronge : « La plus haute des voix, la plus exigeante, c'était Thérèse. Finie, cette exaltation d'esprits formés aux mêmes quêtes. Certains matins, c'est la désolation. » Oh, ce n'est pas son mari qui pose problème. Celui-ci n'est pas un intellectuel et Emma s'ennuie pendant la journée, mais leurs nuits se passent très bien. Le vrai problème, bien sûr, c'est l'époque. Son mari est Alsacien. En 40, l'Alsace est annexée au Reich. Emma doit abandonner sa profession, sa langue, tout. Pour les Allemands, elle est une sale Française. Son mari porte l'insigne nazi, l'uniforme nazi. Emma s'auto-dégoûte. Elle parle d'agonie, de honte, de cage, de fournaise ; elle parle d'elle-même au passé.

La Libération ne lui fait, on s'en doute, aucun bien. « Je suis l'innocente qu'on honnit et qui se découvre indéfendable. » Le 4 juin 1945, elle apprend le sort de Thérèse. « Mon cœur est devenu comme de la cire fondue au milieu de mes entrailles. »

En 1950, elle retrouve son métier d'enseignante, « le profond plaisir d'enseigner et le libre et joyeux épanouissement humain ». Elle meurt en 1987, âgée de quatre-vingt-un ans, laissant derrière elle « un manuscrit, plusieurs cahiers reliés, des boîtes de photos et de négatifs classés ». Le paquet, oublié, ne sera ouvert que vingt ans plus tard. Sa fille en fera un livre, *Elles vivaient d'espoir*, et son petit-fils un documentaire, *Où sont nos amoureuses ?*. Cette fiche leur doit tout.

« Thérèse, si discrète que je suis bruyante ; si légère que je suis pesante ; qui enfouit son mystère au fond d'elle-même quand moi je le crie sur les toits. Je t'aime. »
(Emma Pitoizet, lettre à Thérèse Pierre.)

avec la Tunisienne Sihem Bensedrine, qui s'est dressée pendant vingt-deux ans contre la dictature de Ben Ali* ? La Yéménite Bushra al-Maqtari, condamnée par une fatwa pour son opposition au régime de Saleh ? (« Pour eux, me tuer est un ticket pour le paradis**. ») L'Égyptienne Dina, dix-sept ans, debout sur les barricades, « plus courageuse que nous tous*** » ? Ou sa compatriote Sally Zahran, battue à mort par les policiers de Hosni Moubarak, et dont le portrait géant a été hissé au-dessus de la place Tahrir ? Ou encore cette autre Dina, une blogueuse mise à l'isolement par Kadhafi ? (« Nous avons fait tomber Ali Baba, mais les quarante voleurs sont toujours là****. ») De nos jours, les résistantes se comptent par milliers, par millions. Marchons avec Sihem Bensedrine.

Elle naît en 1950 en Tunisie. Elle étudie la philosophie à Toulouse et, à partir de 1980, elle travaille comme journaliste en Tunisie. Parallèlement, elle adhère à la Ligue tunisienne des droits de l'homme et assiste, dès 87, à la destruction des libertés par le nouveau dictateur Ben Ali. Bien entendu, entre la journaliste qui ouvre sa bouche et l'autocrate qui exige que tout le monde la ferme, le fil est tendu. Ben Ali use de tous les moyens possibles contre Bensedrine : il lui pique son passeport, lui vole son gagne-pain, lui casse ses affaires et la traite de péripatéticienne alcoolisée.

---

* Johanna Luyssen et Sid Rouis, « 3 pays, 3 femmes, 3 tribunes », *Causette* #20, janvier 2012.

** Judith Spiegel et Corentin Fohlen, « Héros de la liberté d'expression » [en ligne], rnw.nl, 1er août 2012.

*** Leila Minano, « Révolutionnaires », *Causette* #13, mars 2011.

**** Johanna Luyssen et Sid Rouis, « 3 pays, 3 femmes, 3 tribunes », *Causette* #20, janvier 2012.

En 2000, Bensedrine fonde *Kalima* (« Parole »), un journal indépendant. Les ennuis s'aggravent. Ben Ali interdit la version papier du titre. Bensedrine le publie en ligne. Ben Ali bloque le site. Bensedrine lance une version radiophonique. Ben Ali saisit le matériel audio. Bensedrine va parler dans un micro londonien. Alors, en 2001, Ben Ali passe à la vitesse supérieure : il arrête Bensedrine. Une campagne de soutien nationale et internationale mène à sa libération au bout de deux mois.
Mais Bensedrine n'est pas tirée d'affaire pour autant. Car la police politique s'acharne. Mais écoutez plutôt Bensedrine, souriant de toutes ses dents blanches, vous raconter son quotidien : « La police n'a pas quitté le seuil de notre domicile depuis 1992*. Les flics occupent mon paysage, ils brouillent l'avenir. C'est comme si vous aviez des lunettes avec de petites bestioles collées là en permanence. Quand vous regardez, vous les avez dans votre champ. C'est stressant d'avoir tout le temps à veiller à ceci et cela, et je ne parle pas des écoutes, de la violation de la vie privée. Je n'ai plus de vie privée. C'est épuisant, oui, mais j'ai choisi de ne pas baisser les bras [...]. Ça n'est pas un choix de vie, ce contexte-là, mais je ne l'ai pas choisi, je l'ai subi et j'ai décidé de le combattre. Être témoin de violations très graves, cela atteint votre propre dignité. Et je ne peux ni le tolérer, ni me taire. Je n'en ai pas le droit. » Elle donne sa recette pour tenir : arrêter d'avoir peur et puis voilà. « À la longue, si vous tenez bon, c'est eux qui s'épuisent et leur système devient inopérant. Vous savez, très souvent, l'efficacité de l'intimidation réside dans la menace, beaucoup plus que dans l'acte de sanction lui-même. Et tant que vous avez peur de la menace, vous fonctionnez dans leur désir, leur

* « Sihem Bensedrine, l'instinct de dignité », *Causette* #2, mai 2009.

demande. Le jour où vous arrêtez d'avoir peur, ils n'ont plus aucun pouvoir sur vous. » N'empêche : la pression sur les enfants devient telle (à quatorze ans, « recevoir des albums porno où ta mère est traitée de prostituée, ça n'est pas très amusant ») que Bensedrine et sa famille se réfugient un temps en Allemagne, en Autriche, puis en Espagne.

En 2011, c'est le miracle ! C'est-à-dire la « fuite pathétique* » de Ben Ali. Bensedrine rouvre elle-même, au pied-de-biche, les locaux condamnés de *Kalima*. France Inter lui offre un nouveau studio d'enregistrement. Mais Bensedrine ne se leurre pas : tout est à faire. « La tête est tombée, mais le corps reste », défendu par « une police politique toujours active ». Il y a toujours un indic devant sa porte.

Compétences requises : Être comme le Tanzanien face au lion. (Si vous dites à un Tanzanien que vous avez peur du lion qui rôde dans la savane, il vous répondra qu'il suffit de tendre le bras et de fourrer dans la gueule grande ouverte du fauve une bouteille de Coca pour bloquer sa mâchoire, et puis voilà.)

Espérance de vie : C'est là qu'est l'os.

Pour aller plus loin

Robin Hunzinger, *Où sont nos amoureuses ?* [documentaire], 2007 (le scénario est sur larevuedesressources.org).

Claudie Hunzinger, *Elles vivaient d'espoir*, Grasset, 2010.

Sihem Bensedrine, *Lettre à une amie irakienne (disparue)*, La Découverte, 2003.

* Rosa Moussaoui, « Sentinelle de la révolution tunisienne », *Causette* #31, janvier 2013.

42. Sculptrice

Mission • De nos jours, la matière ayant tendance à faire preuve d'une plasticité croissante, on dit plus volontiers « artiste plasticienne » que « sculptrice ».
Une artiste plasticienne est une femme qui s'exprime autrement qu'avec des mots. Donc, en rédigeant cette fiche, je vais tenter de dire avec des mots des choses qu'on ne peut dire avec des mots. Autant vous dire que je n'ai plus un poil de sec.

Découvrez le métier avec…
Louise Bourgeois

Elle est née en 1911 à Paris. Son éducation est parisienne, mais son œuvre et sa reconnaissance artistiques se feront à New York.
L'œuvre de Louise Bourgeois repose des quatre pieds et de tout son ventre sur les heurts et les malheurs du jeune âge : « Tous mes sujets trouvent leur source dans mon enfance. Elle n'a jamais perdu de sa magie, de son mystère, ni de son drame*. » Alors, pour une fois, nous allons nous attarder sur cet épisode fondateur.
En résumé : son père trompe sa mère. Et embauche sa maîtresse (« Sadie, un prénom qu'on n'oserait inventer** ») comme nounou de ses enfants (la grâce). Pendant que monsieur et mademoiselle se réjouissent dans l'arrière-boutique, madame gagne le pain du

* Marie Desnos, « Louise Bourgeois, itinéraire d'une enfant tourmentée », *Paris-Match*, 1er juin 2010.
** Vincent Noce, « Louise Bourgeois a régné », *Libération*, 2 juin 2010.

ménage devant son métier à tapisser. La petite Louise admire cette femme, industrieuse et immobile comme Pénélope à Ithaque – comme une araignée au centre de sa toile.
Madame ne crée pas de tapisseries : elle restaure d'anciens ouvrages à motifs classiques (des dieux, des nuages, des angelots). Pour ne pas choquer sa clientèle, elle découpe les organes sexuels des angelots et les enfile un par un sur un long clou (authentique). Pendant ce temps, monsieur casse des assiettes et fait des remarques désastreuses à sa fille Louise qui ne le lui pardonnera jamais.
Bonne élève, Bourgeois décroche son bac et étudie un moment les mathématiques. Mais ça ne lui suffit pas. « Pour exprimer des tensions familiales insupportables, il fallait que mon anxiété s'exerce sur des formes que je pouvais changer, détruire et reconstruire. » Ce seront les Beaux-Arts à Paris. « Elle a pour professeur Fernand Léger qui décèle sa vocation de sculpteur*. » Ensuite, ce sera l'installation à New York.
Année après année, à l'écart de la scène artistique, usant d'« une multitude de techniques et de matériaux », Bourgeois conjure ses mauvais souvenirs en « modelant dans l'espace les méandres de son inconscient ». Elle ne commence à être reconnue que dans les *Seventies*. En 82, enfin, le MoMA de New York lui consacre une exposition. En 99, la Biennale de Venise la distingue pour l'ensemble de son travail. En 2008, c'est le Centre Georges-Pompidou à Paris et la Tate de Londres qui font une rétrospective de plus de 200 œuvres. Vous pouvez en voir une à la BNF de Tolbiac : *Toi et moi*. Et vous pouvez voir, devant le musée Guggenheim de Bilbao,

* Margherita Léoni-Figini, *Louise Bourgeois* [dossier pédagogique], Centre Pompidou, 2008.

une de ses énormes araignées nommées *Maman* (plus de 4 millions de dollars pièce).
Mais écoutez plutôt cette vieille dame menue, ce « tout petit format aux yeux bleu intense* » : elle a la langue féroce. « Comme le dit La Rochefoucauld, pourquoi parlez-vous donc tant ? Qu'est-ce que vous avez à cacher ? [...] Je me méfie des mots. Ils ne m'intéressent pas, ils ne me satisfont pas. » Seules les formes l'intéressent.
Quand Bourgeois meurt en 2010, le journal *Libération* titre pompeusement « Louise Bourgeois a régné ». Heureusement, Louise Bourgeois a toujours fait preuve d'un sérieux sens de l'humour. « Il faut avoir le courage de voir qu'on est ridicule, c'est de ça que mon travail est fait**. »

Le métier aujourd'hui avec...
Dominique Gonzalez-Foerster

Comme Louise Bourgeois, Dominique Gonzalez-Foerster est une plasticienne française reconnue dans le monde entier. Et d'abord, elle n'aime pas le terme « plasticienne ». Alors va pour « artiste visuelle ».
Par bonheur pour moi, quand Dominique Gonzalez-Foerster a préparé une exposition pour la Tate Gallery, à Londres en 2008, elle a décidé d'y inclure un de mes livres de science-fiction. Car DGF est fascinée par l'avenir de l'art. Plus exactement, elle fait collection de scènes d'anticipation artistique. « Que sera l'art dans le futur ? »

* Valérie Duponchelle, « Louise Bourgeois, l'âge de l'innocence », *Le Figaro*, 18 février 2005.
** *Louise Bourgeois* [film], réal. Camille Guichard, 1993.

Je suis allée à Londres, au Turbine Hall, voir mon livre enchaîné à un des lits de la monumentale exposition « TH 2058 » et j'ai rencontré DGF.
Depuis, nous nous croisons de temps en temps – le plus souvent par hasard. Je prends systématiquement des notes. Car DGF est ce genre de personne qui ne dit jamais rien de banal ni de médiocre. Et comme je suis absolument incapable de résumer sa vie et son œuvre en une seule page avec ces fichus mots, je vous confie mon carnet de notes. Vous vous ferez votre propre opinion.

09/06/2013 – 14 heures – café La Tribune métro Miromesnil – RV DGF (prendre oméga 3)

A conçu plus de cent boutiques Balenciaga + expo Tate + expo Palais de Cristal Madrid.
Vit 1/2 de l'année à Rio.
Aujourd'hui, mène une réflexion à la confluence des grandes fresques littéraires américaines, des films de Losey et du jeu d'échecs. Commence à s'intéresser à l'histoire, « curseur sur la ligne du temps ».
Effrayée par la capacité de commander des livres en ligne. « C'est terrible. » [C la ruine, c clair.]
Adore les Catherine (Millet, Robbe-Grillet) pour leur œuvre / pour leur malice. Aime aussi miss Kittin (collègue de Sextoy)
Se souvient de l'importance dans son enfance de la bio de Marie Curie, de Lou Andreas Salomé. « Savoir que ça existe, qu'une femme peut en vivre, avoir des modèles, c'est la clef de tout. »
Émergence d'une classe moyenne à Rio de Janeiro.
Les miracles de la science, et notamment les imprimantes 3D qui peuvent imprimer des fragments de

corps. Il y aura des blocs opératoires avec des poudres contenant des éléments biologiques en guise de toner.
Angoisse du passé où on subissait tant de souffrance physique. L'échographie comme miracle.

30/06/2013 – 13 heures – RV avec DGF café Beaubourg (prendre magnésium)

Il y a deux mécanismes majeurs dans la création artistique : tropicalisation ? « à quoi je m'expose quand je vais au Brésil ». Changer de climat pour changer de cerveau (Borges). Métabolisation ? le principe de l'iceberg, il faut un long temps de montage intérieur. L'œuvre, c'est la partie émergée.
(Voir *Room 237*, film sur le film *Shining*.)
Sujet = besoin de toucher qu'ont les enfants, les adultes. Besoin plus vital que nourriture. Buñuel. Kubrick.

Biographie

« Je peux commencer ma bio avant ma naissance ? » [?]
« Je suis une enfant de la guerre. » Mère allemande, père français d'origine espagnole. Sans la guerre, pas de rencontre. (Voir expo « Guy Debord » à la BNF.)
La plus jeune occupante de la fac de Strasbourg en mai 68. Ses parents étaient étudiants à Strasbourg. Puis Grenoble. Contexte important.
Parents très à gauche. Vie communautaire, expérimentale. Larzac. À huit ans, avait la clef de chez elle autour du cou et rentrait seule le midi se faire son déjeuner. À treize ans, se débrouillait seule le week-end. Ce n'est plus imaginable aujourd'hui.

Années 80

L'âme d'une ville : Grenoble est électro et scientifique, Bordeaux est rock et patrimoniale.
Beaux-Arts à Grenoble. Ne s'est pas vue artiste tout de suite. Parents sans pression = précieux de ne pas être soumise à des projections. Les Beaux-Arts comme laboratoire de sa volonté.
[Beaubourg, terrasse parmi des nuées de moineaux. C'est moins snob qu'avant ou je vieillis ?]
Aux Beaux-Arts, a testé son *driver* d'artiste, « cette force qui te tient et te contient ». Des collègues ont préféré un métier salarié.
Le *driver* a du mal avec le succès qui tire l'esprit vers l'extérieur (lire à ce sujet *Martin Eden* de Jack London). Car ce que cherche l'artiste, c'est la concentration ? « Ce moment où ma réalité prend le pas sur tout le reste. » Expo Turbine Hall intitulée *TH2058* = année concentrée / année heureuse.
(Comment a-t-elle réalisé le trognon de pomme géant de son expo au Turbine Hall ? Réalisé par studio effets spéciaux James Bond.)
« Il faut que le public, en entrant, accède à une réalité parallèle » = qu'il y ait suspension d'incrédulité.
Passe des semaines à méditer chaque matin sur le prochain coup créatif, comme aux échecs.

Années 90

Participe à des expos, travail surtout collaboratif pendant des années. A failli se mettre au service d'un artiste masculin, *trip* muse et intendante. A lutté contre ce tropisme = inclination irrésistible.
« C'est trop simple d'être seulement artiste. » Tyrannie de la signature, de l'obligation d'être individualiste. A préféré être très collaborative comme dans les 70's. Par-

ticipe création magazine *Purple*. Bcp de boulots différents, graphiste, prof, organisatrice d'expos. Organiser des expos = activité curatoriale.
Cette activité curatoriale = scénographie, la passionne à nouveau aujourd'hui.
Se sent une méta-artiste, n'aime pas les trucs directs mais l'art sur l'art, l'interrogation sur l'art brut. Cérébrale, pas liée aux matériaux.
La nuit, dans sa tête, visualise des palais 3D comme Balzac, Proust, Nabokov. « J'ai un truc par rapport à l'espace. »
Essaie d'imaginer l'art du XXIIe siècle. Collectionne dans les romans de S-F les descriptions de l'art du futur. Cette obsession ressort dans ses expos *Expodrome* (musée d'Art moderne Paris) et *Nocturama.*
Biennale de Venise (plusieurs fois).
Job d'étudiante = gardienne de musée. « J'ai été traumatisée par le peu de temps que les gens passent devant les œuvres. » Elle veut captiver le spectateur. Importe des techniques narratives pour garder le spectateur. Étudie des disciplines, fait des translations depuis l'architecture, depuis la littérature, etc. « La lecture de Ballard a bouleversé mon rapport à la beauté. »
Cette femme est un puits de curiosité.

10/07/2013 – 19 heures – RV avec DGF bar Bonne-Nouvelle (manger poisson)

Années 90 – suite

« Des chambres-expositions aux films-villes. »
Beaucoup au Japon.
Premier film toute seule = *Riyo* (1999) long travelling à Kyoto, là où se rencontrent les adolescents. La musique des conversations fait office de bande-son. « Capter un moment. » [Je l'ai vu : c'est infiniment zen.]

A fait le design de la station de métro Bonne-Nouvelle = hommage au cinéma à cause de la proximité du Rex. Lettrage hollywoodien, grands écrans, éclairage de spots très cinématographique. Dit que c'est très dégradé.
En fait, le métro est le plus grand bâtiment de Paris. [Comme cette plante qui forme une forêt à elle toute seule.]
Pendant les travaux de la station, l'électricité était coupée, on pouvait marcher sur les voies.
« Je me levais à 1 heure du mat', les travaux avaient lieu de 2 heures à 5 heures puis je retournais me coucher. »
[Le bar où on boit a réutilisé son lettrage Bonne-Nouvelle.]

Années 2000

Beaucoup au Brésil.
Reconnaissance. Prix Marcel-Duchamp en 2002 = expo à Beaubourg (*Exotourisme*) ? Parce que l'endroit le plus visité à Beaubourg, c'est la terrasse, elle a construit une terrasse avec un panorama extra-terrestre.
Puis expo à la Documenta de Kassel (tous les 5 ans / c'est la + grosse manif d'art contemporain). Elle a choisi un endroit dans le parc et créé un parcours d'un pays à un autre / un bloc de lave du Mexique, une cabine téléphonique de Rio. « C'est facile de faire quelque chose qui tient dans un musée mais en extérieur, c'est plus dur. Où sont les limites de l'œuvre, en extérieur ? Est-ce que cet oiseau en fait partie ? Et le ciel ? »
Münster 2007 (tous les 10 ans). « J'ai voulu écrire le roman de Münster. » A fait, dans une immense prairie, un palimpseste de toutes les expos de Münster depuis 77 en miniature. « Tu peux tout voir sur mon site dgf5.com. Les photos, les films. »
2002. Le chanteur Christophe l'appelle un matin (« le miracle du coup de fil du 2 janvier »). Il lui propose de

suivre sa tournée pour faire une vidéo. Du coup, Bashung aussi (dgf5.com/cinema/t4/Bashung).
– Pas trop ramenard, Christophe ? Et Bashung ?
– Ah nan. Ah nan nan nan nan nan. Les très bons, ils sont très bons.
« Ce sont des types qui lisent énormément, qui voient énormément de films. »
« Ils ont chanté *Les Mots bleus* en duo pour moi à Grenoble, t'imagines ? » [Ah nan.]
En même temps, elle commence les boutiques Balenciaga. Travaille avec Nicolas Ghesquière, le styliste de la maison.
2004. Trou noir, plus d'envie. 5e expo à la Biennale de Venise. « Tu vas dire que ça fait enfant gâté mais je ne voulais plus. » Puis c'est revenu. 2008. Turbine Hall de Londres.
Philippe Parreno = un des meilleurs artistes [Lui, c'est Zidane qu'il a filmé.] et un des meilleurs amis.
2007-2013 = la période mise en scène. C'est un nouveau champ d'expérience. Elle met en scène de la musique – opéra, orchestre. A fait *Fahrenheit 451* à Stockholm. « J'ai utilisé toute la ville pour cette pièce, en emmenant les spectateurs d'une scène à l'autre. » Une autre mise en scène à New York : mix de Kafka, *Le Procès,* Orson Welles, et *After Hours.* « Ce film m'avait hyper-énervée la première fois que je l'ai vu. » Elle disperse à la fois les spectateurs et les musiciens dans la ville. La musique est retransmise par téléphone portable. Le jeu ? Récupérer 20 spectateurs perdus. À la fin, tout le monde se retrouve sur scène.
Expo *T1912* autour du *Titanic* au Guggenheim de New York.
En ce moment, *M2062 :* elle se maquille pour paraître cinquante ans de plus et raconte son œuvre sur les

cinquante dernières années. Inspirée par Cindy Sherman, qui se met en scène elle-même. DGF est fatiguée des gros trucs avec équipe de 100 personnes. « J'espère avoir cette dimension contemporaine qu'est un style éclaté. »
Littérature spatiale. Est vraiment passée de l'exploration géographique à l'exploration temporelle. « J'ai toujours l'impression de commencer. »
[Quitté le café en oubliant de payer. Le garçon m'a couru après. Beau sourire. J'adore.]
« J'aimerais vraiment que tu préserves ma complexité. »

Pour aller plus loin

Louise Bourgeois [film], réal. Camille Guichard, 1993.
Sous la dir. de Jessica Morgan, *Dominique-Gonzalez-Foerster TH 2058* [catalogue], avec Jeff Noon, Catherine Dufour, Luc Lagier, Philippe Parreno, Enrique Vila-Matas et Lisette Lagnado, Tate Publishing, 2008.
J. G. Ballard, *Crash*, Calmann-Lévy, 1974.

43. Self-defenseuse

Mission • Le terme *self-defense* (en français, *autodéfense*) désigne l'ensemble des techniques de combat permettant de faire face à une attaque, soit à mains nues, soit à l'aide d'un objet dont la fonction première n'est pas d'être une arme.

Découvrez le métier avec... le pink gang

Elle s'appelle Sampat Pal Devi. Cette femme est née en Inde en 1960, dans un milieu pauvre. « Femme », « en Inde » et « pauvre », ça n'est pas une bonne main : mariée à neuf ans et mère à treize, Sampat Pal Devi mène une existence rugueuse. Elle et ses proches « vivent dans des huttes de boue et de brique, sans eau courante, sans électricité et avec moins de 50 pence (0,75 euro) par jour* ». La misère est extrême, majorée par la déconsidération féminine (violences conjugales, viols). Et que fait l'État pour y remédier ? Hélas, dit Sampat Pal Devi, « personne ne vient à notre aide, dans cette région. La police et les fonctionnaires sont tellement corrompus et anti-pauvres ».

Alors, un matin de 2006, Sampat Pal Devi se lève et enfile un sari rose comme on se croise. Elle vient de créer le *pink gang*. Son arme ? Le *lathi,* le bâton de bergère. Et l'union, qui fait la force. Combien sont-elles ? Certains

* Polly Dunbar, « Les femmes indiennes qui luttent pour les droits des femmes » [en ligne], dailymail.co.uk, trad. RAL sur e-torpedo.net, 3 février 2008.

disent 200*, d'autres un millier. Son objectif ? « Battre les hommes qui ont abusé de leurs épouses ou les ont abandonnées, et aussi tabasser les policiers qui ont refusé d'enregistrer les plaintes pour viol. »
Sampat Pal Devi définit la technique du *pink gang* par l'exemple : « Il y a six mois, une femme a été violée et nous sommes allées avec elle au commissariat de police. Au début, les chefs ont refusé de prendre la plainte [...]. Nous avons traîné l'officier de police hors du commissariat et nous l'avons battu avec nos bâtons. » Simple.
Mais les actions du *pink gang* ne se limitent pas là. Car le *pink gang* a compris la même chose qu'Olympe de Gouges, à savoir que la douleur des femmes ne vient pas uniquement des hommes : « Femmes, ne serait-il pas grand temps qu'il se fît aussi parmi nous une révolution ? » C'est cette révolution-là que le *pink gang* accomplit : il s'en prend volontiers aux belles-mères qui assassinent ou mettent à la rue leurs brus pour de pénibles histoires de gros sous.
Mais les actions du *pink gang* ne se limitent pas là non plus : si les monstres ne sont pas seulement des hommes, les victimes ne sont pas seulement des femmes. « L'année dernière, après avoir reçu des plaintes parce qu'un magasin d'État ne donnait pas la nourriture qu'il était censé distribuer gratuitement aux pauvres, le gang a commencé à surveiller le propriétaire et son fils. Une nuit, on a vu deux camions chargés de grain sur le chemin du marché, où le propriétaire du magasin prévoyait de le vendre et d'empocher les bénéfices. » Vous imaginez la suite : le grain a été correctement distribué à une population d'affamés. « Nous ne sommes pas contre les

* Neeta Lal, Asia Sentinel, « Des justicières en sari », in *Courrier international*, 1er février 2008.

hommes. Nous sommes pour l'égalité des droits pour tout le monde et contre ceux qui la refusent. »

Le métier en Europe avec... Irene Zeilinger

À défaut d'aller vivre en Inde, vous pouvez apprendre à vous défendre en France et alentour. À Toulouse, par exemple, grâce à l'association « Faire face ». Ou à Lyon, association « Autodéfense et autonomie », ou à Dijon, à Grenoble, à Nantes, à Paris. Et à Bruxelles, où Irene Zeilinger a ouvert l'association Garance.

Née en 1971 en Autriche, Zeilinger devient à la fois sociologue et self-défenseuse. « Formatrice d'autodéfense », officiellement. Parce qu'elle a constaté que « les femmes ont le sentiment que ça ne sert à rien de se défendre* ». Et que c'est bien dommage : « La défense physique utilisée à bon escient est couronnée de succès dans 90 % des cas. »

Alors Zeilinger a sorti son *Non c'est non (petit manuel d'autodéfense à l'usage de toutes les femmes qui en ont marre de se faire emmerder sans rien dire)*, disponible gratuitement sur editions-zones.fr. Le titre ! Tout est dans le titre. « On se limite à quelques gestes simples, efficaces et accessibles à toutes, explique Zeilinger. Le but n'est pas de s'entraîner pendant des années pour pouvoir se défendre. »

La vedette des sports d'autodéfense est le *krav maga*, mais attention : ce sport n'est pas spécifiquement féminin. Il est utilisé par « Tsahal et le Mossad, et par de

* Julia Pascual, « Autodéfense pour femmes : l'heure de la confrontation », *Causette* #31, janvier 2013.

nombreuses polices et troupes d'élite dans le monde ». Les cours sont colonisés par des apprentis gendarmes aux ambitions homicides élevées, ce qui m'a permis d'apprendre quelques techniques commando. Je suis devenue théoriquement capable de désarmer à mains nues trois adversaires lourdement enfouraillés, de les amener au sol en leur fracassant la rotule et de leur écraser la tête d'un bon coup de talon. Dans la pratique, je manque à la fois de masse, de rapidité et de motivation à faire gicler un cerveau sur mes chaussures. L'autodéfense féminine, au fond, est bien plus basique que le *krav maga* : « Flanque ton genou dans le triangle génital et cours ! »

Commentaire de Zeilinger* : « Il y a une grosse différence entre l'autodéfense féministe et ce que j'appelle l'"autodéfense arts martiaux". L'autodéfense féministe a été développée spécifiquement pour permettre aux femmes et aux filles de vivre en sécurité et de faire face, avec succès, à toutes sortes d'agressions, que ce soit des transgressions de limites subtiles ou des agressions qui mettent leur vie en danger. Pour cela, l'autodéfense féministe s'appuie sur bien plus que des techniques de combat.

« En effet, connaître des techniques de karaté, de *krav maga* ou que sais-je ne garantit pas qu'on parviendra à les appliquer dans une situation de danger. Il y a des ceintures noires qui n'ont pas réussi à se défendre contre une véritable agression, parce que ce n'est pas une question de technique. C'est une question de mental. C'est pourquoi l'autodéfense féministe intègre un travail sur la confiance en soi et la valeur qu'on se donne à soi-même ("je suis plus importante que mon agresseur et j'ai le

* Échange par mail, 7 septembre 2013.

droit de lui faire mal s'il veut me faire mal"), sur la notion de limites et comment les reconnaître (car plus tôt je réagis dans une situation, plus il m'est facile de mettre un terme à ce qui ne me plaît pas) et sur la façon de poser ces limites, verbalement et non verbalement. Il y a tout un travail à faire pour que les femmes et les filles se permettent plus de choix que l'étroit répertoire comportemental prévu dans la féminité classique (rester passive, pleurer, supplier, se soumettre) qui a tendance à aggraver une agression. L'expérience prouve qu'on ne peut pas réduire l'autodéfense à la simple défense physique.

« L'autodéfense "arts martiaux" (ou *self-defense*) a une perspective complètement différente. Il s'agit d'acquérir des techniques de combat, ancestrales ou modernes, qui sont toutes développées par des hommes pour des hommes dans des situations vécues par des hommes. Le *krav maga*, pour prendre l'exemple que vous citez, vient de l'armée israélienne et a sans doute son efficacité dans le contexte d'un conflit armé, d'une guerre ou même d'une bagarre de rue. Mais pour les femmes et les filles qui vivent la violence dans leur couple, le harcèlement sexiste dans la rue, à l'école ou au travail, qui doivent faire face à des discriminations quotidiennes, cette approche propose lamentablement peu de solutions. Casser quelque chose à l'agresseur est nécessaire dans une petite minorité de cas. Quand vous regardez le contenu de ce genre de formations, les situations travaillées se passent toujours dans l'espace public, avec un agresseur inconnu et une agression soudaine et, assez souvent, il s'agit plutôt de défendre son sac à main que soi-même, comme si ce sac était notre principal problème. Statistiquement, les femmes et les filles courent beaucoup plus de risque de vivre des violences de la part de leurs proches, dans l'espace privé, et dans une dynamique d'emprise psychologique, ce qui demande d'autres stratégies et techniques.

« Je suis convaincue que l'autodéfense "arts martiaux" n'est pas le meilleur choix pour les femmes et les filles : contexte d'apprentissage hiérarchisé, manque de conscience et de savoir des formateurs sur les violences faites aux femmes (et pas seulement : outre le sexisme, il y a le racisme, le classisme, l'agéisme...), la nécessité d'être sportive et de pratiquer intensivement (ce qui rend ce genre d'activités inaccessible à bon nombre de femmes et de filles), pour ne pas parler du climat de machisme qui plane assez souvent dans les dojos mixtes. Et de toute façon, la sécurité n'est pas un sport. Un sport, c'est un jeu, un "comme si". Savoir se défendre est une compétence qui sert dans tous les aspects de la vie : il ne faut pas confondre ce savoir avec un passe-temps rigolo.

« Par rapport aux *Saris roses*, j'ai aussi une petite remarque : les actions que vous décrivez ne sont pas de l'autodéfense dans le sens strict du terme. Ce sont des stratégies de résistance collective contre des violences qui ont déjà eu lieu et qui sont de type social, tandis que l'autodéfense vise la défense contre des violences actuelles ou imminentes de type interpersonnel. Faire en Europe ce que les *Saris roses* font en Inde poserait de multiples problèmes avec la justice : violences contre des fonctionnaires, coups et blessures sans aucune nécessité de légitime défense, on pourrait même les considérer comme une organisation criminelle, voire terroriste. À mon avis, il est important de rajouter que les *Saris roses*, comme d'autres mouvements de femmes en Inde, organisent des cours d'autodéfense pour les femmes et les filles, dans les campagnes comme dans les villes. En plus des techniques de défense verbale et physique, elles conseillent d'utiliser des stratégies accessibles à toutes, comme de porter un mouchoir avec du poivre ou d'autres épices piquantes dans leur poche – elles peuvent alors jeter cette poudre aux yeux d'un éventuel agresseur. C'est la version bon marché du spray lacrymo. L'autodéfense féministe est en fait très répandue en Inde, peut-être même plus qu'en France. »

Irene ZEILINGER

Compétences requises : Être une femme.

Pour aller plus loin

Sampat Pal, en collab. avec Anne Berthod, *Moi, Sampat Pal, chef de gang en sari rose*, Oh ! Éditions, 2008.
Pink saris [documentaire], réal. Kim Longinotto, 2010.
Irene Zeilinger, *Non c'est non,* Ed. Zones, 2008.
Sur le Net : une liste d'associations d'autodéfense sur faireface-autodefense.fr/autres-associations-dautodefense-pour-femmes et bien sûr, krav-maga.net

44. Star du rock

Mission • Rockeuse qui a un public nombreux. Là aussi la liste est longue, de celles du « club des 27 » (ex. Janis Joplin, Amy Winehouse) à celles qui s'en sortent très bien (ex. Patti Smith) en passant par celles qui ont eu chaud (ex. Marianne Faithfull). Attardons-nous sur deux stars aussi fun que rock.

Découvrez le métier avec...
Nina Hagen

Elle est née à Berlin-Est en 1955, dans une famille d'artistes (le père est artiste, la mère est artiste, l'amant de la mère est artiste). Elle quitte l'école à seize ans et commence immédiatement à chanter, à tourner et à monter des groupes. Elle fait des études de musique, aussi.
À vingt ans, c'est Berlin-Ouest et, à vingt et un, Londres. La scène punk en 76, la vraie. Hagen rencontre Ari Up des Slits (« Les fentes ») et Johnny Rotten des Sex Pistols (« Les pétoires à un coup »). En 78, Hagen sort son premier album et, en 79, c'est *African Reggae*, le tube ultime qui la rend mondialement célèbre.
1979, c'est aussi l'année où Hagen est interviewée en *live* par la chaîne de télévision autrichienne RBB, dans le cadre de l'émission « Club 2 ». Au milieu d'une question quelconque, Hagen décide d'expliquer à l'intervieweur médusé comment stimuler son clitoris quand on fait l'amour afin de mieux parvenir à l'orgasme*. Regardez-

* « Nina Hagen sur la chaîne autrichienne RBB » [en ligne], youtube, 1979.

la : moulée dans un pantalon en spandex noir et un tee-shirt jaune marqué « Ferdinand », Hagen galipette dans toutes les positions, montrant avec des gestes précis où mettre les doigts et comment. Je ne pourrai jamais assez la remercier.
En 80, Hagen se lance dans une carrière solo. En 82, c'est l'album *Nunsexmonkrock* (« sexe de nonne rock de moine »). À partir de là, un cycle s'enclenche : Hagen fait un album controversé, puis une tournée triomphale parce que c'est une bête de scène, se marie, voit des soucoupes volantes, fait un album, une tournée et un enfant, change de religion, fait un album puis une tournée, parle aux extra-terrestres, change de mari et ainsi de suite jusqu'à nos jours. Aujourd'hui, Hagen a deux enfants, trois mariages, quinze albums et elle est protestante. Elle est toujours aussi rock et aussi trash, elle a toujours cette bouche et cette présence scénique que Mick Jagger lui envie, sa logorrhée de roc sous acide, son surnom de *Mother of Punk,* et « une voix extraordinaire, capable de toutes les acrobaties* ». Sa reprise de *Personal Jesus* est un archétype.

Le métier aujourd'hui avec... Amanda Palmer

Moi : Tu as lu dans *Le Monde* ? Sur Amanda Palmer et le *Daily Mail* ? Tu connais Amanda Palmer, la pianiste punk ?
Mélanie : Oui.
Moi : Elle a fait un concert à Glastonbury et le *Daily Mail* a sorti un article dessus. Écoute ça : « Le tabloïd britannique n'a retenu de sa prestation qu'un sein furti-

* Véronique Mortaigne, « Nina Hagen emporte La Cigale », *Le Monde,* 13 octobre 2009.

vement découvert au cours d'une des chansons, avant qu'elle ne puisse réajuster son soutien-gorge. De sa voix, de ses chansons, de l'ambiance, nous ne saurons rien*. »
Du coup, au concert suivant, Amanda Palmer a arraché son peignoir et elle est restée toute nue devant son clavier, à chanter *Dear Daily Mail*. Tu l'as entendue, sa chanson *Dear Daily Mail* ?
Mélanie : Oui.
Moi : Je traduis en gros : « *Dear Daily Mail*, ça fait quand même dix ans que je montre mes seins et le reste à mon public parce que je suis une grosse punk, si tu étais moins crétin, tu le saurais », haha ! Tu as vu la vidéo de *Dear Daily Mail* ? Au moment où Palmer enlève son peignoir, tous les spectateurs hurlent de joie, et elle, elle tend les bras vers eux en disant : « *Shhhh, it's just a naked woman.* » Juste une femme nue. J'adore Amanda Palmer. Tu la connais ?
Mélanie : Oui, je connais Amanda Palmer. Je l'ai beaucoup écoutée, je l'ai beaucoup vue sur scène, je l'ai même interviewée deux fois. Et j'ai participé à une de ses *jam sessions*.
Moi : Ah oui, quand même. Euh... puisque tu la connais si bien, tu peux me parler de sa bio ?
Mélanie : Non. Ce n'est pas la biographie qui me fascine, c'est le personnage.
Moi : Tu veux une bière ?

Amanda Palmer, une biographie (avec l'aide éclairée de Mélanie Fazi, écrivain, traductrice et poète)
Amanda Palmer est née en 1976 à New York. Elle commence à composer de la musique à treize ans. Son bac

* « Tombée des nues – La chanteuse Amanda Palmer ridiculise le *Daily Mail* », *Le Monde*, 16 juillet 2013.

en poche, elle part découvrir le vaste monde. Elle ne s'arrêtera plus.
Avant tout, c'est une femme de théâtre. De théâtre de rue. Elle crée sa propre troupe, le Shadowbox Collective. Pour manger, elle fait « statue vivante » pendant des heures, pendant des jours, dans un square de Cambridge d'abord, à travers le monde ensuite. En 2000, elle fonde le groupe Dresden Dolls (« cabaret punk brechtien »).
Fazi : « On se sent bien quand elle est sur scène. On se sent bien avec elle, et avec les autres autour. Et quand elle se lâche, c'est impressionnant. C'est une vraie bête de scène. Et une claviériste hors pair. »
Premier album en 2003, premières parties de Nine Inch Nails. En 2008, Palmer se lance dans une carrière solo, mais est-ce le terme qui convient ? D'après ses propres termes, Palmer est « *an artist, performer and provocateur* » qui grouille d'idées farfelues et les réalise avec mille gens talentueux.
Fazi : « Elle est hyper-exubérante, elle a un sens phénoménal de la communication, mais, surtout, elle véhicule des idées extrêmement intelligentes. Elle parle de liberté, de volonté et de tolérance. Il *faut* lire son blog. Je trouve génial que des gosses soient exposés à ça. Son message, c'est “fais ce que tu veux dans le respect des autres”, ça paraît cliché, mais la réalité est strictement inverse. “Ne fais pas ce qui est conforme tout en bitchant sur le voisin, fais ce que tu sais faire et fais-le à fond.” »
Palmer enregistre un album, monte une pièce, réseaute à mort, publie un livre de photos d'elle en cadavre, part en tournée, montre son bidon dodu dans un clip et se brouille avec sa maison de disques, mais qu'importe : elle demande à ses fans d'avancer l'argent pour qu'elle puisse enregistrer son album suivant et, le moins qu'on

puisse dire, c'est que ça marche. Elle réunit 15 000 dollars en trois minutes.
Fazi : « Quand elle a envoyé balader sa maison de disques et qu'elle a décidé de se débrouiller seule avec ses fans, elle a obtenu la somme en vingt-quatre heures par souscription Kickstarter. Elle fait ce qu'elle veut quand elle veut, grâce au rapport direct avec ses fans. C'est peut-être parce qu'elle a été statue vivante pendant des années, mais elle a pris l'habitude de passer le chapeau auprès de ses spectateurs et elle continue. En tournée, elle ne descend pas toujours à l'hôtel : elle demande souvent à être hébergée par ses fans. Elle dit qu'il n'y a pas de honte à demander, pas de problème là-dedans*. Bon, elle a le charisme pour le faire et tout le monde ne l'a pas. »
En 2010, Amanda Palmer épouse Neil Gaiman, l'auteur de *Neverwhere,* de *Sandman*, de *Coraline*.
Fazi : « Je crois que Gaiman et elle ne se voient presque jamais. Ils sont toujours chacun à un bout du monde et ça n'est jamais le même bout. Tu peux les suivre sur Twitter, si tu veux : tu verras. Alors Gaiman lui écrit. Un roman. »
En 2012, Palmer monte le Grand Theft Orchestra et rererepart en tournée avec son clavier, son ukulélé, ses sourcils arabesques, ses poils et son bidon.
Fazi : « C'était pendant qu'on filmait une session, dans un minuscule bureau, son ampli a pété, j'ai passé toute la session à bidouiller le câble pour pas qu'il se débranche. Franchement, elle a failli défoncer le plancher et écrouler l'immeuble rien qu'en jouant. »
En 2012 aussi, Palmer écrit-compose-interprète *The Killing Type.* Rah.

* Amanda Palmer, « The art of asking » [en ligne], TED Talks, 1er mars 2013.

Fazi : « C'est une musique immédiate et, quand tu creuses, tu trouves le texte. Qui est souvent à l'opposé du tempo de sa musique. Palmer a le sens du tragi-comique, du double sens. C'est une parolière balèze, vraiment. » Palmer ne dit pas autre chose : « L'art que je préfère est souvent celui qui fait se rencontrer une extrême noirceur et une extrême légèreté. C'est généralement là qu'on obtient des choses magnifiques*. »
Multiface mais logique avec elle-même, Palmer refuse toujours de s'épiler, met sa musique en accès libre sous licence Creative Commons, pratique le yoga et la bisexualité et paraît s'amuser beaucoup dans la vie.
Fazi : « Tu sais, je suis admirative de sa façon de dire les choses. Cette femme, c'est un univers à part. Tout est important : la musique, les textes, les visuels, la façon de s'exprimer sur le blog. Quand je l'ai découverte, c'est quelqu'un que je n'ai pas réussi à me sortir de la tête pendant des mois. Ses textes sont bluffants, chaque concert est une claque, il y a de l'intensité dans sa façon de vivre et, en plus, elle a oublié d'être conne. Dans le contexte actuel, je la trouve utile. Voire nécessaire. »

Compétences requises : Un gros ego, pour commencer. Pour continuer. Et pour finir.
Études conseillées : Musicales.

Pour aller plus loin

Vous irez loin. « Il faut bien que quelqu'un y aille » (Lester Bangs à propos de Sid Vicious).

* « Amanda Palmer, une extrême noirceur, une extrême légèreté » [en ligne], interview d'Amanda Palmer par Mélanie Fazi, lecargo.org, 18 janvier 2009.

African reggae, Nina Hagen, Reinhold Heil, Bernhard Potschka, album *Unbehagen*, 1979.
The Killing Type [en ligne], Amanda Palmer, youtube.com
Lecargo.org [en ligne], critiques et interviews d'Amanda Palmer par Mélanie Fazi.

45. Surfeuse

Mission • Si vous tapez le nom et le prénom de l'auteure de ce livre dans votre moteur de recherche préféré, section *images,* vous verrez alterner mon portrait et des planches de surf. Car j'ai une homonyme. Elle est splendide comme la jeunesse et c'est une surfeuse reconnue. Je ne résiste pas à l'envie de vous la présenter.

Le métier aujourd'hui avec… Catherine Dufour

Elle est née en 1986 au Canada. À vingt et un ans, elle découvre le *kitesurf,* c'est-à-dire le surf tracté par un cerf-volant. Et le *snowkite,* le même sur la neige. Elle devient « immédiatement accro à cette voile » et « comprend bien vite son énorme potentiel* » à elle.
Pour Dufour, le *kitesurf* est « le plus beau sport jamais inventé** ». Elle se consacre à le promouvoir partout où elle peut, rencontre des classes et empile des médailles. Son but ? Devenir champion du monde, c'est-à-dire championne du monde tous genres confondus. « On ne peut pas reprocher à Catherine Dufour son manque d'ambition***. » Sur Internet, vous pouvez la voir glisser au-dessus des eaux bleues et glacées : c'est beau.

Pour aller plus loin

François Guinaudeau, *Catherine Dufour : a kiteracer from the North* [documentaire en ligne], youtube, 2013.

---

* ouikite.ca

** catherinedufour.ca

*** « Catherine Dufour – Kitesurfing for a Championship », *Life in Quebec*, 21 décembre 2012.

46. Teufeuse

Mission • Ce n'est pas un métier mais une façon de vivre. Et même, quand la vie est trop rêche, ça peut être sinon une raison de vivre, du moins une fenêtre sur la joie. Et bien sûr, une façon de se faire plein de copains. La solidarité demeure le dernier restaurant avant la fin du monde.

Découvrez le métier avec…
Lénaïc Léger

Lénaïc Léger est née en 1972 du côté de Paris. Sa famille est un peu compliquée. Il s'agit d'un père absent et d'une mère sans ressources avec quatre enfants, « en rase campagne ». Les deux petits garçons sont bien traités. Les deux petites filles, franchement moins.
Quand la Ddass vient récupérer sa sœur dans la niche du chien, Lénaïc a treize ans. Le corps médical se penche sur son cas et diagnostique une scoliose d'une gravité « honteuse ». Opérée tardivement, Lénaïc garde une grande broche dans le dos, tout le long de la colonne vertébrale. Fonctionnellement, elle se tient droite comme un i. « Personne ne m'avait dit que je ne pourrais plus jamais faire le dos rond. » Regardez-la : vu de l'extérieur, c'est une raideur qui donne à sa stature menue une élégance un peu *british*. Vu de l'intérieur, c'est un handicap.
Lénaïc est rendue à sa mère, qui la retire de l'école – « C'est dommage, j'étais une bonne élève en troisième » – et la met en apprentissage. « Tu seras coiffeuse, ma fille. » Mais son frère aîné fiche à son tour le camp. Avec seulement deux enfants à charge dans le foyer, c'est la fin des aides sociales. Lénaïc est flanquée dehors à

coups de hache. « Quand même, on vivait dans une HLM sans électricité, on n'avait plus d'allocs, plus rien à manger, c'était vraiment [geste de la main]. »
Lénaïc erre dehors, toute seule. Quelques oncles l'hébergent, mais le remède est amer (« Ma tante ne faisait que boire »). Retour à la rue. « Je me suis occupée d'une gamine pendant quelques mois. Sa mère sortait et je m'occupais d'elle, je dormais sur le canapé. » Et pour le reste ? « Je volais beaucoup. » Mais Lénaïc a du génie : elle va voir un juge pour enfants et lui déclare : « J'en ai marre d'être à la rue. » Il lui trouve un « foyer pour enfant récupérable ». De son côté, elle fait une demande Cotorep, la Commission technique d'orientation et de reclassement professionnel qui gère les problèmes liés au handicap. Le sien est reconnu.
Après quelques tests scolaires concluants, un psy de la Cotorep donne à Lénaïc une liste d'orientations possibles. « Bien sûr, j'ai choisi photographe ou décoratrice d'intérieur. Le type m'a dit : "Vous allez plutôt prendre une formation où il y a des débouchés. Vu que vous n'avez pas de famille, ça vous sera utile." » Il oriente Lénaïc vers le métier de technicienne de laboratoire. Elle réussit un concours, le directeur de l'école la prend sous son aile et la fait travailler : elle passe tous les jours au tableau.
À vingt ans, diplôme en poche, il ne lui reste qu'à trouver un travail. « J'ai été embauchée sur quota "handicapés". Je suis une handicapée "potable", comme ils disent. C'est-à-dire que mon handicap ne se voit pas. C'est pour ça qu'on m'a prise. C'est grave, mais c'est comme ça. » Elle travaille à Paris, à l'Inserm, enchaînant les contrats aidés et les vacations. Le travail est intéressant, l'ambiance est « très bonne, intéressante et intellectuelle », même s'il arrive qu'un ahuri la traite de smi-

carde (il y en a toujours un). Hélas, les premières payes sont loin du smic. En attendant mieux, Lénaïc découvre Paris et se fait une myriade d'amis. Tous dans ce monde qu'on appelle la « teuf ».

Nous sommes dans les années 1990, les fêtes techno se multiplient. Au fond des catacombes et des champignonnières, sur l'herbe folle de la Petite Ceinture, sous les hangars de Mozinor et les ponts de Seine jusqu'au fond des bois, les amateurs de *gros son* plantent leurs enceintes chaque week-end.

Lénaïc découvre la gadoue, les « galères de teuf » et les mix magnifiques de Liza'N' Eliaz, Laurent Ho, Sextoy, Sven Väth – et des Spiral Tribe, un groupe de DJ qui sillonne l'Europe en semant le son sur son passage. Regardez par là : avec ses couettes, ses Docs et son Eastpack accroché à son dos raide, de la boue jusqu'aux genoux, Lénaïc danse des jours entiers, maigre mais heureuse.

À l'Inserm, hélas, sa situation ne s'améliore pas : au bout de trois ans, elle n'a toujours pas de contrat ferme ni de smic. Alors elle lâche tout. Elle part pour Amsterdam.

Là-bas, elle commence par gagner sa vie dans la rue, jonglant et faisant la manche. Elle participe à l'ouverture de nombreux squats.

Aparté : Savez-vous ce qu'est un squat à Amsterdam ? Les Pays-Bas ont voté une loi qui permet de squatter légalement. Il suffit de repérer un immeuble inoccupé depuis cinq ans et d'y emménager avec ses meubles (un lit, une table, une chaise, une bougie, la liste est très précise). Lénaïc fait partie d'une escouade capable de débarquer dès potron-minet, une pile de matelas sous le bras, et d'envahir dix étages en cinq minutes. Il ne reste plus ensuite qu'à entamer les démarches pour faire constater l'ouverture du squat. Suivent des travaux de sécurisation (vérifier les sols et les huisseries, poser des serrures, tout ça est très rodé) et de réhabilitation (évacuer les pigeons crevés) pour rendre les lieux habitables. Les squats d'Amsterdam sont des lieux fort coquets et soigneusement entretenus. Je garde de cette époque le souvenir de douches à température ambiante (l'eau chaude, non, quand même pas), car la température ambiante à Amsterdam en hiver est difficilement oubliable.

Parmi les ouvertures de squat auxquelles Lénaïc participe, il y a celle de l'*Académie*, un espace de création artistique en plein cœur de la ville. Il existe encore, si vous passez par là. Pour vivre, Lénaïc trouve quelques heures de femme de ménage dans des hôtels, puis elle entre dans un *call center*. Elle passe vite d'opératrice à responsable d'équipe ; l'argent tombe enfin. « Bon salaire, bonus, responsabilités. » Elle va ensuite chez British Telecom, même job, même réussite ; mais, décidément, c'est la science qu'elle préfère. La science, et écouter les mix techno qui passent sur la radio de l'*Aca* tout en se faisant ses propres tatouages à la plume Sergent Major.

Après six ans de bons et loyaux services, BT propose à Lénaïc de doubler son salaire, mais elle part quand même, pour un laboratoire. Depuis dix ans, elle y apprend la biotechnologie. « Ça ressemble assez à ce qu'on voit dans les séries américaines. On est emballés dans des super-combinaisons stériles et on prélève des échantillons partout. » Et la teuf ? Dernièrement, Lénaïc est allée à Londres fêter l'anniversaire des Spiral. Elle y a retrouvé tous ses potes. « Deux jours de bonheur. »

Pour aller plus loin

Béatrice Mabilon-Bonfils, *La Fête techno : tout seul et tous ensemble*, Autrement, 2004.
Avec des images : *Overground*, Tomski et BZE, Editions Alternatives, 2006.

47. Tortionnaire

Mission • C'est vrai, environ 90 % des faits de grande criminalité sont commis par des hommes*. Ce qui laisse quand même aux femmes 10 % de la violence la plus noire. Il peut paraître nécessaire de jeter un œil dans cette fosse puisque, avec un peu d'entraînement et les circonstances adéquates, nous pouvons toutes tomber dedans.

Découvrez le métier avec…
Irma Grese

Il fait nuit noire sur les grandes plaines d'Europe centrale. Écoutez, au loin, tous ces cris, ces hurlements, ces aboiements, et ce bruit de galop sur le sol durci par le froid : c'est la meute fantôme des chiens de l'enfer lancée dans une fuite éternelle.

La sale carne aux yeux durs qui court en tête se nomme Ilse Koch, « la chienne de Buchenwald ». Derrière, haletant comme une forge, voici Maria Mandl, « la bête féroce de Birkenau ». Elle porte encore autour du cou, comme un collier, la corde qui a servi à la pendre. Et cette autre, couverte d'écume, qui aboie « Schnell ! Schnell ! » en découvrant ses crocs, c'est Irma Grese, la « hyène de Bergen Belsen** ».

Grese naît en 1923 en Allemagne. À quinze ans, c'est une gamine renfermée qui réserve son enthousiasme aux Jeunesses hitlériennes version féminine. Elle lâche l'école et commence à travailler dans un hôpital. Ça lui plaît :

---

* Chiffres INED 2004.

** encyclopedie.bseditions.fr

elle tente de devenir infirmière. Mais la Bourse du travail (une instance à laquelle il faut obéir, visiblement) l'expédie dans une laiterie. À dix-neuf ans, Grese redemande à devenir infirmière ; la Bourse du travail l'envoie à nouveau ailleurs. À Ravensbrück. Comme gardienne.

Une fois sa formation terminée, Grese est nommée à Auschwitz. Nous sommes en mars 43. Grese a vingt ans. Elle prend vite du galon et se retrouve avec, sous sa botte, 30 000 déportés dont 18 000 femmes. Elle fait son métier : sélection de déportés pour la chambre à gaz, fusillades en masse. Elle fait plus : elle cogne, elle fouette, elle lâche les chiens, elle défouraille (ce qu'on appelle « exécution individuelle au pistolet »). Il paraît qu'elle fait subir des humiliations sexuelles et qu'elle y prend plaisir : je n'ai pas de détails et je n'en ai pas cherché. J'ai eu vent d'un témoignage : « Elle a mis une balle dans la tête d'une femme en face de moi. Le cerveau a atterri sur mon épaule. »

En 45, Grese est mutée à Bergen-Belsen. Arrêtée à la Libération, elle passe en jugement. Comme tous ces inculpés-là, elle minimise : oui, elle portait un fouet, mais un petit, un léger, en cellophane tressée. Jamais de matraque, oh non. Elle explique aussi à quel point les déportés étaient sales, voleurs et peu soigneux. Des regrets ? Non plus. « C'était notre devoir d'exterminer les éléments anti-sociaux afin d'assurer l'avenir de l'Allemagne. » Elle est pendue fin 45. Son dernier mot ? « Schnell ! » Dans sa chambre, il paraît qu'on retrouve trois abats-jour en peau humaine.

Grese reste dans l'histoire comme « une des criminelles nazies les plus connues ». On lui a aussi attribué le surnom d'« ange blond d'Auschwitz », mais la fascination du pire a ses limites. Sous les bouclettes dorées, Grese ressemble simplement à Marc Dutroux.

Le métier aujourd'hui avec… Lynndie England

Celle-là est née en 1982. Elle est américaine, comme son nom ne l'indique pas. C'est une gamine du Kentucky qui s'enrôle jeune dans l'armée.

L'autre personnage de cette histoire est une prison nommée Abou Ghraib, près de Bagdad, en Irak. Centre de tortures et d'exécutions sommaires sous Saddam Hussein, cette bâtisse sinistre cernée par d'innombrables fosses communes est fermée en 2002. Elle est rouverte en 2003 par les Américains qui y enferment leurs prisonniers de guerre.

Qui dit prisonniers dit surveillants. Parmi eux, Lynndie England, vingt ans. Avec son petit ami, elle a l'habitude de prendre des photos de *love bizarre* : des séances de fesse entrecoupées de zoonécrophilie drôlatique (« un soldat simulant un acte sexuel sur une tête de chèvre* », un autre coupant la tête d'un cadavre de chat pour faire des clowneries avec). « On se marrait », dira England qui montrait volontiers ses photos de vacances à ses proches. Abou Ghraib va lui donner l'occasion d'enrichir son album en rigolant.

Ce que montrent ces clichés, ce sont des hommes nus, tartinés de merde, jetés à genoux, mis en tas. Les coups, les privations et les autres mauvais traitements sont hors champ. Il paraît qu'England contraint les détenus à se masturber devant elle. Qu'elle leur écrase les doigts avec ses talons. Il est visible qu'elle en promène au moins un en laisse. Et tout ça « en plaisantant, en

* Guillemette Faure, « Dans la tête de Lynndie England, tortionnaire en Irak » [en ligne], Rue89, 13 juin 2007.

s'amusant et en prenant du bon temps. C'était pour rire* ».

Le scandale éclate vite, en mars 2003. England, bien sûr, accuse son petit ami, sa bande de potes, sa hiérarchie et les circonstances. La hiérarchie, en l'occurrence la générale Janis Karpinski, accuse Donald Rumsfeld, le ministre de la Défense. Les uns jurent que l'armée n'était pas au courant des mauvais traitements, les autres, qu'elle laissait faire mollement, et les troisièmes, qu'elle donnait des ordres précis en ce sens dans le cadre des « PsyOPs », les opérations psychologiques – les trois options étant pareillement atterrantes.

England, elle, prend trois ans de prison pour « cruauté, mauvais traitements et acte indécent** ». Je ne sais pas ce qu'elle est devenue depuis ; je n'ai pas trop cherché. J'ai juste noté un détail : « Lynndie England n'a pas été maltraitée ou violée étant enfant. »

Il ne reste plus, à ce stade, qu'à se souvenir de « la célèbre expérience de Stanley Milgram. En 1961, juste après le procès d'Adolf Eichmann, ce professeur de psychologie a voulu tester le pouvoir de l'obéissance aux ordres en demandant à des participants d'infliger des décharges électriques (bidon) de force grandissante à des personnes qui répondraient mal à des questions. 65 % des étudiants sont montés jusqu'à la décharge maximale de 450 volts. “On me cite toujours ces 65 % de Milgram, me dit Tara. On ne parle jamais des 35 % restants. Chacun a le choix.” À Abou Ghraib, certains ont donné l'alerte ».

* Éric Leser, « Accusée d'avoir infligé des sévices aux détenus d'Abou Ghraib, Lynndie England plaide coupable », *Le Monde*, 4 mai 2005.

** « Lynndie England reconnue coupable des sévices à Abou Ghraib », *Le Monde*, 27 septembre 2005.

Évacuée après le scandale, en 2006, la prison d'Abou Ghraib a été rouverte en 2009 sous un autre nom.

Ma chère Salomé,
Je suis actuellement en train de rédiger la fiche « Salope » (titre à changer), ce qui va nettement plus vite que de résumer en une page la pensée de Arendt. Mais maintenant que j'ai bouclé le tour de Grese et d'England, ce qui se trouve au centre reste pour moi un trou noir.

Pour aller plus loin

Daniel Patrick Brown, *The Beautiful Beast : the Life & Crimes of SS-Aufseherin Irma Grese,* Golden West Historical Publications, 1996.
Stanley Milgram, *Expérience sur l'obéissance et la désobéissance à l'autorité*, La Découverte, 2013.

48. Voileuse

Mission • Une voileuse est une navigatrice qui participe à des courses à la voile.

Découvrez le métier avec…
Florence Arthaud

Florence Arthaud naît en 1957 dans une famille aisée d'éditeurs de récits de marins. Son père lui fait découvrir la voile en Méditerranée, mais c'est son frère qui l'initie à la navigation. À dix-sept ans, elle part pour sa première traversée transatlantique. Elle ne s'arrêtera plus guère.
À vingt ans, elle participe à sa première Route du Rhum. Et, en 90, c'est la consécration : elle pulvérise le record de la traversée de l'Atlantique-Nord à la voile en solitaire. Exploit immédiatement suivi par la victoire au bout de la Route du Rhum « sur son trimaran *Pierre-Ier*. […] À la moyenne de 10,25 nœuds, elle a battu de près de six heures, en quatorze jours, dix heures, huit minutes, le record établi quatre ans plus tôt ». Le triomphe est énorme*.
Au départ, pourtant, ce n'était pas gagné. Regardez-la : elle part avec une minerve autour du cou (hernie discale, à peine douloureux). Ensuite, sa radio tombe en panne. Son télex aussi. Par là-dessus, manque de fioul : elle doit éteindre le pilote automatique. Ce qui signifie : vingt heures par jour à la barre, et s'orienter grâce à « l'observa-

* Gérard Albouy, « Voile : victorieuse de la quatrième Route du Rhum. Florence Arthaud, maîtresse des océans », *Le Monde*, 18 novembre 1990.

tion des nuages ». Compter aussi avec des règles hémorragiques, ça manquait. « Ça s'est arrêté tout seul avant que je tombe dans les pommes. » Bon, rien de pire que ce qui lui était arrivé lors de la Route du Rhum 1986, où elle s'était retrouvée « un œil poché et les lèvres ouvertes par une clef à molette à l'occasion d'un bricolage sur la barre ». Bah, « je sais que je n'aurai jamais les biceps de Kersauzon, mais, en solitaire, ça se passe surtout dans la tête, et de ce côté-là, ça va ». Sa technique ? « Dès que j'ai terminé une manœuvre, je prépare déjà la suivante dans ma tête pour ne pas perdre une minute. » On dit d'elle que c'est « un marin hors pair ». Voire « un des meilleurs marins du monde* ».

La liste des courses d'Arthaud est longue comme un poisson de Marseille. Celle de ses amis morts en mer aussi.

En 2003, Arthaud s'installe à La Madrague avec sa fille qui, bien sûr, déteste la voile et préfère l'équitation. Car, si les chiens ne font pas des chats, les poissons font souvent des chevaux. À La Madrague, Arthaud ouvre une galerie d'art et mène « une petite vie tranquille** ». Quand elle n'est pas sur la transat Jacques-Vabre ou sur la Route de l'Équateur, bien sûr.

À partir de 2007, est-ce la cinquantaine ? Arthaud faseye. Elle ne trouve plus de sponsor pour ses courses. Probablement parce que « de nouveaux concurrents sont arrivés sur le devant de la scène et que les bateaux ont évolué*** ». Et aussi, « peut-être que je m'y prends mal ». En tout cas, elle

* Sylvie Marchal, « Voile – Le mal-être de Florence Arthaud », *France-Soir*, 18 novembre 2010.

** Martin Couturié, « Florence Arthaud : "La mer, c'est le plus beau décor du monde" », *Le Figaro*, 22 mai 2006.

*** Bertrand d'Armagnac, « Florence Arthaud, l'éternelle fiancée », *Le Monde*, 29 mai 2009.

est claire : « J'en ai assez de chercher du pognon. » Elle avoue aussi que, en tant que voileuse de la vieille école, elle regrette l'automatisation croissante des bateaux.
S'y ajoute un problème d'alcool qui ne facilite rien. En 2010, elle est arrêtée au volant de sa voiture qui tangue et se retrouve en cellule de dégrisement. « Ça donne une bonne leçon. »
Et aujourd'hui ? Elle veut « rendre ce que la mer [lui] a donné ». Elle espère réussir à monter « une course réservée aux femmes* » en Méditerranée. Elle irait ainsi de port en port (Saïda, Alger, Sidi Bou Saïd, Le Caire, Istanbul), dans une des régions les moins féministes du monde. Une autre passion que la voile ? Oui, l'art. Mais Arthaud connaît ses limites : « Et la peinture, cela vous tente ?
– J'ai essayé et vite compris qu'il valait mieux que je fasse du bateau. »
Comme tous les marins, elle trouve des accents de poète japonais dès qu'elle parle de la mer : « Aux heures difficiles, je préfère garder le souvenir d'une nuit par vent arrière, avec de longs surfs sous la pleine lune**. »

Le métier aujourd'hui avec... Ellen MacArthur

Elle naît en 1976 en Angleterre « dans un comté agricole*** » et, pourtant, elle rêve déjà de mer. « Elle économise l'argent de la cantine pour s'offrir son premier

---

* « Florence Arthaud : "Je veux organiser une course réservée aux femmes" », *Figaro Nautisme/Le Figaro*, 7 mai 2013.

** Christophe de Chenay, « Florence Arthaud réussit sa traversée d'équipière modèle de Jean Le Cam », *Le Monde*, 14 mai 1996.

*** Patricia Joly, « Ellen MacArthur, l'opiniâtre petite Anglaise », *Le Monde*, 12 février 2001.

dériveur. » Pour apprendre, « elle fait des convoyages, travaille sur des bateaux de course ». Apprendre, le mot est lâché. « Elle apprend à une vitesse anormale », dit son sponsor. Qui réussira, en trois ans, « à lui faire prendre trois week-ends » de vacances. Un météorologiste ajoute : « Elle a une capacité d'absorption hors du commun. » Isabelle Autissier : « C'est quelqu'un qui écoute beaucoup. » Yves Parlier : « Elle a une faculté incroyable à apprendre auprès des autres. » Et à se débrouiller seule ensuite. D'ailleurs, à ce sujet, Autissier a une petite anecdote : « Ellen avait à la main un agenda électronique qui ne semblait pas fonctionner. Elle a pris son couteau pour le démonter et je me suis dit que cette fille ne doutait de rien. »

À dix-sept ans, MacArthur est skipper professionnelle. Elle fait le tour de l'Angleterre en solitaire. À vingt ans, elle « prend un aller simple, rallie la France en ferry et y achète un *Mini* qu'elle retape de ses propres mains. Elle vit dans un conteneur ou chez des âmes charitables. » En 97, elle fait sa première traversée de l'Atlantique sur un bateau « qu'elle a entièrement bricolé* ». En 98, elle prend le départ de la Route du Rhum, épatant son monde « en maniant parfaitement [...] un bateau réputé très difficile ». Et, en 99, un gros sponsor lui construit l'énorme *Kingfisher* (18 mètres), sur lequel elle inscrit sa devise : « À donf ». Elle prend le départ du Vendée-Globe 2000-2001 et arrive deuxième. En 2002, elle remporte la Route du Rhum en monocoque. En 2003, « à bord du trimaran *Foncia* skippé par Alain Gautier** », elle chavire. Et s'en sort.

---

* Mathieu Bénédicte, « À la lisière du Pacifique, Ellen MacArthur poursuit son apprentissage », *Le Monde*, 27 décembre 2000.

** Échange par mail, 25 septembre 2013.

En 2005, après trois ans de préparation, elle bat le record du tour du monde à la voile en solitaire grâce, entre autres, à sa « phénoménale capacité de résistance à la fatigue et au sommeil* ». Elle dort quarante minutes d'affilée le plus souvent, quelques minutes par semaine quelquefois. Et puis…

Et puis, c'est fini. « Je n'aurais jamais cru que quoi que ce soit puisse passer avant la voile, mais […] plus j'ai étudié le problème [de l'environnement], plus cela m'a effrayée, au point que je ne peux plus retourner en mer et faire le tour du monde, parce que c'est ça qui compte**. » Elle crée sa fondation, qui « travaille en coopération avec le monde de l'éducation et de l'entreprise afin d'accélérer la transition vers l'économie circulaire. L'économie circulaire est un terme générique pour une économie industrielle qui est à dessein réparatrice et dans laquelle les flux de matériaux sont de deux sortes : les matériaux biologiques, susceptibles de réintégrer la biosphère, et les matériaux techniques, destinés à être revalorisés sans entrer dans la biosphère*** ». MacArthur s'occupe aussi de son association « Ellen MacArthur Cancer Trust », qui emmène des enfants malades se balader sur l'eau. « Je navigue toujours, j'adore naviguer, […] mais aussi longtemps qu'il restera ce défi, est-ce que je vais consacrer quatre ans de ma vie à naviguer autour du monde ? Non. »

Regardez-la, droite, minuscule et musclée en dessous de l'immense panneau de la future « Ellen MacArthur Foundation » : nous sommes en 2009 et elle vient

---

* Gérard Albouy, « Ellen MacArthur double le Horn en 45 jours », *Le Monde*, 13 janvier 2005.

** « La navigatrice britannique Ellen MacArthur se retire de la compétition », *Le Monde*, 2 octobre 2009.

*** [en ligne] ellenmacarthurfoundation.org

d'annoncer, à trente-trois ans, qu'elle mettait fin à sa carrière sportive.

Compétences requises : L'appel de la mer.
Études conseillées : La voile est un métier extrêmement technique dans beaucoup de domaines. Mais vraiment beaucoup : « Stages de survie, d'automédication, j'ai même appris à m'arracher les dents, à me recoudre la langue*. »
Salaire en début de carrière : Ah ça...
Espérance de vie : Ah ça...

Pour aller plus loin

Florence Arthaud, *Un vent de liberté*, Arthaud, 2009.
Ellen MacArthur, *Les Pieds sur terre,* trad. Jocelyn Blériot, Glénat, 2011.
Sur le Net : letudiant.fr/metiers/les-metiers-de-la-voile

* Maud Fontenoy « Nos projets nous dépassent », interview par Anne-Laure Bovéron, *Muze*, juillet 2011.

Conclusion

Faute de place, d'innombrables métiers n'ont pu être développés dans ce guide. Citons :
Ceinture noire de kung-fu, avec Khadijeh Azadpour ;
Contrôleuse des prisons, avec Isabelle Le Bourgeois* (« Tout être humain vaut le coup qu'on essaye de le comprendre et qu'il puisse comprendre le sens de sa vie ») ;
Détective privée, avec Martine Baret**, « qui dirige le cabinet de détectives privés le plus célèbre de Paris, Duluc » à l'enseigne « Duluc Détectives : détectives privés, surveillances et filatures ». Grâce à elle, j'ai découvert la « licence professionnelle "Sécurité des biens et des personnes, option enquêtes privées", à l'université Paris-II Panthéon-Assas. C'est le seul cursus de ce genre en France » ;
Femmes de l'ombre, « cette "bande de nanas" qui a coincé Ben Laden*** » au bout d'une traque racontée dans le film *Zero Dark Thirty de* Kathryn Bigelow. Parmi ces agents de la CIA, vous trouverez Gina Bennett, auteure de la première note de mise en garde « contre un certain *Usama Bin Ladin* en août 1993 » et Barbara Sude, auteure de la dernière (« Ben Laden résolu à frapper les États-Unis ») sortie le 6 août 2001 dans l'indifférence générale ;
Générale, avec la générale Valérie André ;

* Julia Pascual, « Isabelle Le Bourgeois, une nonne en zonzon », *Causette* #24, mai 2012.

** Johanna Luyssen, « Martine Baret, madame détective », *Causette* #8, mai 2010.

*** Jean-Dominique Merchet, « Cette "bande de nanas" qui a coincé Ben Laden », *Marianne*, 29 janvier 2013.

Juriste dans l'humanitaire, avec Blissa Habibi, qui défend sans relâche les droits des plus pauvres, épluchant les textes de loi et rassemblant des témoignages sur le terrain, depuis Haïti jusqu'au Mali* ;

---

* Échange par mail, 29 août 2013 :

« Catherine Habibi !!

Je ne sais pas très bien quoi te dire, en fait comme je t'ai déjà dit, c'est un bon business, le business de l'humanitaire, donc la nana qui "défend sans relâche les droits des plus pauvres, épluchant les textes de loi et rassemblant des témoignages sur le terrain", ça me paraît un joli mensonge sexy pour les journaux mais ça ne me paraît pas beaucoup décrire ma réalité quotidienne…

D'abord, ils s'en foutent que je sois juriste et cette compétence, je l'utilise assez rarement dans mon travail (le rapport que tu as lu était une grande première, en fait). Je suis une "coordinatrice de programme", en anglais on m'appelle "Child Protection in Emergencies (CPiE) specialist"… spécialiste de protection de l'enfance dans les contextes d'urgence… ils galèrent carrément à en trouver des francophones, donc c'est un domaine particulièrement porteur pour les petites Françaises… Après ça, ça peut m'amener à faire plein de trucs différents (et, en effet, tout à fait passionnants) qui, au final, ont pour objectif de réduire les abus et violences sur les enfants, et en effet de faire respecter leurs droits… mais c'est un peu la croisade perdue d'avance, si tu vois ce que je veux dire.

J'aurais quand même envie que [dans ce livre] on soit le plus proche possible de la réalité et qu'on évite au max les "mièvreries" dont ce domaine professionnel particulier se pare pour cacher des choses pas belles du tout en dessous…

Par exemple, si ça t'intéresse, on pourrait se faire un entretien *Skype* pour que je t'explique un peu des trucs autour de la mission de maintien de la paix [en Centrafrique] qui est en train de s'installer, et qui a toutes les chances de complètement foutre ce pays sens dessus dessous… mais bon, on a réussi à recaser les troupes africaines postées dans d'autres *shit holes* africains pour qu'elles soient occupées pendant les cinq prochaines années et, au passage, il y a pas mal de puissances occidentales qui vont se faire plein de thunes. Comment en ressortira la Centrafrique ? Pire, probablement. Mais eh, on ne fait pas d'omelette sans casser des œufs…

Allez, je te fais des gros bisoux, habibi !!!

Blissa. »

Lanceuse d'alerte, avec Irène Frachon, qui a dénoncé les ravages du Mediator (combien de morts a-t-elle évitées grâce à son livre *Mediator 150 mg : combien de morts ?* paru aux éditions-dialogues.fr ?) ;
Médecin dans l'humanitaire, avec Joanne Liu ;
Mortes trop tôt, ce qui n'est certes pas un métier enviable, mais permet d'évoquer les ombres légères de Marie Bashkirtseff, peintre et écrivain, auteure d'un « Journal » célèbre, emportée à vingt-quatre ans par la tuberculose, et de Lucile Messageot, mêmes professions, décédée au même âge et de la même chose ;
Pince-sans-rire, avec Wendy Northcutt, la créatrice des *Darwin Awards*. Rappelons que ce prix est décerné chaque année à la mort la plus saugrenue, depuis le soigneur animalier chargé de déconstiper un éléphant et qui meurt étouffé sous le poids de son succès, jusqu'au pauvre chien qui ramène à son pauvre maître le bâton de dynamite que celui-ci vient de jeter au loin sur la glace, en passant par le maladroit qui dégoupille une grenade et lance la goupille. Et l'enthousiaste qui, voulant prouver la solidité d'une vitre, se jette dessus et se trouve fort contredit vingt-quatre étages plus bas (darwinawards.fr) ;
Pirate, avec l'intrépide Anne Bonny, qui traitait le terrible Rackham de sac à vin ;
Poète, de Marie de France (« Belle amie, ainsi en va-t-il de nous : Ni vous sans moi, ni moi sans vous ») à Andrée Chédid en passant par Renée Vivien, morte d'anorexie et d'abus à trente-deux ans (« Je dormirai ce soir d'un large et doux sommeil./Fermez les lourds rideaux, tenez les portes closes,/Surtout ne laissez pas pénétrer le soleil,/ Mettez autour de moi le soir trempé de roses. »). De cette dernière, je retiens aussi le célèbre : « Est-ce que cette vie n'est pas une pure emmerdation ? » Et il me peine d'omettre Madeleine de l'Aubespine et son luth

turgescent : « Pour le plus doux ébat que je puisse choisir,/ Souvent, après dîner, craignant qu'il ne s'ennuie,/Je prends le manche en main, je le tâte et manie,/Tant qu'il soit en état de me donner plaisir » ;

Policière, avec Mireille Ballestrazzi, patronne d'Interpol, ou le lieutenant Bénédicte Desforges, qui raconte son métier dans *Flic. Chroniques de la police ordinaire* (Michalon, 2007) ;

Pompier, avec Françoise Mabille et Marie-Ange Parère ;

Pornographe, métier connu pour employer les femmes et enrichir les hommes, sauf quand des personnalités concrètes comme Marilyn Chambers ou Erica Lust s'imposent et parviennent à déverser l'or du rein dans leur propre poche ;

Révolutionnaire, avec Olympe de Gouges (par ma barbe ! je n'ai même pas fait la biographie d'Olympe de Gouges), celle qui a dit en 1791 : « La femme a le droit de monter sur l'échafaud, elle doit avoir également celui de monter à la Tribune », et qu'on a envoyée à l'échafaud pour lui apprendre ;

Riche, avec Gertrude Stein, qui, au début du XXe siècle, investit sa fortune dans des tableaux alors abandonnés de tous (« Pica-quoi ? »), ou Oprah Winfrey, animatrice et productrice américaine classée par *Forbes* parmi les premières fortunes mondiales et parmi les célébrités les plus puissantes – non, en fait, carrément au premier rang des célébrités les plus puissantes en 2013 ;

Sauveteuse en mer/en montagne, avec Stéphanie Geyer-Barneix et Vérane Bonneuil ;

Serial killer, avec Aileen Wuornos*, une prostituée de Floride qui laisse sur son chemin, entre novembre 1989 et novembre 1990, sept cadavres masculins truffés de

* « Aileen Wuornos » [en ligne], 13emerueuniversal.fr

balles. Condamnée six fois à la peine capitale, Wuornos écrit à la Cour suprême de Floride : « Je suis de celles qui haïssent la vie humaine et je tuerai à nouveau », ce qui n'a sûrement pas arrangé son cas. Exécutée en 2002, son dernier mot est : « Je reviendrai. » Elle précise même : « Avec Jésus, le 6 juin », brr ;
Urologue experte en prostate, avec la chirurgienne Audrey Pichon ;
Street artist, avec Miss Tic, qui, depuis trente ans, écrit sur les murs sa poésie au pochoir ;
Varappeuse, avec Catherine Destivelle et son fameux « Il n'y aurait pas le danger, je ne sais pas… peut-être que ça me plairait moins* » ;
Voltigeuse, avec Catherine Maunoury et sa façon de monter en chandelle jusqu'à ce que l'avion s'immobilise, oscille et retombe comme une pierre ;
Zoologue, avec Diane Fossey et Jane Goodall (qui sont plus exactement **éthologues**) ;
sans oublier l'inclassable Florence Nightingale**, qui, confrontée aux hôpitaux de 1854 (« hygiène déplorable, air empesté, médecins débordés et brutaux, aides incompétentes, médicaments rares, nourriture infecte »), réorganise tout le travail hospitalier avec une telle efficacité que ses idées s'exportent immédiatement dans le monde entier.

J'aurais aussi voulu vous présenter mon amie Estelle, **artificière**, la **chauffeur-routier** Sonia***, Sylvie la **tha-**

* *Au-delà des cimes* [documentaire] avec Catherine Destivelle, réal. Rémy Tezier, 2009.

** Anne-Laure Bovéron, « Itinéraire, Florence Nightingale », *Muze*, janvier 2012.

*** Aude Hily, Audrey Théron, « Ces femmes qui exercent des métiers d'homme » [en ligne], yakinfo.com, 30 avril 2012.

natopracteure, Christina dos Santos, **plâtrier-peintre**, et la **conductrice de travaux** Odile Sergent. Leur point commun ? Elles exercent un métier indépendant et « cette liberté n'a pas de prix ».

Enfin, certaines fiches existantes auraient pu être largement complétées :
Exploratrice a laissé de côté Mary Kingsley*, qui, au XIXe siècle, part en Afrique visiter « des territoires pas même cartographiés où l'on n'a jamais vu d'Occidentaux ». Avec une décontraction toute britannique, elle nage au milieu des crocodiles, tombe dans un piège à gorille garni de piques et profite d'un peu de « chaleur humaine » devant un bon feu au milieu d'une tribu d'anthropophages. De retour au pays, elle devient écrivain à succès (*Une odyssée africaine*, Payot), amie de Kipling et conseillère de Chamberlain avant de mourir à trente-sept ans. N'oublions pas non plus Isabelle Eberhardt**, qui brûle sa courte vie en sillonnant le Sahara et le Sahel avec comme seul mot d'ordre « Partir, partir au loin, errer longtemps ».
Journaliste aurait pu être enrichie par Anna Politkovskaïa, journaliste russe qui a dénoncé sans relâche les violations des droits de l'homme commises par l'armée russe en Tchétchénie. Lauréate du prix Courage en journalisme en 2002, empoisonnée avec du thé en 2004, menacée de viol et de mort, auteure en 2006 de *Douloureuse Russie* (Buchet-Chastel), elle est assassinée la même année, le jour de l'anniversaire de Poutine. Et

* Anne-Laure Pineau, « Mary Kingsley, lady Indiana Jones », *Causette* #26, juillet 2012.

** Patrick et Olivier Poivre d'Arvor, « Isabelle Eberhardt, jusqu'au bout du mirage », *Muze*, juillet 2011.

quitte à parler de celle qui est morte, mentionnons celle qui ne l'est pas encore : Karinna Moskalenko*, « l'avocate qui dit “niet” au Kremlin. [...] Celle que l'on surnomme l'“avocate des causes perdues” défend sans relâche, depuis Strasbourg, les plus démunis comme les ennemis du régime ». Dont les enfants d'Anna Politskovskaïa. « En quinze ans d'activité, elle a réussi à faire sanctionner la Russie une bonne centaine de fois » par la Cour européenne des droits de l'homme. Et subi une campagne de calomnie en Russie suivie, surprise ! d'une tentative d'empoisonnement en France. Elles ont toutes deux échoué.

Résistante est dramatiquement pauvre puisqu'il y manque Marie-Claude Vaillant-Couturier, Germaine Tillion, Charlotte Delbo, Lucie Aubrac, Marie-Madeleine Fourcade et tant d'autres qui auraient aussi leur place dans **Héroïne**, aux côtés de Beate Klarsfeld, la traqueuse de nazis. Et de la journaliste Svetlana Alexievitch. Dire que je n'ai même pas eu la place de vous parler de Svetlana Alexievitch ! Ni de la philosophe Simone Weil. Ni de Simone de Beauvoir. Ni de l'astronome Caroline Herschel, qui a donné son nom à un cratère situé juste au bord de la mer des Pluies, dans le sud de la Lune...

Je vous laisse continuer seule vos recherches. Et rappelez-vous : en matière professionnelle, on a le droit de tout faire. L'important, c'est de s'accrocher et puis voilà.

---

* Sophie Tardy-Joubert, « Karinna Moskalenko, l'avocate qui dit “niet” au Kremlin », *Causette* #19, décembre 2011.

Remerciements

Je tiens à remercier toutes celles et tous ceux qui ont rendu ce livre possible :
avant tout, Sandrine Palussière, Marie Lafitte, Olivier Nora, Sophie de Closets et toute l'équipe de Fayard.
Merci à mes sources préférées : *Libération, Le Monde, Muze, Causette* et, bien sûr, Wikipédia. Merci aux journalistes Stéphanie Janicot de *Muze*, Johanna Luyssen de *Causette* et Patricia Coignard pour m'avoir laissé consulter leurs archives.
Merci à toutes mes amies, tous mes amis qui m'ont renseignée sur leurs femmes remarquables préférées : Anissa, Audrey Petit, Bruno Léandri, Catherine Choquet, Charlotte Bousquet, Charlotte Volper, Elvire de Cock, Evelyne Pieiller, Hélène, Isabelle, Jeannique, Laurent Ho, Maïa Mazaurette, Marie-Alice-Salomé Bellosta, Mélanie Fazi, Nicolas Chuche, Nora Amari, Rodolphe, Sophie Marquié – et madame Petrossian.
Merci aux femmes remarquables qui ont eu la gentillesse de contribuer à ce livre : Michèle Audin, Françoise Barré-Sinoussi, Sophie Baton, Sihem Bensedrine, Rougui Dia, Géraldine Fasnacht, Dominique Gonzalez-Foerster, Claudie Haigneré, Lieve Joris, Francine Leca, Nicole Le Douarin, Ellen MacArthur, Valérie Masson-Delmotte, Anne Monteux, Anne Nivat, Paloma Sanchis de Lanuza, Hadja Rabiatou Sérah Diallo et Irene Zeilinger.
Je vous rappelle que vous pouvez les retrouver sur catherinedufour.net.

Table des matières

Cet ouvrage a été imprimé en France par
CPI Bussière
à Saint-Amand-Montrond (Cher)
en février 2014

PAPIER À BASE DE
FIBRES CERTIFIÉES

Fayard s'engage pour
l'environnement en réduisant
l'empreinte carbone de ses livres.
Celle de cet exemplaire est de :
1 kg éq. CO_2
Rendez-vous sur
www.fayard-durable.fr

36-57-4718-7/01

Dépôt légal : février 2014.
N° d'impression : 2007978.